마음을 움직이는
대화의 기술

마음을 움직이는
대화의 기술

Communication Skill Training

박민수 지음

시그마북스
Sigma Books

마음을 움직이는 대화의 기술

발행일 2024년 1월 10일 초판 1쇄 발행
지은이 박민수
발행인 강학경
발행처 시그마북스
마케팅 정제용
에디터 최연정, 최윤정, 양수진
디자인 강경희, 김문배

등록번호 제10-965호
주소 서울특별시 영등포구 양평로 22길 21 선유도코오롱디지털타워 A402호
전자우편 sigmabooks@spress.co.kr
홈페이지 http://www.sigmabooks.co.kr
전화 (02) 2062-5288~9
팩시밀리 (02) 323-4197
ISBN 979 11 6062 197 8 (03190)

시그마북스는 ㈜시그마프레스의 단행본 브랜드입니다.

커뮤니케이션은 행복의 리듬이다.

우리가 갖추어야 할 리더십에는 세 가지 요소가 있다. 그것은 전문성, 사회성, 비전이다. 사람은 자신이 갖춘 외적인 능력을 통해 존경을 받고, 내적인 성품을 통해 신뢰를 얻는다. 그러므로 우리는 자신의 분야에서 최신의 지식과 함께 자신에 대한 좋은 평판을 쌓아야 한다. 특히 사람을 다루는 능력인 사회성은 그 중에서도 가장 중요한 역량일 것이다.

우리가 살아가는 데 가장 중요한 것 중 하나는 인간관계이다. 한 사람의 이미지를 바꾸고, 한 사람의 인생을 바꾸는 것은 '성품'이다. 지도자가 갖추어야 할 덕목으로 인성을 중요하게 이야기한다. 보통 인성은 인문학적 소양을 갖추면 형성된다고 한다. 이 말에 전적으로 동의한다. 그래서 대학과 기업체들이 인성 함양을 위해 인문학 과목을 가르친다. 그러나 우리는 인성을 '어떻게?' 갖출 것인가를 질문해보아야 한다.

인성은 먼저 상대방을 배려하는 마음에서부터 출발한다. 그러한 마음은 커뮤니케이션으로 표현된다. 따라서 커뮤니케이션은 서로를 행복하게 하는 신비의 마법이다. 우리는 커뮤니케이션이라는 행복의 리듬에 맞추어 춤을 출 때 아름다운 성품을 갖게 될 것이다.

직장에서 유난히 사원들로부터 신뢰받는 사람들에겐 뭔가 특별한 것이 있다. 이 사람들은 아주 조용한 놀이를 통해서도 마음을 사로잡는다. 이들의 놀이란 다름 아닌 정서 공유를 통한 커뮤니케이션이다. 상대의 마음을 움직여 능동적으로 이끌어가기 위해서는 이러한 커뮤니케이션 능력이 필요하다.

여러 곳에서 커뮤니케이션 강의를 하면서, 사람들로부터 실제적으로 도움이 되는 커뮤니케이션 기술을 많이 요청받았다. 그들의 요구는 커뮤니케이션의 개념과 중요성에 대한 것이 아니라 실제적이면서 쉽게 활용할 수 있는 도식화된 커뮤니케이션과 기술이었다. 그러나 기존에 나와 있는 커뮤니케이션과 관련된 책들을 검토해보니, 대부분의 책들이 스피치나 이론 중심으로 되어 있었다. 이러한 책들을 보면서 실제적으로 커뮤니케이션을 훈련할 수 있는 책의 부재에 아쉬움을 느꼈고, 이것이 이 책을 쓰게 된 동기이다.

나는 사람들이 커뮤니케이션을 보다 쉽게 습득하고 활용할 수 있는 실제적인 기술을 만들고 싶었다. 각각의 커뮤니케이션 기술을 구상하면서 "그러면 어떻게 할 수 있는가?"라는 질문을 계속하였다. '어떻게?'라는 질문을 통해 각각의 도식화된 커뮤니케이션 기술을 만들어 그 안에서 자연스럽게 터득하도록 하였다. 그리고 각 커뮤니케이션 기술의 마지막에는 워크북 형식을 도입해 커뮤니케이션 공식과 문장을 응용하여 실제로 연습을 할 수 있도록 구성하였다.

이 책에 제시된 공식화된 커뮤니케이션 기술들은 단순한 이론이 아니다. 지도와 같은 역할을 한다. 각각의 커뮤니케이션 기술을 습득하면 그것들이 서로 연결되어 하나의 원리로 작용하게 될 것이다. 이러한 원리들이 훈련과 연습을 통해 자연스럽게 체득되면 효과적인 인간관계로 나아가게 될 것이다. 따라서 커뮤니케이션 능력을 갖추기를 원하면 하나의 기술만이 아니라 각각의 기술들을 습득하여 하나의 원리로 작용하도록 만들어야 할 것이다. 그렇게 되기 위해서는 계속적인 훈련과 연습을 통해 커뮤니케이션 능력을 향상시키는 것이 필요하다. 결국 커뮤니케이션 능력은 끊임없는 훈련과 연습을 통해 습득되는 것이다.

독자들이 공식화된 커뮤니케이션 기술을 습득함으로써 효과적인 인간관계 및 자기계발에 도움이 되기를 바란다. 이 책을 읽는 모든 독자들의 인간관계가 향상되고 삶이 성숙되기를 기대한다.

이 책이 출판되기까지 많은 사람들의 도움과 조언이 있었다. 커뮤니케이션 워크숍에 참여한 사람들의 사랑 가득한 피드백은 커뮤니케이션 훈련과 실습 문장을 더욱 풍부하게 해주었다. 특히 불꽃같은 눈으로 원고를 처음부터 끝까지 다 읽고, 책에 들어갈 그림과 사진 그리고 목차의 제목을 정하는 데 아낌없는 사랑으로 도움을 준 김청산 선생님께 이 자리를 빌려 고마운 마음을 전하고 싶다.

지금 이 시간 나의 영원한 스승이신 고(故) 이형득 교수님이 생각난다. 교수님은 나에게 실제적으로 도움이 되는 학문을 강조하셨다. 커뮤니케이션 기술이 나올 수 있는 기초를 교수님께서 닦아주셨다. 직접 별명을 지어주신 '침묵 도사' 제자의 마음속에 영원히 살아 계신 교수님께 깊은 감사를 드린다. 또한 사람들의 소통을 위해 이 책을 출판해주신 시그마북스에 감사를 드린다.

그 무엇보다 나의 주 하나님께 감사드린다.

계명대학교 영암관 연구실에서

저자 박민수

차례

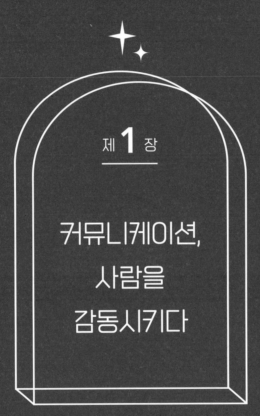

제 **1** 장

커뮤니케이션,
사람을
감동시키다

관계의 중심, 커뮤니케이션

사람은 하루 평균 2,500번의 커뮤니케이션을 하면서 살아간다. 우리는 깨어 있는 시간의 70%를 커뮤니케이션을 하며 지내면서도 그것을 의식하지 못한다. 말을 주고받는 활동이 없다면 일상생활이 불가능할 정도로, 대화는 우리의 삶에서 중요한 기능을 한다. 커뮤니케이션을 바탕으로 대인 관계가 형성되기 때문에 커뮤니케이션은 우리에게 없어서는 안 될 공기와도 같은 것이다. 그러나 우리는 산소가 무엇으로 구성되어 있는지는 알지만 커뮤니케이션이 무엇으로 구성되어 있는지는 잘 알지 못하고, 커뮤니케이션이 우리의 삶을 결정짓는 중요한 역할을 함에도 불구하고 그것을 당연한 것으로만 생각하며 살아가고 있다.

　미국 피플소프트(People Soft)의 최고 기술 담당자 릭 버그퀴스트(Rick Berg quist)는 "성공한 사람들이 내 주위에 있으므로 나 자신도 성공한 사람이라고 생각한다. 나는 피플소프트의 수천 명 직원을 대표한다. 그들과 함께 일한다는 사실을 강조하고 싶다. 성공하기 위해서는 커뮤니케이션 능력이 절대적으로 필요한데, 이를 통해서 자신의 생각을 명료히 알릴 수 있기 때문이다. 주변 사람들로부터 정보를 얻어내기 위해 항상 남의 이야기를 들어야 한다. 그리고 다양한

인간관계에는 커뮤니케이션 능력이 필수

의견들을 이해하고 수용하는 것 또한 중요하다"고 말했다.

다음의 몇 가지 예는 커뮤니케이션 능력이 사회생활이나 인간관계에서 얼마나 중요한지를 보여준다. 하버드대학교의 한 연구에 의하면, 사람들이 직장과 사회생활에 적응하지 못하고 해고되는 위기가 대부분 성실하지 못하거나 전공 지식 혹은 기술력이 부족해서가 아니라, 커뮤니케이션 능력이 부족하기 때문이라는 결과가 나왔다.

미국 경제 잡지 〈포춘〉이 미국 500대 기업 하이테크 계열 회사의 최고기술경영자의 최고 자질에 대해서 발표했는데, 최고경영자가 갖추어야 할 자질은 첫 번째가 사람됨이고, 두 번째가 커뮤니케이션 능력이었다. 우리나라 삼성경제연구소가 최고경영자들을 상대로 '좋은 CEO의 자질'에 대해 물었던 결과도 〈포춘〉과 비슷하였다. 훌륭한 경영자의 자질로서 '인간관계 능력'이 1위로 꼽혔다. 여기서 '인간관계'란 '커뮤니케이션 능력'을 의미한다고 이해할 수 있다.

달콤한 관계, 커뮤니케이션

사람은 사회적 동물이다. 그러므로 우리는 여러 방면에서 다양한 관계를 맺으면서 살아간다. 마르틴 부버(Martin Buber) 교수가 말했듯이, "모든 현실은 혼자만

전유할 수 없는, 함께 나누는 활
동이다. 함께 나눔이 없는 곳에
현실은 존재하지 않는다." 따라
서 우리는 가족과의 관계, 친구
와의 관계, 자연과의 관계, 신과
의 관계, 그리고 무엇보다 자신
과의 관계 속에서 살아가고 있
는 것이다.

사람은 관계 속에서 살아간다

이 다양한 관계 속에서 누구
나 자기 자신을 표현하려는 욕
구가 있다. 이러한 욕구를 스포
츠, 예술, 문학, 일상생활에서의 성취를 통해서뿐만 아니라 특히 다른 사람과의
관계를 통해 여러 가지 욕구를 동시에 충족시키고자 한다. 그러나 자기 자신의
여러 가지 욕구가 상대방의 욕구와 상충될 때 갈등을 일으킬 수 있다. 자신의
욕구를 충족시키기 위해서는 먼저 다른 사람의 욕구를 인정하고 존중해주어
야 한다. 왜냐하면 모든 사람은 사랑과 인정을 받고 싶은 욕구가 있기 때문이다.
이러한 욕구가 충족될 때 상대방에게 마음의 문을 열고, 상대의 말을 들으려고
할 것이다.

미국 심리학협회가 '재미와 생산성'에 관한 연구 결과를 발표한 바 있다. 직원
들이 재미있게 일하는 곳이 생산성과 이익이 더 높다는 것이다. 따라서 회사도
구성원들이 재미있어 하는 곳이 되어야 한다. 재미있는 회사는 직원들의 사랑과
인정의 욕구를 채워주는 회사이다. 직장에서 사랑과 인정의 욕구는 대부분 커
뮤니케이션에 의해서 이루어진다. 회사 내에 커뮤니케이션이 잘되는 분위기와
문화가 조성될 때 비로소 재미있는 회사가 되며, 이는 바로 생산성과 이익 창출

로 연결된다.

나는 어느 회사에서 커뮤니케이션 워크숍을 진행한 적이 있다. 그 회사의 CEO는 커뮤니케이션의 중요성을 인식하고 있었지만, 한 팀장은 커뮤니케이션 워크숍을 참여하는 내내 못마땅하게 여겼다. 그러던 중 하루는 그 팀장으로부터 전화를 받았다. 그는 커뮤니케이션 워크숍 참여에 가장 반발했던 사람이었는데 갑자기, "선생님! 선생님께 큰 도움을 받았습니다. 정말 고맙습니다"라고 말했다. 나는 다소 의아한 마음으로 "무슨 말씀입니까? 큰 도움을 받았다니요?" 하고 물었다. 그는 자초지종을 이야기했다.

어느 날 팀장은 회사 거래처의 바이어를 방문했다고 한다. 당시 그 바이어는 거래처를 다른 회사로 바꿀 생각을 하고 있었다. 그래서 그 팀장은 바이어를 만났을 때, '어디 한번 그때 배운 커뮤니케이션 기법이나 써먹어보자'라고 생각했다고 한다. 그래서 바이어와 대화를 할 때, 배운 대로 커뮤니케이션 기술을 활용하였다.

그는 흥분된 목소리로 나에게 말했다. "오늘 아침 그 거래처 전화를 받았는데 우리 회사와 계속 거래를 하겠답니다. 그런데 그 사람이 하는 말이, 우리 회사가 제시한 입찰가가 낮아서 거래하는 것이 아니라, 자기 회사의 사정을 진실로 이해해준 데가 우리 회사밖에 없기 때문이랍니다."

이 사람처럼 우리도 대화를 할 때 상대방의 말을 먼저 경청해보라. 주위 사람들의 말에 관심을 가지고 이해하려고 노력해보라. 경청을 할 때 상대방과 자연스럽게 하나가 됨을 느끼게 될 것이다. 그러면 사람들은 당신이 달라졌다는 것을 알게 될 것이다. 상대는 '내 말을 진정으로 들어준다' '내 말을 진지하게 받아들인다'고 생각할 것이다. 이와 같이 커뮤니케이션은 관계를 아름답게 하는 초콜릿이다. 초콜릿과 같은 커뮤니케이션은 나의 마음도 움직이고 상대의 마음도 움직인다.

몸에 밴 습관, 커뮤니케이션

커뮤니케이션이 원만하게 이루어지지 않으면 개인 또는 집단 간에 필연적으로 오해가 쌓이기 마련이다. 이러한 오해의 누적은 상호 불신으로 발전하여 당사자와 주변 사람들에게 돌이킬 수 없는 피해를 입힌다. 그러므로 관계를 잘 맺기 위해서는 효과적인 커뮤니케이션이 이루어져야 한다.

오늘날 가정에서의 부부 관계, 부모 자식 관계, 형제 관계, 나아가 조직 사회의 갈등도 커뮤니케이션 부재에 기인한 것이라 할 수 있다. 다른 사람과의 만남에서는 정서 공유가 중요한데, 감정 없이 만남을 유지하는 경우도 있다. 상대방의 감정을 잘 이해한다고 하더라도 서로에 대한 무지와 몰이해로 불신과 불화를 초래하기도 한다. 이 같은 갈등은 대부분 대화의 결핍에서 나오는 것이다.

관계는 사람과 사람, 사람과 집단과의 관계에서 이루어지는 것을 의미한다. 인간관계를 형성하는 것은 자신과 타인, 자신과 집단과의 상호작용이다. 그러므로 인간관계는 자신과 상대방 그리고 집단을 알아가면서 이해하는 과정이라고 할 수 있다.

인간관계를 성공적으로 이끌어갈 수 있는 사회적 기술, 사교적 능력은 커뮤니케이션에 의해 영향을 받는다. 말하기와 듣기, 그 자체가 인간관계의 필수 요소이다. 그런데도 우리는 실제로 자신이 생각하고 느끼는 것을 제대로 표현하지 못할 뿐만 아니라 상대방의 의도를 그대로 받아들이지 않기 때문에 인간관계에 어려움을 겪게 된다.

특히 어렸을 때 부모와의 관계는 성인이 된 후에 인간관계 형성에 영향을 주기도 한다. 자녀가 어렸을 때, 아버지가 바쁜 직장 생활 때문에 함께해주지 못해 대화가 원활하지 못했다면, 자녀는 나중에 이성교제를 할 때 그 상대방과 대화가 원활하지 않을 확률이 매우 높다. 이러한 사례는 역사적으로도 살펴볼 수 있는데, 바로 연산군을 들 수 있다. 연산군은 아버지 성종이 사약을 내려 어머니가 피를 토하며 죽어 갔다는 이야기를 듣고, 어렸을 때 어머니를 잃고 사랑받지 못하며 자라온 한(恨)을 결국 왕이 된 후에 문란한 생활과 폭군의 모습으로 드러내게 된다.

또한 말은 자신과의 관계에도 영향을 준다. 한두 번의 실패로 '나는 할 수 없어'라고 자신에게 주문함으로써 자신감과 용기를 잃어버리고, 하는 일마다 실패를 하게 되는 것 또한 자기 자신과의 커뮤니케이션이 원활하지 못해서 생겨나는 치명적인 문제라고 할 수 있다. 따라서 커뮤니케이션은 다른 사람과의 관계뿐만 아니라 자기 자신과의 관계를 맺어감에 있어서 매우 중요하다.

커뮤니케이션은 상대로 하여금 많은 이야기를 하게 하는 것이다. 그러나 우리는 다른 사람들의 이야기를 듣기보다 오히려 자신의 생각을 많이 전하는 지시 위주의 대화를 하는 습관에 젖어 있다. 유능한 커뮤니케이터가 되기 위해서는 자기 생각을 상대에게 일방적으로 전달하는 습관을 고치고, 상대로 하여금 이야기를 하게 하여 스스로 문제 해결 방법을 찾게 하는 커뮤니케이션 스타일로 바꾸어야 한다. 물론 몸에 밴 습관이 쉽게 고쳐지지는 않을 것이다. 그러나 커뮤니케이션을 잘하기 위해서는 몸에 밴 습관을 버리고 효과적인 커뮤니케이션 기술을 익혀야 한다.

모차르트에 관한 일화가 있다. 35년이란 짧은 생애를 살며 600여 곡의 작품을 남긴 위대한 작곡가 모차르트는 자신에게 음악을 배우러 찾아오는 사람들에게 항상 제일 먼저 하는 질문이 있었다. 어느 날 모차르트에게 음악을 배우려 한 청년이 찾아왔다 모차르트는 늘 하던 대로 그에게 이렇게 물었다.

"당신은 음악을 배운 적이 있습니까?"

"예, 어릴 적부터 피아노를 쳤고 바이올린도 10년을 배웠지요."

그의 대답을 들은 모차르트는 고개를 끄덕이며 제자로 받아들이겠으니 원래

수업료의 두 배를 내라고 말했다. 그
런데 얼마 지나지 않아 또 다른 청년
하나가 찾아와서 제자가 되기를 원했
다. 이번에도 모차르트는 물었다.

"당신은 음악을 배운 적이 있습니
까?"

그 청년은 솔직하게 대답했다.

"전에 음악을 배운 적은 없지만 열
심히 하겠습니다."

그는 모차르트가 음악을 모르는 자
기를 제자로 받아들이지 않을까봐 불

볼프강 아마데우스 모차르트

안해했다. 그러나 모차르트는 뜻밖에도 흡족한 미소를 지으며 말했다.

"좋소. 제자로 받아들이겠으니 수업료를 반만 내시오."

그러자 먼저 찾아왔던 청년이 모차르트에게 항의하듯 물었다.

"선생님! 음악을 전혀 모르는 저 사람에게는 수업료를 반만 내라고 하시고,
10년이나 음악을 공부한 저에게는 수업료를 두 배로 내라고 하시니 그건 부당
한 처사가 아닙니까?"

모차르트가 그 이유를 말해주었다.

"아닐세. 음악을 배운 사람들을 잘 가르치기 위해서 나는 먼저 잘못된 연주
습관이나 태도를 고쳐주지. 그런데 그 일은 아주 힘이 들거든. 그 사람이 지니고
있는 나쁜 버릇이나 태도를 바로 고쳐 주는 일은 그냥 음악을 가르치는 것보다
곱절은 힘든 일이지. 그러나 음악을 배우지 않은 사람은 그런 나쁜 습관이 없기
때문에 바로 음악을 가르칠 수 있거든. 그리고 처음 배우는 사람들에게는 순수
한 열정이 있지. 내 말뜻을 알아듣겠나?"

모든 기술이 그렇듯이 처음에는 어색하고 곤혹스럽다 할지라도, 커뮤니케이션을 잘하기 위해서 우리는 커뮤니케이션 기술을 습득해야 한다. 그러기 위해서는 먼저 자기 자신에 대한 믿음이 있어야 한다. 나도 훌륭한 커뮤니케이터가 될수 있다고 스스로에게 말해야 한다. 그리고 지금까지 몸에 밴 비효과적인 커뮤니케이션 스타일을 바꿀 수 있다고 믿어야 한다. 몸에 밴 습관을 바꿀 때는 훈련과 연습이 필요하다. 이것의 어려움은 나이와 비례하는데, 나이가 많을수록 비효과적인 커뮤니케이션 스타일을 바꾸는 데 더 많은 시간과 노력을 기울여야한다.

그러나 유능한 커뮤니케이터가 되는 데 나이가 무슨 상관이겠는가? 가장 중요한 것은 자기 스스로 커뮤니케이션 스타일을 바꿀 수 있다고 믿는 것이다. 스스로 커뮤니케이션 스타일을 바꿀 때 좀 더 좋은 인간관계를 맺게 될 것이다. 사람은 서로 교감하는 대화를 통해 서로의 이야기에 귀 기울이고, 존경과 사랑으로 만나게 될 것이다.

훈련으로 향상되는 커뮤니케이션

"커뮤니케이션 능력은 타고나는 것인가?"

어떻게 생각하는가? 이 질문에 대한 대답은 "아니다!"이다. 커뮤니케이션 능력은 타고나는 것이 아니다. 커뮤니케이션은 언어와 피아노처럼 하나의 기술이다. 기술을 배우고 익히면 완벽해지듯이 커뮤니케이션 능력도 배우고 익히면 향상된다. 따라서 커뮤니케이션 능력은 타고나는 것이 아니라 훈련과 연습을 통해키울 수 있는 것이다.

나는 초등학교 때 자전거를 배웠는데, 자전거를 맨 처음 가졌을 때 타기는커

커뮤니케이션 능력, 훈련과 연습으로 향상

녕 끌기조차 힘들었다. 그러나 자전거를 계속 끌고 다니다보니 자전거가 몸에 익숙해지고 편안해졌다. 자전거가 익숙해지고 난 후, 나는 자전거 페달에 오른 쪽 발을 올려놓는 훈련을 하였다. 이것도 쉬운 일이 아니었다. 자전거 한쪽 페달에 발을 올려놓고 자전거를 밀면서 가는 힘든 과정을 거치고 나니, 페달에 한쪽 발을 올려놓고 몸을 실을 수 있었다. 어느 정도 지나니 자전거 안장에 몸 전체를 올려놓을 수 있었다. 넘어지기를 수십 번, 여러 차례 다치기도 했지만 나는 포기하지 않고 계속 자전거 타는 법을 배웠다. 마침내 나는 자전거 손잡이를 잡지 않고도 탈 수 있는 고수의 경지에 이르게 되었다.

누군가 나에게 "당신은 어떻게 두 손을 놓고 자전거를 탈 수 있는 고수의 경지에 이르게 되었습니까?"라고 묻는다면 나는 이렇게 대답할 것이다. "제가 자전거를 탈 수 있게 된 것은 기적이 아니라 훈련과 연습의 결과입니다."

커뮤니케이션 능력도 하나의 기술이다. 자전거도 배우고 익히면 기술이 완벽해지듯이 커뮤니케이션 능력 또한 배우고 익히면 향상된다. 나는 커뮤니케이션

워크숍을 마치고, 두 명의 자녀를 둔 50대 중반의 남성과 대화를 나눈 적이 있다. 그는 나에게 말했다.

"커뮤니케이션의 중요성을 다시 한번 깨달았습니다. 상대방의 입장에 서서 이야기를 들어주고 마음을 읽어야 한다는 것은 아는데, 막상 자식들에게 그렇게 하려고 하면 목구멍에서 입 밖으로 나오질 않습니다. 우리는 어릴 때 자신의 감정이나 생각을 표현하는 것을 배우지 못했습니다. 특히 아버지가 엄격하셔서 어른들과 이야기할 때도 얼굴을 바라볼 수가 없어서 머리를 숙인 채 듣고만 있어야 했습니다. 우리의 생각과 감정을 표현한다는 것은 상상도 못할 일이었습니다. 이렇게 살다보니 가족들에게 그러지 않으려고 해도 그게 잘 안 됩니다. 우리 나이의 사람들은 이제 안 됩니다. 굳이 사랑을 말로 표현해야 하나요? 말하지 않아도 아는 것이지요."

그 사람은 어린 시절의 언어 습관이 지금까지 영향을 미치고 있다고 했다. 그 사람은 가족들에게 사랑하는 마음을 전하고 싶은데도 어린 시절의 습관 때문에 입 밖으로 나오지 않는다면서 '나는 안 돼!'라고 하였다.

어쩌면 독자들 가운데에도 '이젠 너무 늦었어', '나는 안 돼', '커뮤니케이션은 아무나 하나', '이 나이에 어떻게 변화시킬 수 있겠어?', '커뮤니케이션이 중요한 것은 알지만 너무 어려워'라고 생각하는 사람이 있을 것이다. 이렇게 커뮤니케이션에 대해 부정적인 생각이 드는 것은 그러한 메시지들이 우리 마음속에 깊숙이 박혀 있기 때문이다. 커뮤니케이션에 대한 이러한 생각들은 어린 시절부터 몸에 밴 습관의 영향이다. 그러한 커뮤니케이션 방법은 과거의 경험과 학습의 결과이다.

하지만 현재 나의 비효과적인 커뮤니케이션을 효과적인 커뮤니케이션으로 변화시키고자 노력한다면, 언제든지 달라질 수 있다. 우리는 하나의 항아리이다. 항아리에 무엇을 담느냐에 따라 그 기능이 달라진다. 자신의 마음속 깊은 곳

물을 담아두면 물단지, 꿀을 담아두면 꿀단지

에 '나는 안 돼'라는 부정적인 것을 담으면 부정적인 그릇이 될 것이다. 그로 인해 효과적이지 못하고 비효과적인 커뮤니케이션을 계속해갈 것이다. 반면에 자신의 마음속에서 부정적인 메시지를 뽑아 버리고 '그래. 나는 할 수 있어. 해보자. 나는 돼'라는 긍정적인 메시지를 담으면 효과적인 커뮤니케이션을 할 수 있을 것이다. 그리고 자기 자신에게 효과적인 커뮤니케이션의 내용과 기술을 담으면 된다.

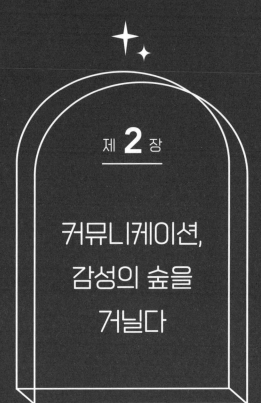

제 **2** 장

커뮤니케이션,
감성의 숲을
거닐다

부드러운 감성, 커뮤니케이션

커뮤니케이션이 원활할수록 생활에 활기를 띤다. 그러나 커뮤니케이션에 문제가 생기면 스트레스로 인해 인간관계에 지장을 준다. 그렇다면 사람들이 열정을 가지고 적극적으로 자신의 일에 헌신하게 만드는 커뮤니케이션은 무엇일까? 우리는 사람에게 편안함과 안락함을 느끼게 하는 커뮤니케이션을 해야 한다. 대부분 사람들은 부드럽게 말하는 사람을 편안하게 생각한다.

심리학자인 해리 할로(Harry F. Harlow)는 다음과 같은 유명한 실험을 하였다. 아직 젖을 안 뗀 아기 원숭이들 앞에 어미 원숭이 대신 두 개의 인형을 만들어놓았다. 두 개의 인형 중 하나는 철사로 어미 원숭이처럼 만들어 가슴에 우유병을 넣어 두고, 또 다른 하나는 부드러운 천으로 어미 원숭이를 만들어 가슴에 우유병을 넣어 두었다.

해리 할로
출처: University of Wisconsin - Madison Archives

부드러움을 좋아하는 아기 원숭이

그리고 아기 원숭이들이 어떻게 하는지 살펴보았더니, 첫날에는 아기 원숭이들이 두 인형 속에 있는 우유를 모두 빨아먹었지만 다음 날부터는 철사로 만든 인형에는 가지 않고 천으로 만든 인형에만 모여들었다.

실험을 통해서 보듯이 원숭이가 부드러운 것을 원하는 것처럼 인간관계에서도 똑같은 원리가 작용한다. 사람은 날카롭고 딱딱하고 매정한 사람보다 온유하고 부드럽고 포용력 있는 사람과 함께하기를 원한다. 사람은 사랑을 베풀고 실천하는 사람을 신뢰하고 따른다. 왜냐하면 사랑은 자기 존재에 대한 확고한 믿음을 전제로 하고, 그만큼 모든 일에 자신감이 생기게 하기 때문이다.

우리가 사람과의 관계에서 부드럽고 온유함을 제공해준다는 것은 곧 그 사람을 있는 그대로의 자기 자신이 될 수 있는 조건을 만들어주는 것이다. 앞에서 말했듯이 대부분의 사람은 자기 자신으로서 존재하고자 한다. 자기 자신으로 존재할 수 있도록 해줄 때 그 사람은 평온함과 행복함을 느끼게 된다.

감성 커뮤니케이션의 ABC 단계

부커 워싱턴(Booker T. Washington) 은 "한 사람의 힘을 보여주는 길은 두 가지이다. 하나는 찍어 누르는 것이고, 다른 하나는 끌어올리는 것이다"라고 말했다. 이와 같이 커뮤니케이션에도 두 가지 면이 있다. 하나는 파괴적인 커뮤니케이션으로 통렬한 비판을 하거나, 저격수와 같이 냉혹하게 말하거나, 말

부커 워싱턴

을 중간에서 잘라버리고, 사람을 찍어 누르는 것이다. 파괴적인 커뮤니케이션은 상대를 적으로 간주해서 상처를 주기 때문에, 만약 이러한 사람과 함께 일을 하고 있다면 팀워크에도 해가 될 것이다.

또 다른 하나는 창조적인 커뮤니케이션으로, 사람을 끌어올리는 커뮤니케이션이다. 우리에게는 이러한 창조적인 커뮤니케이션 기술이 필요하다. 이 기술을 실행하는 데는 다소 시간이 걸리지만 그 결과는 더할 나위 없이 효과적이다.

래니 어래돈도(Lani Arredondo)는 그의 저서 『커뮤니케이션의 기술』에서 창조적인 커뮤니케이션의 기술로 ABC 3단계를 소개하고 있다. 이 ABC는 누군가와 만날 때마다 항상 머릿속에 기억하고 있어야 하는 것으로 부드럽고 감성적인 커뮤니케이션의 원칙이라고 할 수 있다. 따라서 나는 그의 3단계 이론을 기초로 '감성 커뮤니케이션 ABC 단계'를 제시하고자 한다.

STEP 1	STEP 2	STEP 3
Approach	**B**uild Bridge	**C**ustomize
(부드러운 접근)	(다리를 만듦)	(상대에게 맞춤)

감성 커뮤니케이션 ABC 단계

A: 부드럽게 접근하기

A는 approach(접근)를 뜻한다. 비행기의 착륙을 생각해보자. 비행기가 착륙하려고 할 때 중요한 것은 안전하고 부드러운 접근이다. 만일 조종사가 그런 고려 없이 마구잡이로 비행기를 운행한다면 분명히 문제가 생긴다. 누구나 가정이나 직장에서 이와 유사한 문제를 경험해봤을 것이다.

대화는 일방적인 것이 아니라 쌍방향으로 진행되는 것이다. 특히 직장 내 인간관계에서 문제가 생기는 것은 한쪽 또는 양쪽의 접근 방식이 잘못되었기 때문이다. 그런 상황에서는 부드럽게 다가갈 필요가 있다. 접근이 긍정적인 태도로 상대방을 존중하면서 밝은 분위기로 시작되었다면 문제가 생기는 일은 거의 없을 것이다. 그러나 이미 문제가 발생했을 때는 먼저 긍정적인 태도로 이야기를 전개하고, 미리 준비된 상태에서 무슨 말을 해야 할지 확인해야 한다. 그리고 상대방이 어떤 감정을 느낄지 미리 생각하는 것이 중요하다. 이와 함께 항상 미소 띤 얼굴로 상냥하게 다가가는 것도 잊지 말아야 한다.

이와 같이 커뮤니케이션에서 부드러운 접근은 세 가지이다. 첫째는 우리가 대화를 할 때 먼저 상대방을 존중하는 마음이다. 둘째는 긍정석인 태도이다. 셋째는 상대방의 감정에 관심을 갖는 것이다. 이 세 가지의 마음은 당신의 미소 띤 얼굴로 피어나게 될 것이다.

B: 다리 만들기

B는 build bridge(다리 만들기)를 뜻한다. 다리가 완성되어가는 과정을 통해 커뮤니케이션에 대해 배울 수 있다. 일반적으로 다리를 만들 때는 강 양편에서 똑같은 모양으로 강 중심을 향해 만들어간다. 커뮤니케이션도 나와 상대방이 양끝에서 다리를 만들어가는 과정과 같다. 다리를 놓는 것처럼, 관계를 맺기 위해서는 많은 시간, 집중, 기술이 필요하다. 서로 다른 방향으로 다리를 쌓을 수도 있고 반밖에 완성하지 못할 수도 있다. 이때 필요한 것이 바로 이해와 신뢰인데 이해와 신뢰를 기초로 안정적인 다리를 만들 수 있는 것이다.

커뮤니케이션의 궁극적인 목적은 서로에게 유익이 되는 안정적인 관계를 형성하는 것이다. 관계에서 신뢰는 내가 안전하다고 느끼는 것인데, 그것은 신체적인 안전뿐만 아니라 정서적·심리적인 안정도 포함하고 있다. 누군가가 당신에게 비밀을 이야기했다면 당신은 그 비밀을 지켜주어야 한다. 이것이 바로 신뢰이다.

커뮤니케이션에서 다리를 놓는 좋은 방법은 공통점을 찾는 것이다. 자신과 공통점이 있는 사람을 좋아하게 되는 것은 사람의 본질이다. 상대와 비슷한 배경, 취미, 관심을 찾는 것으로 대화를 풀어보면 대화의 흐름이 좋아질 것이다.

이와 같이 대화할 때 다리를 만들기 위해서는 세 가지가 필요하다. 우리는 대화할 때, 상대방을 위해 먼저 충분한 시간을 내어주어야 한다. 둘째, 상대방에게 집중해야 한다. 셋째, 효과적인 커뮤니케이션 기술이 필요하다.

C: 상대에 맞춰 대화하기

C는 customize(맞추다)를 뜻하며, 상대에게 맞춰 대화하는 것을 의미한다. 한 사람에게 접근해 좋은 관계를 맺기 위해 다리를 만들고, 그 사람에게 맞는 대화법을 이용한다면 더욱더 편안하게 이야기를 나눌 수 있을 것이다. 일로 만나는 모든 사람을 당신의 '고객'으로 생각하라. 상대에게 맞춘다는 것은 고객 한 사

람 한 사람에게 맞는 방식을 동원하라는 것이다. 당신의 목적은 고객 만족이다.

우리는 회의를 할 때 종종 두 종류의 사람을 만나게 된다. 어떤 사람은 회의 시간에 누군가 조금이라도 길게 이야기하거나 주제와 상관없는 말을 하면 그것을 참지 못하고 중간에 말을 잘라버리거나 핀잔을 준다. 또 다른 사람은 회의 중간중간에 유머를 사용하여 긴장과 어색함을 풀거나, 다른 사람의 이야기를 귀 기울여 들으면서 궁금한 것을 질문하기도 한다. 우리는 핀잔을 주는 사람보다는 유머를 사용하면서 대화하는 사람과 이야기하기를 더 좋아한다.

대화를 하거나 회의를 할 때 당신의 태도는 어떠한가? 가장 바람직한 대화의 태도는 '상황에 따라, 상대에 따라' 다르게 대처하는 것이다. 최고의 결과는 우리가 대화를 할 때 상대의 방식에 맞춰나갈 때 얻을 수 있다.

다름을 인정하는 커뮤니케이션

서로 다름을 인정

우리의 삶은 인간관계 속에서 펼쳐지고 확장된다. 따라서 우리의 삶에서 해결해야 할 주요한 과제는 함께 살아가야 할 여러 영역의 사람들과 갈등 없이 친밀한 관계를 형성함으로써 삶을 풍요롭고 행복하게 만들어나가는 일이다. 우리는 이러한 관계를 통해 행복하고 창조적인 삶을 이루게 된다.

인간관계는 우리의 삶에서 매우 중요한 요소이며 행복을 누리는 조건으로 빼놓을 수 없는 것이다. 다른 사람과의 관계를 통해 얻는 기쁨은 행복의 근원이 된다. 이러한 인간관계는 개인의 성장과 발달은 물론이고 가정의 행복, 교육의 성취, 기업체의 생산성 향상에까지 영향을 미친다.

우리는 다른 사람과 마음을 주고받을 때 기쁨과 만족감을 느낀다. 그러나 간

혹 불쾌하고 불안한 감정이 일어나고, 어떤 격리감과 나 자신에 대한 불만을 경험하기도 한다. 우리는 다른 사람과 관계를 맺을 때 우리 자신이 더욱 확장되고 풍부해졌다는 느낌을 갖게 될 뿐만 아니라 위축되는 느낌도 경험한다.

그런데 어떻게 하면 효과적인 인간관계를 맺을 수 있을까? 효과적인 인간관계를 맺기 위해서는 먼저 서로의 존재를 인정해야 한다. 그래야만 친밀한 관계를 맺을 수 있다. 그러나 보통 우리는 서로의 바람을 인정하기 전에 상대방이 어떻게 생각하든 상관없이 자신의 생각과 주장을 내세우는 데 더욱 집착을 한다. 이렇게 하다보니 서로의 존재를 인정하기에 앞서 힘을 겨루는 갈등의 구조를 만들게 된다. 이러한 것들을 통해 신뢰가 깨지고 관계는 멀어진다.

둘째 서로 다르다는 것을 인정해야 한다. 이 세상에는 똑같은 사람이 존재하지 않는다. 일란성 쌍둥이라 하더라도 똑같지는 않다. 나는 일란성 쌍둥이 딸이 있다. 다른 사람들이 보기에는 둘이 똑같아 보인다고 하지만 아버지로서 딸들

우리는 서로 달라요

을 바라볼 때 둘은 완전히 다르다. 얼굴 생김새, 키, 몸무게 등의 신체적 특징뿐만 아니라 성격, 취미, 좋아하는 것 등이 다르다. 이 세상 수십억의 인구 가운데 자신과 똑같은 사람은 하나도 없다.

사람마다 자기 나름대로의 독특한 특성을 지니고 있으며, 이러한 독특성은 일을 처리하는 데서도 나타나게 된다. 따라서 좋은 인간관계를 맺기 위해서는 사람은 각각 독특한 특성을 지니고 있다는 것을 인정하고, 상대방이 자기 자신으로 존재하도록 도와주어야 한다. 이렇게 될 때 우리가 맺는 인간관계는 더욱 풍성해질 것이다.

커뮤니케이션의 세 가지 질문

서로의 다름을 인정하는 커뮤니케이션은 질문으로 시작된다. 질문에는 크게 세 가지 형태가 있다. 폐쇄형 질문과 확인형 질문, 개방형 질문이다.

커뮤니케이션의 세 가지 질문

폐쇄형 질문(close-ended question)이란 답으로 '예/아니요'를 요구하는 결정형 질문이다. 예를 들면 "기획서 다 끝냈어요?", "이 일이 마음에 들어요?"와 같은 질문이다. 이런 질문은 빠른 응답을 원할 때, 추가적 정보가 필요 없을 때, 정확성을 점검할 때, 이미 교환된 의견의 완성도를 높이는 피드백 과정에 유용하다.

그러나 대화가 끝날 때에는 "제가 이 내용을 제대로 파악하고 있습니까?"와 같은 질문을 통해 상대방도 자신의 목적을 잘 달성했는지 확인할 기회를 주는 것이 좋다.

확인형 질문(confirmatory question)은 상대방의 말을 그대로 반복하거나 확인하는 질문인데, 대화를 촉진할 때 도움이 된다. 상대방이 하는 말을 자신이 잘 듣고 이해했는지 알아보기 위해 확인하고, 나아가 상대방이 더 설명할 기회를 주는 것이다. 그러기 위한 방법에는 세 가지가 있다.

첫째, '반복하기'로 상대방이 한 말을 그대로 반복하는 것이다. 예를 들어 "거래처에 방문하러 갑시다"라고 말하면 "거래처를 방문하자고요?"라고 상대방의 말을 반복하는 것이다.

둘째, '바꾸어 말하기'로 상대방이 한 말과 같은 뜻을 가진 다른 말을 사용하는 것이다. 예를 들어 "회사 생활이 따분해서 더 이상 다니기 싫습니다"라고 상대방이 말하면, "그러니까 당신의 말은 직장 생활이 힘들다는 뜻입니까?"라고 바꾸어 말하는 것이다.

셋째, '요약하기'로 상대방이 말한 내용의 초점을 압축해 주제를 명확히 하는 것이다. 예를 들어 "일주일 내로 새로운 기획안을 제출해야 됩니다. 그런데 해야 할 업무가 많기 때문에 언제 그 기획안을 할 수 있을지 모르겠어요"라고 말하면, "업무가 많아 아직 기획안을 마치지 못하고 있다는 말이군요"라고 요약해서

반복하기
상대가 한 말을
그대로 반복

바꾸어 말하기
상대가 한 말과
유사한 언어를 사용

요약하기
상대가 한 말의
핵심 에너지

확인형 질문 세 가지

말할 수 있다.

개방형 질문(open-question)이란 물음에 대한 답의 제한이 없는 질문이다. 서로 대화를 나눌 수 있도록 이끌어내는 질문으로 정보 획득, 상세한 설명, 문제 파악이 목적일 때 사용한다. 개방형 질문은 '무엇, 어떻게, ~겠습니까?'로 이루어진다. '무엇'은 흔히 사실적 정보를 이끌어낸다. '어떻게'는 사람을 지향하면서, 그 일을 하게 된 동기와 과정을 이야기하게 한다. '~겠습니까'는 상대방이 계속 말하도록 이끈다.

이러한 질문은 상대방이 말한 내용에 관해 궁금한 것이 있거나 문제를 좀 더 깊이 이해할 필요가 있을 때 유용하다. 예를 들어 "기획서를 다 끝냈어요?"가 폐쇄형 질문이라면, "기획서가 어떻게 되었습니까?"와 같이 관점, 사고, 의견, 감정을 이끌어낼 수 있는 질문이 개방형 질문이다. 더 나아가 개방형 질문은 아이디어와 느낌을 끌어내는 데도 유용하다.

개방형 질문 세 가지

효과적인 질문의 원칙

언제 어떤 질문을 하는 것이 좋을까? 일반적으로 효과적인 방법은 깔때기 질문 기법 (funnel technique)이 있다. 깔때기 질문 기법은 포괄적 개방형 질문으로 시작하여 질문 범위를 좁혀가면서 상대방의 반응을 이끌어내는 것이다. 폭넓은 개방형 질문으로 대화의 문을 열고 신뢰 관계를 형성하며 흥미를 유

깔대기 질문 기법

발하면서 상황에 대한 많은 정보를 얻은 다음, 이어질 구체적 질문을 어느 시점에서 어디로 던질지 결정한다. 이는 직장에서 업무상 문제를 파악하고 해결책을 모색할 때 유용하다.

질문의 원칙을 살펴보면 다음과 같다.

첫째, 질문은 상대가 대답하기 쉬운 정도여야 하고 너무 막연한 질문은 금물이다. 예를 들어 적절한 분위기가 잡히지 않은 상태에서 "요즘 어떻게 살아요?"와 같은 질문을 뜬금없이 던지면 상대방이 듣기에 성의 없어 보이거나 뭐라고 답해야 할지 몰라서 당황스럽다.

둘째, '왜?'라는 질문은 가능하면 피하는 것이 좋다. '왜?'라는 질문은 질문을 받은 사람에게 방어기제를 일어나게 한다. '왜?'라는 질문을 받은 사람은 자동적인 사고에 의해 상대가 자신의 의견이나 생각을 비난하고 있다고 생각한다. 그래서 질문을 받은 사람은 변명하거나 방어적인 자세를 취하게 된다. 따라서 대화에서는 가능하면 '왜?'라는 질문 대신에 '무엇, 어떻게?'를 사용하는 것이 효과적이다. '무엇, 어떻게?'라는 질문을 하게 되면 상대방도 변명이나 방어적인 자세를 취하는 대신 편안하게 이야기할 수 있게 된다.

셋째, 위협적인 질문은 가급적이면 피해야 한다. "왜 너는 …하지 않았니?", "왜 일을 이렇게 한 거야?" 등의 질문은 상대에게 책임을 전가시키는 위협적인 질문이다. 이러한 질문들은 상대방을 방어적으로 만들고 관계를 악화시킨다. 이런 질문은 효과적이라고 판단되는 상황에서만 사용해야 할 것이다.

넷째, 한 번에 한 가지만 질문하는 것이 효과적이다. 두세 가지를 연달아 질문하는 습관을 가진 사람들이 있다. 두세 가지를 연달아 질문하게 되면 질문을 받은 사람은 어떤 질문이 중요한지, 그리고 어떤 질문에 대답을 해야 하는지 혼란을 겪게 된다. 연달아 하는 질문은 질문하는 사람 자신도 핵심을 알지 못해 허황한 말을 늘어놓는 것이 된다. 이러한 질문은 상대방에게 상당히 공격적인 태도로 비칠 수 있다.

다섯째, 그러므로 질문을 통해 얻고자 하는 목적이 무엇인지 계획을 명확히 세워야 한다. 묻고자 하는 것이 명확해야 상대방도 분명한 답을 준다. 민감한 사안은 사전에 허락을 구한다.

① 감성 커뮤니케이션의 ABC 단계

- Approach(부드럽게 접근하기)
- Build Bridge(다리 만들기)
- Customize(상대방에게 맞춰 대화하기)

② 커뮤니케이션의 세 가지 질문

- 폐쇄형 질문
- 확인형 질문
- 개방형 질문

③ 효과적인 질문의 원칙

- 막연한 질문은 피함
- '왜?' 질문은 피함
- 위협적인 질문은 피함
- 한 번에 한 가지 질문
- 질문은 명확해야 함

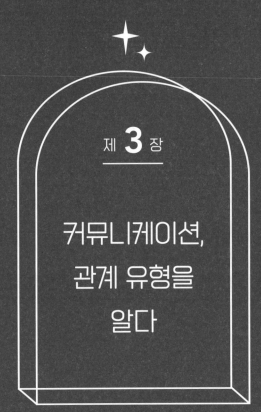

제 **3** 장

커뮤니케이션,
관계 유형을
알다

마음을 움직이는 욕구

지피지기의 커뮤니케이션

사람의 성격은 각양각색이기 때문에 어떤 사람을 대하는 데 성격에 맞지 않는 길을 택한다면 좋은 결과를 얻기 힘들 것이다. 춘추시대 손무가 쓴 손자병법에서는 '지피지기 백전불태'라 했다. "상대를 알고 나를 알면 백 번 싸워도 위태롭지 않게 된다"는 뜻이다. 곧 자신과 상대방의 약점과 강점을 알아보고, 이길 수 있다는 계산이 있을 때 싸워야 한다. 이 법칙은 직장 생활에서도 예외가 아니다. 많은 직장인들의 큰 고민 중 하나는 직장 내에서의 인간관계가 원활하지 못하다는 것이다. 이러한 문제를 원만하게 해결하기 위한 가장 좋은 방법은 자신과 상대의 유형을 파악하고, 거기에 맞게 대처하는 것이다. 상대방의 성격을 알고 자신을 거기에 맞춘다면 만족할 만한 성과를 거두게 될 것이다.

무엇이 사람의 마음을 움직이게 할까? 보통 우리는 사람을 움직이는 것은 이성이라고 생각한다. 그러나 심리학자 아브라함 매슬로(Abraham H. Maslow)는 사람의 마음을 움직이는 것은 욕구라고 하였다. 매슬로는 욕구의 모델을 다섯 단계로 분류하였다. 사람은 낮은 차원의 욕구를 충족하면 더 높은 차원의 욕구를

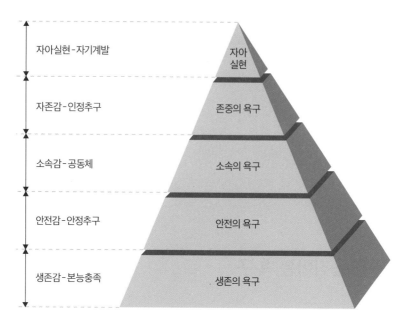

자아실현-자기계발 　자아실현

자존감-인정추구 　존중의 욕구

소속감-공동체 　소속의 욕구

안전감-안정추구 　안전의 욕구

생존감-본능충족 　생존의 욕구

매슬로의 욕구 모델

충족하려고 하는데, 그 차원이 다섯 단계라는 것이다.

생존의 욕구

사람의 가장 기본적인 욕구는 생존이다. 이 생존의 욕구는 본능을 충족하고자
하는 것이다. 사람은 가장 먼저 의식주 문제를 해결하고자 한다. 생존하기 위해
서 먹고, 마시고, 자고, 입는다. 그래서 배가 고프면 생존을 위해 먹는 것을 가장
먼저 해결하려고 한다.

안전의 욕구

사람은 생존의 욕구가 해결되면 안전한 삶을 추구하고자 한다. 안전의 욕구는
외부의 환경으로부터 자기 자신을 보호하고자 하는 마음이다. 사람이 위협으

로부터 자기 자신을 보호하지 못할 때 느끼는 감정이 불안과 두려움이다. 이러한 불안과 두려움에서 자신을 보호하기 위해 공동체를 이루어 다양한 인간관계를 만들면서 살아간다.

소속의 욕구

사람은 어딘가에 소속되고자 하는 욕구가 있어서 다른 사람과 관계를 맺으면서 살아가기를 원한다. 우리는 혼자서 살기보다는 오히려 어딘가에 소속되어 살고자 하는 마음이 있다. 그리고 다양한 사회 계층에 참여하고 싶은 마음이 있다. 그래서 자신과 통하는 사람이나 맞는 사람을 찾아 헤매기도 한다. 이와 같이 사람은 어딘가에 소속되어 편안하기를 원한다. 소속감을 느끼려면 말, 행동, 습관, 가치 등이 서로 비슷해야 한다.

존중의 욕구

사람은 다른 사람들 앞에서 무언가 잘하고 싶은 마음이 있다. 누구나 학교에서 공부를 잘하고 싶은 마음, 직장에서 일을 잘하고 싶은 마음, 사람들 앞에서 운동을 잘하고 싶은 마음, 노래를 잘 부르고 싶은 마음이 있다. 이러한 마음을 자존심이라고 한다. 자존심은 다른 사람들에게 인정받고 존중받고 싶은 욕구이다. 우리는 이렇게 남들 앞에서 무언가를 잘해서 자존심을 살리고 싶은 마음이 있다.

자아실현의 욕구

사람은 자아를 실현하고자 하는 욕구가 있다. 자아실현은 우리가 삶을 살아가는 데 가장 큰 마음의 힘이기도 하다. 자아실현은 '인간욕구 다섯 단계'의 맨 꼭대기에 있다. 그러므로 인간 발달의 최종 목표라고 할 수 있다. 자아실현은 자신의 잠재력을 최대한 발휘하고자 노력하는 것이다. 우리가 인생을 살아가면서 과정보다 결과에 초점을 맞추면 좌절하기 쉽다. 어떤 일을 할 때 결과에 초점을 맞추기보다는 자신의 잠재력에 초점을 맞추면 더 많은 일을 이룰 수 있다. 따라서 자아실현은 곧 자기계발이다.

사랑받고 싶은 마음

다섯 가지 욕구 가운데 관계적인 측면에서 가장 기본적이고 중요한 욕구는 존중받고 싶은 마음이다. 곧 모든 사람은 사랑과 인정을 받고 싶어 한다는 것이다. 이 욕구가 채워지지 않을 때 결핍이 되고, 이 결핍된 욕구에 대해 집착을 하게 된다. 사랑과 인정의 욕구는 풍선에 들어 있는 공기에 비유할 수 있다. 풍선 안에 들어 있는 공기가 마음에 들지 않는다고 해서 풍선을 압박하면 공기는 없어지는 것이 아니라 눌리지 않은 부분으로 이동하게 된다. 풍선의 다른 부분이 불룩 튀어나온 것이 보기 싫다고 하여 그 부분에 다시 압박을 가하면, 풍선 안의 공기는 다시 다른 부분으로 옮겨지게 된다. 풍선을 가장 아름답게 하는 방법은 압박을 가하고 있던 손을 놓아 원형으로 복원하는 것이다. 이와 같이 내가 먼저 상대의 사랑과 인정을 받고 싶어 하는 욕구를 충족시켜주면, 상대는 나에게 마음의 문을 열고 서로 신뢰할 수 있는 관계를 맺게 된다.

우리가 다른 사람과 좋은 관계를 맺고자 한다면 먼저 상대에 대한 이러한 이해가 필요하다. 우리는 독불장군처럼 혼자 살아갈 수 없기 때문에 서로의 차이를 인정하고 원활하게 해결해나갈 수 있는 연결점을 찾는 것이 중요하다. 이를 위해서는 누구나 사랑과 인정을 받고 싶은 욕구가 있음을 아는 것이 중요하다. 내가 먼저 그에게 다가가 손을 내민다면 그 사람은 다시 나에게 손을 내밀게 될 것이다. 사람과 잘 지내는 것은 직장 생활의 기본이며, 사람을 잘 다룰 줄 아는 기술은 인간관계의 기초가 된다.

인간관계를 맺는 유형

우리는 관계를 맺을 때 그 사람의 행동과 태도, 성격 등에는 그렇게 할 수밖에 없는, 과거의 경험에 의해 축적된 뿌리가 있음을 이해하는 것이 중요하다. 어린 시절을 보내는 동안 우리는 우리의 삶을 지배하고 있다고 느끼는 사람에 비해 열등한 입장에 놓여 있었다. 그래서 점차 힘을 가진 '어른'들을 대하는 최선의 방책을 익히게 되었다. 성인이 되어서도 우리는 힘을 가진 사람을 만나게 되면 어릴 때 익혀온 방책을 사용하려는 경향이 있다. 이것이 바로 '전이'이다. 전이는 어린 시절에 중요한 사람들과의 관계에서 경험했던 느낌, 사고, 행동 유형이 현재 맺고 있는 다른 사람들과의 관계로 옮겨지게 된 것을 의미한다. 전이는 무의식적으로 일어나기 때문에 사람은 전이 과정에서 일어나는 태도와 행동 그

어린 시절을 알면 이해가 된다

사람은 보살핌이 필요하다

리고 감정 등의 다양한 원천에 대해서는 지각하지 못한다.

모든 인간관계에서 '전이'를 깨닫는 것이야말로 상대방과 나 자신을 이해하는 열쇠이다. 대부분 그 사람의 행동과 태도는 어린 시절 부모와의 관계를 통해 형성된 것이다. 어린 시절 부모와 맺는 관계는 유아가 자기 자신에 대한 건전한 자아 개념을 형성하는 데 중요한 요소로 작용할 뿐만 아니라, 성인이 되어서도 대인 관계에서 사회적인 능력을 발휘하는 데 절대적인 역할을 한다. 부모와 안전한 관계를 형성한 유아는 타인에 대해 신뢰감을 가지고 또래나 성인들과 더 조화로운 관계를 맺는다.

이와 같이 인간관계 유형들은 대개 어린 시절 부모와의 관계에서 형성된다. 성인이 되어 어떤 욕구가 강하다는 것은 어린 시절에 그 욕구가 결핍되었다는 뜻이다. 아이가 태어나 18개월까지는 어머니와의 관계가 매우 중요하다. 이 시기에 아이는 엄마와의 신체적인 접촉을 통해 세상을 배운다. 18개월이 지나면 아버지와의 관계가 중요해진다.

18개월 이후에는 말을 배우기 시작하는데, 이때 아버지의 말에 의해 자기 자신과 세상에 대해 알게 된다. 그러므로 어린 시절 부모와의 신체적 접촉과 말에 의해 사람의 성격과 대인 관계 패턴이 형성된다.

인간관계를 맺는 유형으로는 인정 욕구가 강한 사람, 애정 욕구가 강한 사람, 경쟁심이 강한 사람, 문제 중심의 사람이 있는데 이들 각각의 유형에 대해서 살펴보면 〈인간관계를 맺는 유형〉 도표와 같다.

| 인정 욕구 강한 사람 | 애정 욕구 강한 사람 | 경쟁심 강한 사람 | 문제 중심인 사람 |

인간관계를 맺는 유형

인정 욕구가 강한 사람

일반적으로 인정 욕구는 어린 시절 아버지와의 관계에서 형성된다. 아이가 말을 배우기 시작하는 18개월부터는 아버지의 역할이 매우 중요하다. 이때부터는 엄마와의 돌봄 관계와 함께 아버지로부터의 칭찬과 인정을 통해 세상을 배우게 된다. 아버지가 아이의 인정 욕구를 충분히 채워주면, 그 아이는 세상을 아름답고 살기 좋은 곳으로 받아들이게 된다. 그러면서 자신감을 가지게 되고 자신을 긍정적으로 바라보게 된다.

어린 시절 아버지로부터 칭찬과 인정을 충분히 받고 자란 아이는 평생을 살아갈 수 있는 인정의 에너지를 소유하게 되는 것이다. 그 아이는 아버지가 준 칭찬과 인정을 가슴에 담고 살아가기 때문에, 성인이 되었을 때 다른 사람들에게 인정을 받기 위해서 일을 하는 것이 아니라 일에 대한 기쁨과 자기계발을 위해

나를 인정해주세요.

서 일하게 된다. 그러나 어린 시절 아버지로부터 인정을 받지 못한 사람은 성인이 되어 공부나 일을 할 때 다른 사람들로부터 인정을 받기 위해서 한다. 이렇게 같은 일을 하더라도 인간관계 유형에 따라 일을 하는 목적이 달라진다.

인정 욕구가 강한 사람은 자기가 한 일에 대해 다른 사람들로부터 인정받지 못하면 상처를 받고 실망하게 된다. 이런 사람들은 자기중심적이 되어, 무언가 일을 잘못해 직장 상사로부터 지적을 받았을 때 그 잘못에 대해 자기 자신을 돌아보기보다 오히려 다른 사람의 탓으로 돌리는 경향이 있다. 이것이 더욱 심해지면 자신의 인정받고 싶은 욕구를 표현하기 위해 극단적인 방법으로 사표를 제출하기도 한다. 이때 사표를 내는 것은 진짜 회사를 그만두기 위해서라기보다 인정받지 못한 것에 대한 서운함의 표현이다. 사표 제출을 통해 "나를 인정해주세요"라고 말하고 있는 것이다. 이때 뛰어난 리더는 사표를 제출하게 된 이면을 보고 그 사람을 인정해준다. 예컨대 사표를 수리하기 전에 "우리 팀에 자네만한 인재가 어디 있나. 자네니까 이러한 기획과 일들을 추진할 수 있는 게 아니겠나. 힘들지만 계속 같이 해보세"라고 인정해주면 대부분은 사표를 다시 거둬들인다.

따라서 인정 욕구가 강한 사람에 대해서는 그 사람의 겉으로 드러나는 면이 아니라 그 행동을 통해 전하고자 하는 이면적인 메시지를 보려고 노력해야 한다. 이렇게 그 사람을 인정해주면 곧 감정이 풀리게 된다.

애정 욕구가 강한 사람

애정 욕구가 강하다는 것은 어린 시절에 애정이 결핍되었다는 의미이다. 애정 욕구는 인정 욕구와는 다르게 일반적으로 엄마와의 관계에서 형성된다. 엄마에게 충분한 사랑을 받으면서 어린 시절을 보냈느냐 그렇지 않느냐에 따라 성인이 되어 맺는 인간관계의 유형이 달라진다.

내 심정을 알아주세요.

세상에 태어나서 최초로 경험하는 엄마와의 관계는 아이에게 있어서 모든 인간관계의 원형이 된다. 그런 엄마와의 관계에서 좌절을 경험한 사람은 다른 모든 관계에서 같은 경험을 반복하게 되고, 인간관계를 맺는 과정에서도 깊은 관심을 받으면 부담을 느끼고 이를 거부해버린다.

엄마로부터 사랑과 애정을 충분히 제공받지 못한 아이는 충족되지 못한 애정의 욕구를 해소하려고 하며, 스스로를 보호하기 위해 안간힘을 쓰게 된다. 아이는 엄마와의 관계를 자신에게 필요한 방법으로 변화시킬 능력이 없음을 점차 깨닫게 되면서 자신감을 가지지 못한 채 존재에 대한 평온한 상태가 깨어지는 고통스러운 경험을 하게 되고, 심리적으로 자신의 존재가 상실되는 듯한 근원적인 두려움을 느끼게 된다. 그래서 아이는 자신을 합당하지 않은 사람으로 인식하면서 스스로의 존재 기반 자체에 해를 주는 왜곡된 내면세계를 형성할 뿐만 아니라, 고통의 반복을 피하기 위해 대인 관계를 회피하게 된다.

이렇게 왜곡된 내면세계를 가지게 되면 자아중심성을 잃고 공포감, 분노, 우울을 경험하면서 분열적인 사고를 하며 자신을 숨기기 위해 약물 남용이나 자살 같은 상징적이고 조작적인 방어기제를 사용하게 된다. 그리고 어린 시절에 엄마와의 불만족스러운 관계를 경험한 사람은, 엄마가 자신에게 했던 것을 자기 아이에게 똑같이 되풀이할 가능성이 많다.

애정 욕구가 강한 사람은 어떤 잘못을 했을 때 타인의 탓으로 돌리기보다 자기 잘못으로 돌리는 경향이 있다. 이것은 언뜻 바람직해 보이지만 그 정도가 심하기 때문에 문제가 된다. 이러한 사람들은 인정 욕구가 강한 사람처럼 공격적이지 않다. 그리고 사표를 제출할 때 수백 번을 생각하고 자기 나름대로 대안까지 찾은 후에 제출하는 경향이 있다.

애정 욕구가 강한 사람이 사표를 제출했을 때는 인정 욕구가 강한 사람을 대할 때와 같은 방법으로 대해서는 안 된다. 이들에게 "우리 팀에서 일을 제대로 처리하는 사람은 자네밖에 없네"라고 하면 오히려 더 큰 실망과 굴욕감을 느끼게 된다. 이러한 사람이 사표를 제출하는 것은 '내 마음을 좀 알아주세요'라는 메시지이므로 그 심정을 알아주려고 노력해야 한다. 당신이 최고라는 말보다는 "힘들었겠군. 사표를 내기까지 얼마나 고민을 많이 했겠나"라는 말로 그의 마음을 알아줄 때 마음이 풀릴 것이다. 이처럼 애정 욕구가 강한 사람과 인정 욕구가 강한 사람의 사표 제출 의미는 근본적으로 차이가 있다. 인정 욕구가 강한 사람이 자신을 인정해 달라는 메시지를 전한다면 애정 욕구가 강한 사람은 자신의 심정을 알아 달라는 메시지를 전하는 것이다. 따라서 인정 욕구가 강한 사람의 마음을 바꾸기는 쉬워도 애정 욕구가 강한 사람의 마음을 돌리는 것은 매우 어렵다.

경쟁심이 강한 사람

경쟁심은 주로 형제와의 관계에서 형성된다. 아들러는 형제간의 관계와 가족 내의 위치에 특별히 주의를 기울였다. 아들러는 대부분의 인간 문제를 본질적으로 사회적인 관점으로 보기 때문에 가족 내 관계를 강조한다. 특히 그는 출생 순위와 가족 내 위치에 대한 해석에서, 출생 순위는 어른이 되었을 때 세상과 상호 작용하는 방식에 큰 영향을 미친다고 하였다. 또한 어린 시절에 형제간 경

쟁의 결과로 생겨난 성격 경향이 성인이 된 이
후의 대인 관계에도 영향을 끼친다고 하였다.

충분히
설명해주세요!

경쟁심이 강한 사람은 어떤 경쟁에서도 이겨
야 한다고 생각한다. 이런 사람들은 게임이나
운동경기를 할 때 지고서는 못 사는 사람들로,
이겨야 직성이 풀린다. 경쟁심을 갖는 것은 중
요하지만 지나친 경쟁심은 자기 자신이나 다른
사람들을 힘들게 할 수도 있다. 이러한 사람들
은 주로 "왜 내가 해야 합니까? 내가 그렇게 만
만해 보입니까?"처럼 '나'라는 단어를 많이 사용한다. 사회에서나 직장에서 경
쟁심이 강한 사람에게 일을 부탁하였을 때, "왜 이 일을 내가 해야 합니까?"라
고 반문하면 그 일에 대해 충분히 설명을 해주어야 한다. 경쟁심이 강한 사람은
일의 공정성에 대해 설명을 해주면 이해하게 될 것이다.

문제 중심의 사람

결론적으로 말하면 우리는 문제 중심의 사람을 지향해야 한다. 문제 중심의 사
람은 어떤 문제와 갈등이 생겼을 때 문제와 감정을 분리해서 바라본다. 갈등이
일어날 때 문제와 감정을 분리해서 바라볼 수 있다면 갈등 해결은 훨씬 쉬워질
것이다.

그러나 사람들은 작은 문제에서 출발하여 나중에는 감정적인 관계로 옮겨가,
결국에는 갈등의 원인인 문제는 없어지고 감정만 남게 된다. 그리하여 사람들은
상대방을 감정적으로 대하게 되어 갈등은 더욱더 커지게 된다. 이와 같이 갈등
이 생겼을 때 대부분의 사람들은 문제와 감정을 분리하지 못하여 감정에 사로
잡히게 된다. 그렇기 때문에 어떤 갈등이나 문제에 부딪혔을 때, 문제와 감정을

분리할 수 있다면 효과적인 인간관계를 맺을 수 있을 것이다.

긍정적인 사람의 커뮤니케이션

사회는 자기 자신에 대해 긍정적이고 적극적인 측면에서 자신감이 있는 사람을 요구하고 있다. 어려운 문제에 직면했을 때 나는 어떻게 대처하는가? 어려움에 직면했을 때 대처하는 방법은 우리가 얼마나 성공적인 삶을 살 수 있는지를 결정하는 중요한 요소 중 하나이다. 긍정적인 사람은 문제에 초점을 맞추기보다는 해결책에 초점을 맞추려고 한다. 따라서 문제에 직면했을 때, 우리는 가장 먼저 모든 문제에는 반드시 해결책이 있다는 신념을 가져야 한다. 어떤 문제에 대해 걱정만 하고 있다면 해결책을 찾기 힘들다. 그러나 분명히 해결책이 존재한다는 생각으로 그것을 찾으려고 노력하면 발견하게 된다. 이것은 바로 마음가짐의 문제이며, 이러한 마음가짐은 다름 아닌 우리 자신에게 달려 있다.

자신에 대한 마음가짐은 자신감이다. 자신감이란 개인이 자신의 특성과 능력에 대해 지니고 있는 생각, 판단, 감정 및 기대를 포함하는 개념으로서 인간 내면의 핵심적인 요소이다. 다시 말해 자신감은 우리가 스스로를 어떻게 바라보고, 어떻게 느끼는가 하는 자기 자신에 대한 가치 평가이다.

자신감에는 두 가지 요소가 있는데, 하나는 여러 가지 일을 해낼 수 있다는 자기효능감이고, 또 하나는 자신이 행복해질 가치가 있다는 자기가치감이다. 따라서 이 자신감은 우리 삶의 질을 향상시키고 행복감을 느끼는 일에 직결되어 있으며, 문제 해결 능력뿐만 아니라 모든 대인 관계에도 영향을 끼친다.

자신감이란 자신의 이상과 능력에 대해 확신을 갖는 것을 말하며, 자신감이 높은 사람은 스스로를 인정하기 때문에 남에게 비굴할 필요도, 의존할 필요도 없다. 스스로 결정하고 타인의 가치를 인정하고 존중하며, 자신과 타인을 신뢰하고, 긍정적이며 희망적인 사람은 상대방과 의견이 달라도 그것 때문에 상처받지 않기 때문에 싸울 일이 없다. 또한 책임감이 있고 활력이 넘치며 정직하다. 이것은 성공적인 리더십을 행사한 리더들의 두드러진 특징이다. 자신감은 의사결정을 해야 할 때 다른 사람의 신뢰를 얻는데 매우 중요한 역할을 할 뿐만 아니라, 다른 사람들이 스스로에 대해서 신뢰감을 가질 수 있도록 고무시키는 데도 매우 효과적이다.

① 매슬로의 욕구 모델

- 생존의 욕구: 본능 충족
- 안전의 욕구: 안정 추구
- 소속의 욕구: 공동체 추구
- 존중의 욕구: 인정 추구
- 자아실현의 욕구: 자기계발

② 인간관계를 맺는 유형은 후천적

- 관계 유형은 어린 시절 부모의 관계에서 형성
- 생후 18개월 이전에는 어머니와의 관계에 영향을 받음
- 생후 18개월 이후에는 아버지와의 관계에 영향을 받음

③ 인간관계를 맺는 유형

- 인정 욕구가 강한 사람
- 애정 욕구가 강한 사람
- 경쟁심이 강한 사람
- 문제 중심의 사람

④ 긍정적인 사람의 커뮤니케이션

- 문제보다는 해결책에 초점
- 자기효능감이 있는 사람
- 자기가치감이 있는 사람

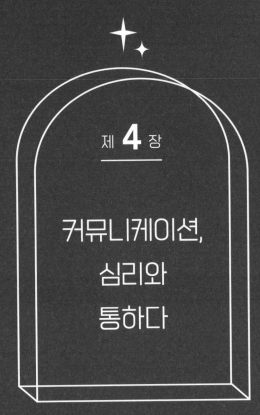

제 **4** 장

커뮤니케이션,
심리와
통하다

커뮤니케이션의 종류

커뮤니케이션의 종류에는 언어적 커뮤니케이션과 비언어적 커뮤니케이션이 있다. 보통 우리는 '커뮤니케이션'이라고 하면 언어적 커뮤니케이션만을 떠올리고, 이것으로 이루어지는 대화만을 중요하게 생각한다. 그러나 커뮤니케이션은 말로 이루어지는 것보다 비언어적 커뮤니케이션으로 이루어지는 것이 더욱 중요하다. 즉 언어적 커뮤니케이션보다는 비언어적 커뮤니케이션이 대화에 더 많은 영향을 준다.

커뮤니케이션의 종류

언어적 커뮤니케이션

언어적 커뮤니케이션은 '무엇을 말하느냐'이다. 이것은 사람이 하는 말의 내용을 의미하며, 말이나 글로 자신의 생각이나 감정을 전달하는 커뮤니케이션이다. 그러므로 언어적 커뮤니케이션은 낱말을 사용하여 정보를 주고받는 것이다. 즉 언어적 커뮤니케이션은 말로써 이루어지는 메시지를 의미하며, 말을 한다는 것은 언어적으로 자신의 메시지를 전달하는 것이다. 일상생활 혹은 공식적인 공간에서 자신의 메시지를 전달한다는 것은 바로 말을 하고 있다는 뜻이다.

비언어적 커뮤니케이션

비언어적 커뮤니케이션은 '어떻게 말하느냐'이다. 즉 비언어적 커뮤니케이션은 '어떻게 보며, 어떻게 들리느냐'에 있다. 이러한 비언어적 커뮤니케이션은 다음과 같이 구성되어 있다.

몸	생리 작용	비언어
•물리적 공간 •의류 및 외모 •운동	•자세 •몸짓 •표정	•눈 맞춤 •신체 접촉 •준언어(Paralanguage)

심리학자 앨버트 메라비언(Albert Mehrabian) 연구에 의하면 커뮤니케이션의 93%는 비언어적인 것으로 이루어진다. 커뮤니케이션 중 음성 언어(spoken language)의 전달력은 7%에 그친다. 나머지 38%는 목소리 음조(voice tones), 즉 말하는 사람의 말의 속도(rate of speech), 높이(pitch), 음량(volume), 음조(tone)로 전달된다. 다시 말하자면, 목소리의 질보다는 목소리의 음량과 음조가 사람

들에게 감동을 주게 된다. 그리고 55%는 신체 언어(body language), 즉 상대방과의 거리, 몸짓, 태도, 손짓, 얼굴 표정으로 전달된다. 따라서 커뮤니케이션은 7%-38%-55%의 규칙으로 이루어진다.

앨버트 메라비언

이와 같이 비언어적 커뮤니케이션은 목소리, 얼굴 표정, 눈 맞춤, 몸짓 등 여러 가지가 있다. 비언어적 커뮤니케이션은 때때로 언어적 커뮤니케이션 없이도 상대방이 전하고자 하는 메시지를 알려준다. 운동선수가 승리를 보여 주기 위해 손가락으로 'V'자를 만들어 보이는 것은 비언어적인 커뮤니케이션의 예이다. 걸음걸이, 앉아 있는 모습, 음식을 먹는 방법 등은 개인의 습관과 필요에 따른 것일 수도 있지만, 또한 그 모습을 보는 사람들에게 메시지를 전달하고 있다고 할 수 있다. 그리고 옷차림, 머리 모양, 안경, 액세서리, 넥타이 등은 그 사람을 표현하는 것이다. 심지어 차를 운전하는 습관도 마찬가지이다.

앨버트 메라비언은 말을 할 때 몸짓과 소리의 높낮이와 강약, 빠르고 느린 것 등이 차지하는 비율이 어느 정도인지에 관심을 가졌다. 그는 말의 내용과 말하는 사람의 태도, 몸짓, 음량, 음조가 듣는 사람에게 어떤 영향을 미치는지를 연구하고, 그 상관관계를 다음과 같이 밝힌 바 있다.

"오케이(OK)"라는 간단한 한마디도 낮은 음성으로 힘없이 중얼거리듯 자신감 없이 말할 수도 있고, 낮은 음성으로 다정하게

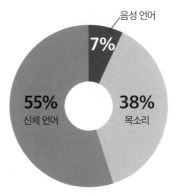

메라비언의 법칙

속삭이거나 자신감 있는 목소리로 말할 수 있다. 또한 크고 화난 소리로 "오케이!"라고 외칠 수도 있다. 그리고 말을 할 때 화자의 손짓이나 얼굴 표정은 부가적인 정보를 전달한다. 두 손을 맥없이 떨어뜨리고 "오케이"라고 하면 체념을 나타내고, 환히 웃으면서 고개를 끄떡이며 "오케이"라고 하면 동의하는 것으로 해석된다. 그러나 문을 쾅 닫으며 "오케이"라고 하면 말의 내용은 허락이지만 그 뜻은 달라진다.

따라서 대화를 할 때 상대의 말의 내용보다 몸짓 등 비언어적 커뮤니케이션에 관심을 가져야 한다. 흔히 "무슨 말인지 잘 알아듣겠는데, 어쩐지 믿음이 가지 않는다"라는 말을 자주 하는데, 바로 이런 이유 때문이다. 우리는 다른 사람이 말할 때 의식적으로 언어적 커뮤니케이션을 귀 기울여 듣는다. 그러나 대부분의 정보는 언어적 커뮤니케이션에 의하여 결정되는 것이 아니라 비언어적 커뮤니케이션에 의해 전해진다. 그러므로 말하는 사람은 자신의 몸짓, 손짓, 음량, 음조, 태도에 각별한 주의를 기울여야 한다. 또한 듣는 사람도 이 부분에 관심을 기울이면서 들어야 한다.

이와 같이 비언어적 커뮤니케이션에 관심을 기울이면서 듣는 것이 효과적인 커뮤니케이션이다. 이러한 커뮤니케이션은 인간관계를 맺고 유지하는 데 필수적인 요소이다. 효과적인 커뮤니케이션은 서로의 다른 관점을 이해하고, 이것으로 인해 서로에 대해 배울 수 있을 뿐만 아니라 서로의 필요한 부분들을 채워줄 수 있게 된다.

커뮤니케이션의 과정과 모형

커뮤니케이션의 과정

커뮤니케이션은 말하는 사람과 듣는 사람으로 이루어진다. 커뮤니케이션의 과정은 선으로 간주된다.

커뮤니케이션의 과정

커뮤니케이션을 구성하는 요소는 말하는 사람, 듣는 사람, 메시지와 함께 메시지를 전달하는 매체인 채널 등이 있다. 대화는 말하는 사람과 듣는 사람의 상호작용에 의해 이루어진다.

커뮤니케이션의 구성 요소

대화는 커뮤니케이션 구성 요소들의 역동적인 상호 작용으로 이루어진다. 대화는 말하는 사람이 전달하려고 하는 메시지를 의도대로 전달하여, 듣는 사람이 이를 정확하게 이해하였을 때 효과적으로 이루어진다.

심리학에서는 사람들의 마음이 생각, 감정, 동기로 구성되어 있다고 본다. 사람은 시각, 청각, 촉각, 후각, 미각 등 감각기관으로부터 정보를 받아들여서 뇌로 전달한다. 뇌에서는 받아들인 정보에 따라 생각, 감정이나 동기가 발생한다. 그런데 감각기관에서 받아들인 정보를 뇌로 전달할 때는 순수한 감각 정보만을 전달하는 것이 아니라 자신의 욕구, 동기, 기대, 사회적 경험이 영향을 미친다. 그래서 동일한 자극을 경험해도 사람들에게 떠오르는 감정이나 생각이 각기 다른 것이다.

사람이 대화를 할 때는 이전에 맺은 인간관계의 경험을 통해 형성된 기억들이 현재 자신의 생각과 감정, 행동에 영향을 준다. 그러므로 우리는 대화를 할 때 자신의 과거 경험에 의해서 상대방의 말과 행동을 해석한다는 것을 알아차릴 필요가 있다. 대화를 할 때 상대의 말을 들으면서 자신에게 전달된 의미가 바로 상대의 의도라고 판단해서는 안 된다. 이때 전달된 의미가 내가 재해석한 것임을 알고 있어야 한다.

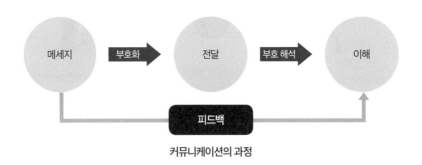

커뮤니케이션의 과정

커뮤니케이션의 모형

해롤드 라스웰(Harold D. Lasswell)은 커뮤니케이션의 행위에 관심을 두고 커뮤니케이션 모형을 만들었다. 그는 "누가, 누구에게, 어떤 채널로, 어떠한 효과를 가지고 말하는가?"에 관심을 가졌다. 이 간단한 공식은 주로 커뮤니케이션 구조를 설명하거나 체계화하는 데 사용되었다.

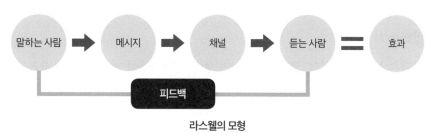

라스웰의 모형

출처: 커뮤니케이션의 모델, 2001, p.32

월버 슈람

월버 슈람(Wilber Schramm)은 커뮤니케이션을 말하는 사람과 듣는 사람이 공통 부분을 형성해나가는 작업이라고 하였다. 이 관계를 우리가 보통 행하고 있는 쌍방향의 커뮤니케이션으로 보면 된다(〈슈람의 모형〉 도표 참조).

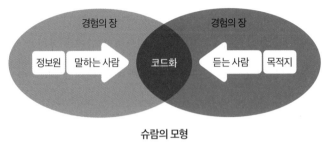

슈람의 모형

출처: 비즈니스 커뮤니케이션, 2001, p.27

말하는 사람

사람은 누구나 자신의 생각, 의견, 감정 등을 전달하고자 하는 의도를 갖고 있다. 이러한 의도는 자기 자신만이 알고 있다. 자신이 전하고자 하는 의도가 상대방에게 직접적으로 전달된다면 갈등이 없을 것이다. 그러나 코드가 연결되어 있듯이 자신이 갖고 있는 의도를 있는 그대로 상대방에게 직접적으로 전달할 수 있는 사람은 없다. 프레젠테이션을 하려면 컴퓨터와 빔프로젝트를 연결해야 한다. 그러나 발표할 것을 파워포인트로 준비했다고 하더라도 컴퓨터와 빔프로젝트를 연결하는 케이블이나 블루투스가 없으면 발표 내용을 보여줄 수가 없다. 이처럼 인간관계에서 타인에게 전달하고자 하는 마음속 의도를 있는 그대로 전달할 수 없어서 오해를 받을 때가 있다. 이럴 때는 가슴속을 열어 보여주고 싶다는 생각이 들기도 한다. 이처럼 말하는 사람이 자신의 의도를 전달하고자 할 때 코드화 과정을 거치게 된다.

부호화

말하는 사람이 자신의 의도를 상대에게 전달하려고 할 때는 이러한 의도를 언어로 전환한다. 이것을 부호화(encoding)라고 한다. 부호화는 어린 시절부터 지금까지 살아오면서 경험한 것들을 통해 그 의도를 전달할 수 있는 언어들로 바꾸는 것이다. 이때 자신이 선택하는 언어는 자신의 경험 안에 기초해 있다. 즉 부호화는 말하는 사람의 기억 속에 저장되어 있는 경험이라는 여과기를 통해 전달하려고 하는 의도를 바꾸는 작업이다. 이러한 부호화 작업을 통해 전달하고자 하는 생각과 감정이 말과 행동이라는 수단으로 상대에게 전달된다. 이러한 전달 과정은 언어적 커뮤니케이션과 비언어적 커뮤니케이션을 통해 이루어진다.

메시지

말을 하는 사람은 자신의 의도를 코드화 과정을 통해 말과 행동이라는 수단으로 상대방에게 전달한다. 이러한 말과 행동을 메시지라고 한다. 말을 하는 사람도 자신의 의도를 말과 행동으로 표현하지만, 말을 듣는 사람도 상대방의 의도를 파악하기 위해 우선 상대방이 하는 말과 행동을 지각하게 된다. 이렇게 지각된 상대방의 말과 행동을 통해 메시지를 파악하게 된다.

메시지

듣는 사람

말하는 사람이 있으면 그 말을 듣는 사람이 있다. 듣는 사람은 한 사람일 수도 있고, 여러 사람일 수도 있다. 말을 듣는 사람은 말하는 사람의 말과 행동을 통해 상대방이 전달하려는 메시지의 의미를 짐작하게 된다. 이때 말을 듣는 사람은 상대방이 전달하는 언어적 커뮤니케이션과 비언어적 커뮤니케이션을 통해 그 사람이 전달하고자 하는 메시지를 이해하려고 한다.

부호 해석

메시지를 이해하는 과정에서 말을 듣는 사람은 자신의 기억 속에 저장되어 있는 경험이라는 여과기를 통해 메시지를 재해석(decoding)하게 된다. 그런데 이것은 말을 하는 사람이 전하고자 하는 본질이 아니라 그 메시지를 듣는 사람의 경험에 의해 재해석된 내용이다. 그러므로 똑같은 메시지라도 듣는 사람에 따라 그 의미가 달라진다.

따라서 커뮤니케이션은 말하는 사람, 듣는 사람, 메시지, 채널, 피드백 등 여러 가지 요소가 상호 협력하는 과정이다.

커뮤니케이션의 장벽

말하는 사람은 자신의 의사를 50% 정도 표현하고, 듣는 사람은 이를 30% 정도 이해하며, 상대의 의도를 이해할 기댓값은 15%에 지나지 않는다. 그러므로 듣는 사람은 말하는 사람의 의도를 평균적으로 15%만 이해하게 된다.

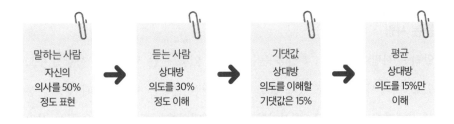

대화를 하다 보면 누구나 오해를 경험한다. 이러한 오해는 가족, 애인, 친구, 직장동료 등 그 누구와도 발생하며 상당히 자주 일어나는 일이다. 두 사람이 마주 앉아서 이야기할 때도 수없이 많은 오해를 불러일으킨다. 커뮤니케이션에서 발생하는 대화의 오해 요소를 살펴보면 다음과 같다.

말하는 사람의 장벽

대화를 할 때 기억해야 할 사실은 첫째, 말하는 사람은 자기 의도를 절반 정도밖에 표현하지 못한다는 것이다. 가톨릭의 매리지 엔카운터(Marriage Encounter) 운동의 선구자인 존 포웰(John Powell) 신부는 『왜 나를 말하기를 두려워하는가』 (1990, 자유문학사)라는 책에서 자기의 의도를 제대로 표현하는 것이 얼마나 어려운지를 자세히 설명하고 있다.

둘째, 사람들은 자기의 삶을 이야기할 때 추상적이고 막연하게 말하는 경향이 있다. 그러나 삶은 구체적이고 실제적이다.

셋째, 사람들은 자기의 삶이나 상황을 요약해서 말하는 경향이 있다. 그들은 실제로 그 상황 속에 있는데 그 상황을 요약하거나 줄거리만 말한다. 이것은 마치 읽은 책을 요약해서 줄거리만 말하는 것과 같다. 그 사람이 요약한 것은 현실이 아니므로 듣는 이에 따라 많이 왜곡되어 해석될 수 있다.

예를 들어 어떤 아버지가 아들이 공부를 하지 않아 속상해서 "공부 좀 해라"라고 하면서 한마디 덧붙여 "이 한심한 놈아!"라고 했다. 이것을 "공부 좀 해라, 이 한심한 놈아!"라고 요약해서 다른 사람에게 전달했다면, 그는 제대로 말했다고 볼 수 없다. 여기서는 자신이 왜 속상했는지, 왜 화가 났는지, 그리고 왜 아들에게 "이 한심한 놈아!"라고 말했는지가 중요하다.

대화할 때 오해를 줄이기 위해서는 말하는 사람이 자신의 의사를 명확하게 전달해야 한다. 이보다 더 중요한 것은 듣는 사람이 말하는 사람이 전하고자 하는 메시지를 파악하고자 노력하면서 듣는 것이다. 특히 내가 말을 듣는 입장이라면 상대의 입에서 나오는 말이 아니라 말에 묻어 있는 그 사람의 마음을 이해하려고 노력해야 한다. 그러므로 우리가 대화를 할 때 내가 말하는 사람이라면 자신의 의사를 서술적으로 정확하게 전달하려고 노력해야 하며, 듣는 사람의 입장일 때는 상대방의 의도를 파악하기 위해 노력하면서 들어야 한다.

듣는 사람의 장벽

대화를 할 때 말하는 사람과 더불어 듣는 사람의 장벽도 있다. 듣는 사람의 장벽은 다음과 같다.

말뜻을 미리 짐작한다

인간관계에서 일어나는 여러 가지 문제는 서로 입장이 다를 때 많이 나타난다. 특히 커뮤니케이션에서 빚어지는 오해는 말을 듣는 사람이 이야기하는 사람의 말을 다 듣기도 전에 그 말뜻을 미리 짐작하기 때문에 생긴다.

이해하지 못한 말을 무시한다

어떤 사람은 상대의 이야기 중 이해하지 못한 것은 그냥 무시해버리거나 아니면 그 말이 모순이며 엉터리라고 거부하는 경향이 있다. 굳이 그 말이 담고 있는 의미를 알아내려고 애쓰지 않는다. 이런 태도가 서로 간에 문제를 일으킨다. 이러한 문제를 해결할 수 있는 방법은 누군가 나에게 한 말이 '나를 괴롭히기 위한 것'이라고 단정 짓기 전에, 그가 전하고자 하는 의도를 내가 잘못 해석한 것은 아닌지 확인해보는 것이 중요하다. 그 방법은 간단하다. "내가 이해하고 해석한 것이 맞는가?"라고 자기 자신에게 질문해보는 것이다. 아니면 말을 한 사람에게 "그게 무슨 말씀이죠? 그 점에 대해서 좀 더 자세히 말씀해주실 수 있습니까?"라고 다시 물어만 보아도 커뮤니케이션의 장벽으로 생기는 상당한 부분의 오해를 막을 수 있을 것이다.

선택적으로 듣는다

사람은 본능적으로 자기에게 유리한 것 위주로 듣게 된다. 또한 자기가 듣고 싶은 이야기만 잘 듣는다. 이것을 '선택적 청취'라고 한다. 사람은 누구나 선택적 지각의 성향이 있어서 대화를 할 때 상대의 모든 것을 받아들이려 하기보다는 자신에게 필요한 말만 받아들이는 경향이 있다. 이렇게 자신에게 관련 있는 것만 듣고 이해함으로써 오해와 갈등이 생기게 된다. 특히 사람은 나름대로의 가치 기준을 가지고 들은 것에 대해, 자신이 원하는 것은 수용하고 원하지 않는 것은 거절한다.

커뮤니케이션의 장벽을 허물다

커뮤니케이션의 장벽을 허무는 길은 두 가지이다. 먼저, 상대방이 이야기하고 싶은 욕구를 충족시켜주는 것이다. 그다음에는 내가 파악한 메시지가 맞는지 상대에게 확인하는 것이다. 사람은 자신의 욕구가 충족되어야 다른 사람에게 관심을 갖게 된다. 그러므로 커뮤니케이션의 장애를 극복할 수 있는 길은 먼저 상대의 욕구를 충족시켜주는 것이다.

커뮤니케이션은 상대방에게 말을 걸고, 상대방의 말을 듣고, 자신의 말을 상대방에게 전하는 일련의 흐름으로 구성되어 있다. 커뮤니케이션에서 말하는 사람과 듣는 사람은 고정적으로 결정된 역할이 아니라 상황에 따라 유동적이다. 커뮤니케이션에서는 말하는 사람과 듣는 사람의 역할이 항상 순환하여 말하며 듣고, 들으며 말하는 역할이 계속 바뀐다.

사랑을 나누는 두 사람이 있다고 가정해보자. 이 두 사람은 서로의 마음과 생각을 나누고 있다. 두 사람은 말하는 사람이기도 하고 듣는 사람이기도 하다. 두 사람은 서로 생각과 감정을 보내기도 하고 받기도 한다. 커뮤니케이션은 이렇게 자신의 생각과 감정을 메시지로 변환하여 서로 주고받는 형식으로 이루어진다. 그러나 대부분의 사람은 자기중심적이어서 말하는 사람의 관점에서 생각할 때와 듣는 사람의 관점에서 생각할 때 요구하는 것이 달라진다. 말하는 사람은 자기가 말하고 싶은 것만 말하려 하고, 듣는 사람은 자기가 듣고 싶은 것만 들으려 한다. 심지어 듣는 사람은 들리는 소리를 듣는 것이 아니라 자기가 듣고 싶은 부분만을 골라 듣기도 한다.

이러한 말하는 사람과 듣는 사람의 대립은 커뮤니케이션의 기본적인 배경이다. 우리는 말하는 것과 듣는 것을 동시에 할 수 없다. 만약 당신이 지금 말하는 사람이라면, 당신은 지금 누구의 이야기를 듣지 못하게 될 것이다. 왜냐하면 우리가 말을 할 때에는 내가 무슨 말을 할 것인지에 대해 열심히 생각하고 있기 때문에 상대방이 무엇을 말하는지 듣지 못한다.

서로를 먼저 배려하는 것이 효과적인 커뮤니케이션의 기초가 된다. 따라서 효과적인 커뮤니케이션은 자신의 욕구를 앞세우는 것이 아니라 다른 사람의 욕구를 먼저 충족시켜 주는 것이다.

커뮤니케이션에서 장벽이 발생하는 과정

〈커뮤니케이션에서 장벽이 발생하는 과정〉 도표처럼 말하는 사람은 상대에게 전하고자 하는 의도가 있다. 그러나 이 의도는 마음에 있는 것이라 상대에게는 보이지 않는다. 말하는 사람은 자신의 의도를 상대에게 전달하기 위해서 부호로 바꾸게 된다. 이 부호는 오랫동안 축적된 경험과 문화에 의해 의도를 언어로 바꾼 것이다. 부호로 바뀐 의도는 언어적 커뮤니케이션과 비언어적 커뮤니케이션으로 전달된다. 그리하면 듣는 사람은 상대의 언어적 커뮤니케이션과 비언어적 커뮤니케이션을 듣고서 자신에게 축적된 경험과 문화에 의해 부호로 바꾸어 해석해 상대의 의도를 파악한다. 그러나 듣는 사람이 파악한 상대의 의도는 말하는 사람이 전달하고자 하는 의도가 아니다. 듣는 사람이 파악한 의도는 듣는 사람이 해석한 상대의 의도이다.

따라서 말하는 사람이 전하고자 하는 의도와 듣는 사람이 파악한 의도는 동일한 것이 아니기 때문에 대화에서 오해가 일어나게 된다. 그러므로 듣는 사람은 자신이 파악한 상대방의 의도가 자신이 해석한 것임을 명심하고, 내가 파악

커뮤니케이션을 탁구 게임처럼

한 것이 맞는지 상대에게 확인해보는 것이 중요하다. 커뮤니케이션의 벽을 허무는 길은 상대방의 이야기를 듣고 그 메시지를 자기가 잘 이해하고 있는지를 확인해보는 것이다. 이것이 커뮤니케이션의 벽을 극복할 수 있는 길이다.

커뮤니케이션은 공을 주고받는 탁구와 같다. 한번 상대방에게 넘어간 공이 다시 돌아오지 않는다면 이는 진정한 의미의 커뮤니케이션이 아니다. 그것은 자기자랑이고, 잡담이고, 수다이다.

커뮤니케이션을 잘하는 것과 말을 잘하는 것은 다르다. 자신은 어떤 사람인지, 취미는 무엇인지, 무엇에 관심이 있는지, 다녀온 여행지는 어디인지, 오늘날 정치와 사회는 어떤지, 자신의 자녀는 얼마나 공부를 잘하는지에 대해 끊임없이 이야기를 늘어놓는 것은 수다이다. 이런 식의 이야기는 듣는 사람을 힘들고 지치게 한다.

커뮤니케이션은 일방통행의 말하기나 듣기가 아니다. 대화는 서로 관심을 주고받고 서로의 마음과 생각을 나누는 것이다. 이러한 대화를 통해 서로의 공감대가 형성되는 것이다.

효과적인 커뮤니케이션, 롱테일법칙

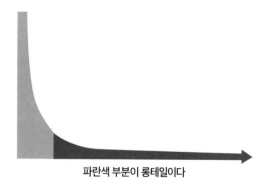

파란색 부분이 롱테일이다

경영학에는 롱테일법칙(Long Tail theory)이 있다. 롱테일법칙은 파레토법칙을 그래프에 나타냈을 때 꼬리처럼 긴 부분을 형성하는 80% 부분을 일컫는다. 파레토법칙에 의한

80:20의 집중 현상을 나타내는 그래프에서는 발생 확률 혹은 발생량이 상대적으로 적은 부분이 무시되는 경향이 있었다. 반면 롱테일법칙은 80%의 비핵심 다수가 20%의 핵심 소수보다 더 뛰어난 가치를 창출한다는 이론이다. 롱테일이란 말 그대로 '긴 꼬리', 즉 수요곡선 그래프를 그렸을 때 왼쪽부터 판매량이 높은 제품 순으로 배치하면 그래프 오른쪽에 길게 늘어진 꼬리 모양의 선이 나타난다고 해서 붙여진 이름이다.

롱테일법칙은 인터넷의 발달로 온라인 시장이 부상하면서 등장한 법칙으로, IT 잡지 〈와이어드(Wired)〉의 편집장 크리스 앤더슨(Chris Anderson)은 "시장에서 히트하고 있는 20%도 의미가 있으나, 과거 주목받지 못했던 80%의 다수를 간과해선 안 된다"고 강조한다. 즉 중요한 소수와 유용한 다수가 서로 공존하는 것을 존중해야 한다는 의미로 확대 해석할 수 있다.

그런 의미에서 롱테일법칙에서 배울 수 있는 커뮤니케이션은 사소하고 작은 이야기를 기다려주고 경청하는 커뮤니케이션이 가치 있고 중요하다는 것이다. 이와 같이 우리도 대화를 할 때는 롱테일 80 대 20의 법칙을 활용하는 것이 효과적일 것이다. 우리가 누군가와 대화를 할 때 80%를 듣고 나머지 20% 동안 말을 한다면 효과적인 커뮤니케이션 방식이 될 것이다.

효과적인 커뮤니케이션 법칙

커뮤니케이션의 세 가지 원칙

사람은 누구나 자기 자신으로 존재하고자 한다. 따라서 좋은 인간관계를 맺기

윌리엄 피치

원하면 먼저 상대에게 있는 그대로의 자신이 될 수 있도록 조건을 제공해주면 된다. 윌리엄 피치(William V. Pietsch)는 어떤 사람을 있는 그대로의 자신이 될 수 있도록 해주는 조건을 신뢰, 경청, 명료화라고 하였다. 세 가지 조건은 인간관계를 맺는 데 비법이 될 수 있으며 커뮤니케이션을 할 때 나침반 같은 역할을 할 것이다.

대화를 할 때 이 세 가지 원칙을 가슴에 새기고 기억한다면 유능한 커뮤니케이터가 될 것이다. 효과적인 커뮤니케이션은 이 세 가지 원칙에 의해 상대방에게 갖고 있다는 것을 보여주고자 할 때 가능하다.

커뮤니케이션의 세 가지 원칙

원칙 1: 신뢰

신뢰는 우리가 무엇을 하고 있는가보다 우리가 누구인가 하는 것과 더 큰 관계가 있다. 신뢰는 상대방이 나를 신뢰하기보다 내가 먼저 상대방을 신뢰하는 것이다. 일반적으로 사람은 다른 사람과 관계를 맺을 때 상대방이 나를 신뢰하느냐를 중요하게 생각한다. 그러나 내가 먼저 상대방을 신뢰할 때 비로소 상대방은 나를 신뢰하게 되고, 이로써 서로 간에 진정한 신뢰가 형성된다.

다음 세 가지 사실을 이해하고 있을 때 신뢰하기가 더욱 쉬워진다.

- 첫째, 사람은 관계를 맺는 데 무의식적으로 고정된 방식을 사용하고 있을지 모른다는 사실이다. 어떤 사람이 특정한 시간에 특정한 감정을 지니게 되는 것은 과거에 겪었던 수많은 경험에서 비롯된 결과이다. 우리가 이 사실을 염두에 두고 대화를 한다면 상대를 더 잘 이해할 수 있을 것이다. 그러므로 우리가 대화를 할 때 상대방에 대해 '그럴 수밖에 없구나…'라고 생각하면서 관계를 맺어 간다면 한층 상대방을 있는 그대로 이해하고 받아들이기가 쉬울 것이다.

- 둘째, 상대의 공격적인 행동은 나에게 대항하는 것이 아니라 단지 자기 자신으로 존재하고자 노력하고 있는 것이다. 모든 사람은 자기 자신으로 존재하고자 한다. 따라서 외부 환경으로부터 자기 자신으로 존재하고자 하는 영역을 공격받거나 방해를 받을 때 사람은 자신을 보호하고자 한다. 바위틈을 비집고 자라는 식물과 같이 우리 역시 존재를 방해하는 것으로부터 자신을 보호할 길을 찾는다. 폴 틸리히(Paul Tillich)는 "존재하고자 하는 용기는 우리가 자신 안에 본질적인 자기 확신과 갈등을 일으키고 있는 요소들을 가지고 있음에도 불구하고 자신의 존재를 확신하고자 하는 윤리적 행위이다"라고 하였다. 따라서 사람이 공격적인 말이나 행동을 할 때 '자기 자신으로 존재하고자 노력하고 있구나'라고 생각한다면 관계가 훨씬 편안해질 것이다.

- 셋째, 신뢰는 상대방을 판단하지 않으려고 의식적으로 노력하는 것을 의미한다. 이 말은 곧 자신의 관점만을 고집하지 않는다는 의미이다. 때때로 우리는 그 사람의 행동만을 보고 미리 판단해버린다. 우리는 그 행동 뒤에

행동과 존재를 구분해야 한다

무엇이 숨어 있는지는 전혀 생각하지 않는다. 대부분의 인간관계가 깨지는 것은 판단을 미루기보다는 행동만을 보고 그 사람을 판단해버리기 때문이다. 어떤 경우에는 그 사람의 행동에 대해 판단을 내려서 다시는 그러한 행동을 하지 않도록 막을 필요가 있다. 상대방의 잘못된 행동을 지적하고 고쳐주어야 하는 것이다. 그러나 우리는 이렇게 하는 대신에 대부분 그의 행동보다는 존재 가치를 판단하는 잘못을 범한다. 사실 상대방의 행동을 판단하는 것과 존재를 판단하는 것은 매우 다른 문제이다.

예를 들어 어떤 사람이 다른 사람의 물건을 훔친사건에 대한 반응은 두 가지로 나타날 수 있다. 하나는 "다른 사람의 물건을 훔치는 것은 나빠!", 또 다른 하나는 "나는 저 사람보다야 훨씬 낫지. 나는 저 사람처럼 다른 사람의 물건은 훔치지는 않아. 사람으로서 어떻게 저런 일을 할 수 있는지…"라는 반응이다. 이와 같이 어떤 사람을 판단하는 두 가지 방식을 구분할 줄 알면 관계를 맺는 데 많은 도움이 된다. 행동에 대한 평가는 "다른 사람의 물건을 훔치는 것은 옳지 않은 행동이야. 그와 같은 행동은 하지 말았어야지"이다. 반면에 존재 가치에 대한 평가는 "사람이 어떻게 그런 행동을 할 수 있단 말이야. 도무지 신뢰할 수 없군. 저런 사람은 모두 나쁜 사람이야!"이다. 이와 같이 행동에 대한 평가와 존재 가치에 대한 평가는 구분되어야 한다.

우리가 인간관계에서 범하는 잘못은 이 두 가지 평가를 구분하지 못하는 것에서 비롯된다고 해도 과언이 아니다. 우리들 대부분은 상대방의 잘못된 행동을 보고 그 사람의 존재 가치를 평가하는 경향이 있다. 사람은 자신의 존재에 대해 공격을 받으면 그 순간부터 마음의 문을 닫아버린다. 그 이후에 아무리 좋은 말을 해도 그 사람은 자신의 존재에 상처를 받았기 때문에 더 이상 말을 들으려 하지 않을 것이다. 따라서 존재에 대한 판단을 미룸으로써 효과적인 인간관계로 나아갈 수 있다. 판단을 미루면 상대방은 그것을 알아차리고 마음의 문을 열게 된다.

그러므로 신뢰한다는 것은 사람은 관계를 맺을 때 무의식적으로 고정된 방식을 사용하고 있다는 것과 상대의 공격적인 행동은 대개 자기 자신으로 존재하고자 노력하고 있다는 것을 아는 것이다. 그리고 상대의 감정을 듣기 위해 판단하지 않으려고 노력하는 것이다.

원칙 2: 경청

신뢰와 더불어 어떤 사람을 있는 그대로의 자신이 될 수 있도록 해주는 조건 중 하나는 경청이다. 커뮤니케이션은 목적에 따라서 그 내용이 달라져야 한다. 대화는 목적에 따라 사실 지향적 대화와 관계 지향적 대화가 있다. 사실 지향적 대화가 주로 강의나 발표를 통해 일방향적으로 지식이나 정보 전달을 중심으로 이루진다면, 관계 지향적 대화는 친밀감과 신뢰감의 조성이 목적이다. 사실 지향적 대화와 관계 지향적 대화의 요령은 다음 도표에 정리했다.

우리는 거의 대부분 감정보다는 사실 그 자체를 듣도록 훈련받았다. 학교에서 받는 교육이 전적으로 객관적인 사실에 중점을 두고 있기 때문이다. 그래서

객관적인 **사실**	주관적인 **감정**

▶ 사실 지향적 대화와 관계 지향적 대화의 요령

사실 지향적 대화	관계 지향적 대화
자기 입장에서 이야기한다.	상대방의 입장에서 이야기한다.
가능하면 간결하게 하는 것이 좋다.	경우에 따라서 길게 이야기하는 것이 좋다.
반드시 진실해야 한다.	반드시 진실해야 하는 것은 아니다.
주로 충고나 지적을 많이 사용한다.	주로 칭찬, 인정, 지지, 격려를 많이 사용한다.
초점이 분명해야 한다.	분명한 초점이 있어야 하는 것은 아니다.
사실적인 말만 주고받는다(표면 관계).	감정과 마음을 주고받는다(내면 관계).

우리는 과거에 교육받았던 방식대로 문제를 해결하고자 하는 경향이 있다.

인간관계에서도 문제를 지식만으로 해결하고자 하며 감정은 소홀히 여긴다. 그러나 우리는 대화를 할 때 사실 그 자체를 듣기보다 오히려 감정을 듣고자 노력해야 한다. 이렇게 감정이 전하는 메시지를 듣는 사람은 말하는 사람의 존재에 대해 관심이 있다는 것을 나타내주며, 말하는 사람이 더욱 전인적인 인간이 되도록 도와준다. 따라서 경청은 상대가 전하고자 하는 감정적인 이해가 먼저이고 사실 자체는 그다음이다.

그러므로 진정한 경청은 상대방의 감정에 리듬을 맞춰나가는 것을 의미하며 단지 생각 그 자체만이 아니라 상대방의 감정을 듣는 것이다. 따라서 경청은 감정이 전하는 깊은 메시지를 듣고자 노력하는 것을 의미한다.

만약 그 사람이 전하고자 하는 메시지를 잘 듣지 못하였거나 불확실할 때는 이렇게 말하면 된다. "그 점에 대해 좀 더 구체적으로 말씀해 주시겠습니까? 그러면 제가 당신을 이해하는 데 도움이 되겠습니다." 또는 다음과 같이 말하면 된다. "무슨 말씀인지 이해가 잘 안 가는군요."

원칙 3: 명료화

상대방의 감정을 수용하는 것은 신뢰와 경청에서 비롯된다. 상대방이 전하고자 하는 감정을 듣고 나누는 것을 명료화라고 한다. 명료화는 말하는 사람보다는 듣는 사람에게 도움이 된다. 상대방에게서 들은 사실 그 자체를 명료화하는 것은 오해의 소지를 막기도 한다. 그러나 명료화의 가장 큰 가치는 이야기를 듣기 위해 노력하고 있다는 것을 상대가 알게 하는 데 있다. 그러므로 단지 "알겠어요"라는 말로는 부족하다. 들은 이야기를 명료화함으로써 이해하고 있다는 것을 보여주어야 한다.

그러므로 명료화란 감정이 전하는 깊은 메시지를 듣고 그것을 상대방에게 내가 잘 이해하고 있는지 확인해보는 것이다. 따라서 명료화는 "당신의 뜻에 동의합니다"가 아니라 "당신이 하신 말씀은 …란 뜻이죠?"라고 하면서 되물어보는 것이다.

명료화 할 때는 상대방이 무엇을 느끼고 있는지에 대해 '우리 자신의 말로 가능한 한 정확하게' 묘사하는 것이 중요하다. 이렇게 감정을 듣고 무엇을 들었는지 의사를 나누는 것은 그냥 일어나는 일이 아니라 의지를 통한 행위를 필요하다. 명료화를 할 때는 다음과 같이 할 수 있다. "당신이 느끼기에는 …란 감정인 것 같네요?", "당신의 말씀은 …란 말씀인 것 같네요?"

식물이 존재하기 위해 물이 필수적이듯, 다른 사람의 감정을 이해하고 있음을 명료화하는 것도 다른 사람이 존재하도록 돕는 것이다. 어린아이처럼 우리는 자신이 가치있는 존재라는 것을 거듭 확인받고자 한다. 다른 사람이 나에게 관심을 가져주면 그것은 곧 내가 존재하고 있다는 것을 확인시켜주는 것이다.

우리가 상대방의 감정을 이해하고 있다는 것을 상대방이 알게 될 때 새로운 환경이 조성되어 커뮤니케이션이 시작된다. 따라서 신뢰와 경청과 명료화의 과정은 단순히 기술이 아니라 좀 더 나은 인간관계를 위한 원칙이라는 것을 깨닫는 것이 중요하다. 우리가 여기서 주의해야 할 것이 있다. 상대의 이야기를 경청하고자 노력하는 것은 매우 중요하다. 대화를 하면서 상대방이 조종당하고 있다는 느낌을 받는다면, 그것은 듣는 사람이 진정성 없이 단지 커뮤니케이션 기술만을 사용하고 있기 때문일 것이다. 커뮤니케이션은 단지 상대가 한 말을 앵무새처럼 자동적으로 되풀이 하는 것이 아니라, 상대의 감정을 듣고 그것을 명료화할 때 신뢰감이 형성되게 하는 것이다. 사람이 곧 커뮤니케이션이다. 그러므로 커뮤니케이션에서 중요한 것은 기술보다는 진정성이다. 가슴으로 하는 진정성 있는 커뮤니케이션이 사람을 감동시킨다.

① 커뮤니케이션의 종류

- 언어적 커뮤니케이션: 무엇을 말하느냐
- 비언어적 커뮤니케이션: 어떻게 말하느냐

② 메라비언 법칙

- 음성 언어 7%
- 목소리 음조 38%
- 신체 언어 55%

③ 커뮤니케이션의 구성 요소

말하는 사람, 듣는 사람, 메시지, 채널

④ 커뮤니케이션의 모형

- 라스웰의 모형
- 슈람의 모형

⑤ 커뮤니케이션의 전달 과정

- 말하는 사람: 자신의 의사를 50% 정도 표현
- 듣는 사람: 말하는 사람의 의사를 30% 정도 이해
- 기댓값: 듣는 사람이 상대방의 의도를 이해할 기댓값은 15%
- 평균: 듣는 사람은 상대방의 의도를 15%만 이해

⑥ 커뮤니케이션의 세 가지 원칙

- 신뢰
- 경청
- 명료화

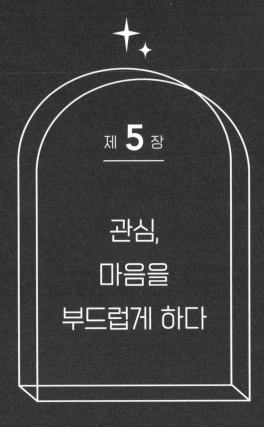

제 **5** 장

관심,
마음을
부드럽게 하다

관심, 마음의 갈망

우리는 돈으로 무엇이든지 살 수 있다. 돈으로 원하는 사람을 옆에 둘 수도 있다. 그러나 그 사람을 옆에 두었다고 해서 마음까지 얻을 수는 없다. 때로는 사람들은 돈에 따라 움직이고, 돈이 떠나고 나면 언제 그랬냐는 듯 사람도 떠나간다. 사람의 마음은 돈으로도, 권력으로도 얻을 수 없다. 사람의 마음은 오직 사랑으로 얻을 수 있는 것이다. 사람의 마음을 얻으면 자연스럽게 사람뿐만 아니라 행복과 성공이 따라오게 된다.

누군가를 사랑하면 그 사람에게 관심을 갖게 된다. 우리는 사랑하는 사람의 마음을 얻기 위해 지속적으로 관심을 갖는다. 그리고 그 사람에게 관심을 가지고 있음을 표현한다. 누군가의 마음을 얻고 싶다면 내가 먼저 관심을 가지면 된다. 그러나

사람은 누구나 관심을 받고 싶어 한다

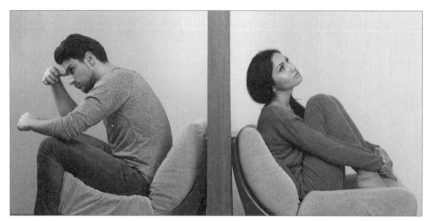
가장 큰 고통은 넓은 우주에 혼자라고 느끼는 것이다

사람의 마음을 얻기 위해 일부러 듣기 좋은 말만 많이 늘어놓을 필요는 없다. 그 대신에 상대방이 무엇을 원하는지 관찰하고 귀 기울여 이야기를 들으면 된다. 이것이 관심의 시작이다. 관심을 가지고 이야기를 들어야만 그 사람이 진정 원하는 것을 알아차리고 배려해줄 수 있기 때문이다.

커뮤니케이션의 원천은 관심(關心)이다. 관(關)은 '관계할 관' '당길 관'이며, 심(心)은 '마음 심'이다. 관심은 상대방과 관계를 맺고 싶어하는 마음을 의미한다. 또한 관심은 상대를 나에게로 당기고 싶은 마음을 의미한다. 그러므로 커뮤니케이션은 상대방과 관계를 맺고자 노력하는 것이다. 사실 이 세상에서 무관심처럼 무섭고 서러운 것도 없다.

테레사 수녀가 교황을 만나기 위해 로마 바티칸을 방문하게 되었다. 그녀는 교황청으로 가는 길에 수많은 마약 중독자와 노숙자들과 마주쳤다. 테레사 수녀는 인도에서 벌어지고 있는 가난과의 싸움을 부유한 나라에 만연되어 있는 또 다른 빈곤과 비교했다. 인도에는 경제적 가난으로 말미암은 배고픔이 있지만, 물질적으로 부유한 로마 사람들에게서 심리적 빈곤을 보았다. 그녀는 "내가 아는 가장 큰 고통은 아무도 나를 원하지 않고, 누구에게도 사랑받지 못하며,

이 넓은 우주에서 나 혼자라고 느끼는 것입니다. 홀로 떨어져 사람과 사람 사이의 진정한 친밀감이 무엇인지를 잊고 사는 것 또한 큰 고통입니다"라고 말했다.

우리가 살아가는 데 대화만큼 중요한 것은 없다. 인간관계는 대화에서 시작해서 대화로 끝난다고 해도 과언이 아니다. 대화에 실패하면 친구 관계는 물론이고 기업을 운영하는 데도 문제가 생긴다. 사람들이 애타게 갈망하는 것은 무엇일까? 사람은 누구나 타인의 관심을 갈망한다. 진심에서 우러나오는 관심은 그 어떤 대화 방법보다 더 많은 존경과 배려와 가치를 전달한다. 관심을 받는 사람은 자기 자신이 중요하다고 느끼게 된다.

이와 같이 관심은 사람의 마음을 활기차게 만들고 긍정적으로 만들어주는 힘이 있다. 또한 마음의 문을 꽉 닫고 있던 사람도 따뜻한 관심으로 스스로 마음의 문을 열게 할 수 있다. 왜냐하면 사람은 누구나 관심과 이해를 간절히 바라기 때문이다. 처음 출발은 아주 사소한 것이었지만 받아들이는 사람에게는 기쁨이자 감동이 되는 것, 그것이 바로 관심이다. 관심을 통해 자기 자신에 대한 가치를 갖게 된다. 관심으로 말미암아 진실로 자기 자신으로 존재한다는 느낌을 갖게 되는 것이다.

직장인들은 매일 아침 축 처진 어깨로 집을 나섰다가 늦은 밤 곤죽이 되어 돌아와 잠자리에 든다. 우리는 많은 일들을 더 빨리 해내는 데만 급급해서 가족이나 친구들과의 소중한 시간을 희생할 때가 많다. 너무 피곤해서 혹은 회사 일만 신경 쓰다 나무만 보고 숲은 보지 못하는 잘못을 범하게 되는 것이다. 쉬는 날에도 밀린 일을 처리하느라 개인 생활은 뒷전으로 밀어둔다. 그러다 보면 주위 사람은 점점 관심과 배려를 받지 못한다고 느껴 우리를 멀리하게 된다.

우리 주위에 있는 것들을 좋은 방향으로 바꾸려면 먼저 주위에서 어떤 일이 일어나고 있는지를 알아야 한다. 이것은 좋은 관계를 맺는 데 필요한 첫 번째 조건이다. 그런데 뭔가를 이해하려면 우선 그것을 알아낼 시간이 필요하다. 그러려면 하던 일을 잠깐 멈추고 주변에 어떤 일이 일어나고 있는지 관심을 가지고 살펴보고 다른 사람의 말에 귀를 기울여야 한다. 그래야 주위에서 일어나고 있는 일을 정확하게 이해할 수 있다. 이것이 커뮤니케이션의 핵심이다.

관심, 사랑의 첫걸음

우리는 관심 받기 위해, 사랑 받기 위해 태어난 존재이다. 어떤 사람이 존재하도록 돕기 위해서는 그 사람에게 충분히 관심을 주는 일이 필요하다. 관심을 받은 사람은 눈이 빛나고 얼굴에 자연스러운 미소가 퍼지며 새로운 의욕이 솟아날 것이다.

어떻게 보면 관심은 수동적인 것으로 보일 수 있다. 그러나 관심은 어둠 속 목표물을 찾는 서치라이트 불빛과 같이 능동적인 것이다. 이와 같이 관심은 단순한 기술이 아니다. 관심은 모든 감각기관을 동원하여 의도적으로 상대방에게 집중하는 작업이다.

대화를 할 때 그 사람의 작은 표정이나 사소한 말 한마디에도 집중하고자 하는 작업이 바로 관심이다. 따라서 관심은 경청하고, 주목하고, 분별하고, 질문하고, 탐구하는 것이다. 초등학교 수업 시간에 돋보기를 이용하여 종이에 불을 붙이는 실험을 해보았을 것이다. 돋보기로 햇빛을 한곳으로 모아 종이에 불을 붙이는데, 이때 중요한 것은 햇빛을 한곳으로 집중시키는 것이다. 이와 같이 커뮤니케이션도 상대방에게 관심을 가져, 널리 퍼져 있는 상대방

관심, 어린 아이의 마음에서 시작

의 여러 가지 말을 통해 전하고자 하는 메시지를 찾고, 이를 위해 집중하는 것이다.

관심은 사랑의 마음에서 우러나오는 것이다. 커뮤니케이션은 사랑으로 시작하여 사랑으로 마무리된다. 관심은 눈과 귀로만 상대방을 바라보는 것이 아니라 마음을 다하여 상대방이 느끼는 감정과 걱정거리를 함께하고자 하는 사랑의 마음이다. 이와 같은 관심은 상대방으로 하여금 자신의 존재 가치를 깨닫게 하고, 마음을 열게 할 뿐만 아니라, 그의 행동을 바꾸게 만든다. 이처럼 진심에서 우러나오는 관심은 상대방에게 영향을 미치는 데 실패하는 법이 없다. 곧 효과적인 커뮤니케이션은 상대에게 집중하는 것과 함께 상대방을 향한 사랑과 인정의 마음에서 비롯된다.

관심은 상대방을 변화시키는 가장 중요한 수단이다. 이러한 관심은 단시일 안에 변화를 일으키기보다는 장기적으로 그 사람을 변화시킨다. 그러나 장기적으로 보면 관심이야말로 상대방을 변화시킬 수 있는 가장 강력한 영향력이라고 할 수 있다.

따라서 관심 갖기(attending)는 듣는 사람이 신체적으로나 심리적으로 말하는 사람과 함께할 수 있는 방법이다. 즉 말하는 사람이 편안하게 자신의 생각과 감정을 발견해 갈 수 있도록 도와주는 커뮤니케이션의 기본적인 기술이다. 그러므로 관심 갖기는 커뮤니케이션의 첫걸음이라고 할 수 있다.

지그문트 프로이트(Sigmund Freud)의 정신분석 핵심은 '말을 하고 나니 시원

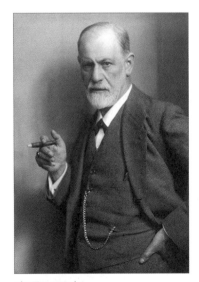

지그문트 프로이트

하다'이다. 이러한 카타르시스, 곧 정화 작용이 이루어지기 위해서 피분석가는 자신에게 떠오르는 이미지나 생각을 있는 그대로 말해야 한다. 그래서 정신분석의 방법을 한마디로 표현한다면 '말을 하라. 그리고 들어라'이다. 이때 분석가는 아무런 판단 없이 상대의 말을 들어주어야 한다. 그러므로 정신분석에서 분석가의 기본적인 자세는 '들어주는 것'이다. 분석가가 가만히 이야기를 들어줄 때 피분석가의 억압된 감정이 해소되고, 자신의 문제를 지각하여 스스로 해결할 수 있는 능력이 나타나게 된다.

커뮤니케이션은 단순히 말로만 이루어지는 관계가 아니다. 심리학자 앨버트 메라비언이 말했듯이 커뮤니케이션의 93%는 비언어적인 것으로 이루어져 있다. 따라서 말의 내용을 듣는 것도 중요하지만 이보다 더 중요한 것은 말하는 사람의 비언어적 커뮤니케이션에 관심을 기울이는 일이다. 이야기를 들을 때 편안한 자세를 취하면서 적절한 얼굴 표정을 짓고 의미 있는 몸놀림을 사용하면, 말하는 사람은 우리가 그에게 관심을 보인다는 것을 알게 된다.

다음 예화를 통해 상대방의 이야기에 관심을 갖는 것이 어떤 의미를 가지는 가에 대해서 잠시 생각해보자.

어느 대학의 심리학 교수가 그 학교에서 재미없게 강의하기로 정평이 난 한 인류학 교수의 수업 시간을 대상으로 '적극적 듣기의 효과'에 관한 실험을 하기로 결정했다. 그 심리학 교수는 인류학 교수에게는 이 사실을 철저히 비밀로 하고, 그 강의를 수강하는 학생들에게만 사전에 다음과 같은 몇 가지 주의 사항을 전달했다. 첫째, 교수의 말 한마디 한마디에 주의를 집중하면서 열심히 들을 것. 둘째, 얼굴에 미소를 약간 띠면서 눈을 반짝이며 고개를 끄덕이기도 하고 간간이 질문도 하면서 매우 재미있다는 반응을 겉으로 드러나게 나타낼 것.

한 학기 동안 계속된 이 실험의 결과는 매우 흥미로운 것이었다. 우선 그 재미없던 인류학 교수는 줄줄 읽어나 가던 강의 노트에서 눈을 떼고 드디어 학생들과 시선을 맞추기 시작했고, 가끔씩은 한두 마디 유머 섞인 농담을 던지기도 하더니, 그 학기가 끝나갈 즈음엔 가장 열의 있게 강의하는 교수로 바뀌게 되었다. 더욱더 놀라운 것은 학생들의 변화였다. 처음에는 단순히 실험 차원에서 재미 삼아 강의를 열심히 듣는 척하던 학생들은 정말로 이 강의를 흥미롭게 듣게 되었고, 일부 학생은 아예 전공을 인류학으로 바꾸기로 결심하였다.

출처: 『삶과 화법』(2007, 도서출판박이정)

앞의 이야기는 관심 갖기가 무엇이고 어떤 의미를 지니는지 잘 보여주고 있다. 제라드 이건(Jerard Egan)에 의하면 관심 갖기는 신체적·심리적으로 상대방을 지향하여, 적극적으로 상대방과 함께하고, 특별한 집중력을 가지고 상대방 앞에 존재하고 있다는 느낌을 주는 것이다. 즉 관심 갖기는 대화를 할 때 언어를 사용하지 않고도 상대방에게 '곁에 함께 있다'는 느낌을 주는 것이다.

다른 사람의 말을 경청하기 위해서는 먼저 그 사람에게 관심을 가져야 한다. 말하고 있는 상대에게 전적으로 관심을 갖는 것은 그 사람과의 관계를 발달시키는 데 매우 중요하다. 관심 갖기 행동은 상대로 하여금 가치 있는 존재로 받아들여지고 있고, 존경받고 있으며, 이해되고 있다는 느낌을 갖게 한다.

미소가 있는 행복한 강의실

제드 메디파인드(Jedd Medefind)와 에릭 로케스모(Erik Lokkesmoe)는 "관심은 받는 사람에게만 한정되는 것이 아니라 오히려 관심을 주는 사람이 더 큰 보답을 받는다"라면서 관심의 효과를 말하였다. 이와 같이 관심은 커뮤니케이션에서 확실한 전달 효과를 얻기 위한 든든한 받침대가 된다.

관심, 설레는 반응

커뮤니케이션은 상대방의 특성을 포착해서 거기에 맞는 적절한 반응을 계속 보여주는 것이다. 이렇게 될 때 상대방과 좋은 관계를 맺을 수 있다. 따라서 관심은 대화에 생명력을 불어넣고 다른 사람들로부터 반응을 얻게 하며, 상황에 따라 대응할 수 있게 한다. 우리가 상대방에게 관심을 갖는다면 그도 우리를 지지해줄 것이다. 이처럼 관심을 갖는 태도는 경험을 더 풍부하고 의미 있게 만들어준다.

우리는 다른 사람이 자신에 대해 편안하게 이야기할 수 있도록 도와주어야 한다. 그러기 위해서 할 수 있는 일은 상대에게 내가 당신에게 관심을 갖고 있다는 것을 의식적으로 보이는 것이다. 상대방의 이야기를 들을 때 듣는 이의 눈, 얼굴 표정, 듣는 태도 등은 말하는 사람에게 든든함과 격려를 준다. 대화를 할 때 반응은 말하는 사람에게 더 말할 수 있도록 도와주는 추진력으로도 작용하게 된다. 따라서 효과적인 커뮤니케이션을 하기 위해서는 말하는 사람에게 적극적인 반응을 나타내야 한다. 이것이 비로 관심 갖기이다.

따라서 관심 갖기의 첫걸음은 상대방의 이야기에 적극적으로 반응을 보이는 것이다. 이러한 반응은 대부분 비언어적인 커뮤니케이션으로 이루어진다. 비언어적 커뮤니케이션은 팔 동작, 다리 동작, 머리의 끄덕임과 같은 몸의 움직임을 말한다. 말하는 사람의 몸동작은 종종 말의 내용이나 얼굴 표정만으로는 얻을 수 없는 정보를 제공한다.

프로이트는 "보는 눈과 듣는 귀를 가진 사람은 인간이 비밀을 유지할 수 없다고 확신할 것이다. 만일 그의 입술이 조용하다면 그는 손가락 끝으로 말하고 모든 기공을 통해 누설하는 배반을 한다"고 하였다. 특히 폴 에크먼(Paul Ekman)과 월러스 프리센(Wallace V. Friesen)은 다리와 발의 움직임이 가장 비언어적인 누설을 잘 해주는 출처라며 주목하였다. 왜냐하면 이러한 몸동작은 의도적으로 인식하고 자발적으로 억제하기가 힘들기 때문이다. 그다음으로는 손과 얼굴이 중요한 비언어적 누설의 단서가 된다. 대화를 할 때 상대방이 발을 반복해서 톡톡 두드린다면 그가 무엇을 느끼는가에 주의를 기울여야 한다.

이와 같이 우리가 대화할 때 말과 더불어 나타나는 몸동작은 기본적인 커뮤니케이션 행동이다. 기본적인 커뮤니케이션 행동에는 시선 접촉, 얼굴 표정, 자세, 제스처, 음정 및 음색 등이 포함된다. 사람은 말하지 않거나 언어적인 커뮤니케이션이 불가능할 때도 얼굴 표정이나 제스처 등을 통해서 자신의 의사를 다른 사람들에게 전달할 수 있다. 따라서 대화할 때 상대방의 이야기만 듣는 것이 아니라 비언어적인 커뮤니케이션을 통해 전달되는 메시지를 들을 수 있어야 한다.

관심의 전령, 거리와 위치

커뮤니케이션의 거리

사람에게는 두 가지 서로 상반된 욕구가 있다. 하나는 다른 사람과 관계를 맺고자 하는 연관성의 욕구이고, 또 다른 하나는 다른 사람에게 자신의 영역

아르투어 쇼펜하우어

을 침범 받지 않고 싶은 독립성의 욕구이다. 두 가지 욕구는 철학자 아르투어 쇼펜하우어 (Arthur Schopenhauer)가 제시한 다음의 '고슴도치의 가시' 비유로 설명이 가능하다.

'고슴도치의 가시'에서 말하듯이, 우리도 대화를 할 때 독립성과 연관성이라는 서로 상반되는 두 가지 욕구 사이에서 균형을 유지하면서 '나'와 '너'의 최적의 거리를 유지할 수 있도록 노력해야 한다. 적절한 거리를 유지하는 지침은 상대방의 독립성 욕구를 존중해줌으로써 상대를 편안하게 해주는 것이다. 그러면서 서로 간에 친밀감을 느낄 수 있어야 한다.

커뮤니케이션 과정에서 거리 유지의 원리에 대하여 미국의 언어학자 로빈 레이코프(Robin Rakoff)는 다음과 같이 명쾌하게 정리하고 있다.

① 상대방과의 거리를 유지하라.
② 상대방에게 선택권을 주어라.
③ 상대방에게 친밀감을 느끼게 하라.

추운 겨울, 고슴도치들은 추위를 피하기 위해 한곳으로 모여 서로에게 다가간다. 그런데 너무 가까이 다가가면 날카로운 가시에 서로 찔리므로 다시 멀리 떨어지게 된다. 그러다 보면 다시 추워진다. 서로에게 다시 다가간다. 이렇게 여러 차례를 반복하다 보면 가시에 찔리지 않을 만큼의 거리를 유지하면서도 추위를 적절히 피할 수 있을 만한 최적의 지점을 찾게 된다. 고슴도치의 가시는 서로 간의 가장 적절한 거리를 결정해주는 근거가 된다.

출처: 『말 잘하는 남자? 말 통하는 여자』(1993, 풀빛)

첫 번째 지침은 상대방과 거리를 유지하는 것이다. 거리 유지는 상대방의 독립성의 욕구를 존중해줌으로써 상대를 편안하게 해주는 데 기여한다. 거리 유지 원리의 핵심은 바로 상대방에게 선택권을 주라는 두 번째 지침에서 찾아볼 수 있다. 상대방에게 선택권을 주라는 지침은 상대방으로 하여금 독립성과 연관성이라는 상반된 두 가지 욕구 사이에서 균형을 잡고 적절한 거리를 조절할 수 있도록 하는 데 많은 도움을 준다. 그리고 세 번째 지침은 상대방에게 친밀감을 주는 것이다. 이 지침은 상대방과의 연관성 욕구를 충족시키는 데 기여할 수 있다. 연관성 욕구를 통해 상대방에게 우호적인 입장을 견지하게 된다. 이로 인해 상대는 친밀감을 느끼게 된다.

개인적인 공간은 한 사람을 에워싸고 있는 일정한 거리 이내의 영역을 의미한다. 어떤 사람이 자신의 영역을 침입하면 불안과 위협을 느끼게 된다. 그러므로 대화를 할 때 상대방과의 관계에 따라 적절한 거리를 유지하는 것이 중요하다.

에드워드 홀(Edward T. Hall)은 사람들이 무의식적으로 다른 사람들과 상호 작용할 때 사용하는 거리를 친밀한 영역, 개인적 영역, 사회적 영역, 공공적 영역, 네 가지로 분류한다.

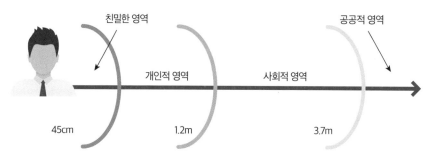

관계에 따라 편안함을 느끼는 커뮤니케이션의 거리

- **친밀한 영역(15~45cm)** 친밀한 영역(Intimate Zone)은 상대방의 숨결이 느껴질 정도의 거리이다. 이 거리는 자신의 소유물처럼 보호하는 가장 중요한 공간이므로, 오로지 정서적으로 가까운 사람만이 그 안으로 들어가는 것이 허락된다. 즉 연인이나 배우자, 부모, 자녀 등 아주 가까운 사이로 제한된다. 요즘 들어 부부 사이가 어쩐지 서먹서먹하다 싶으면 서로 대화를 할 때의 거리를 측정해보라. 그러면 분명 '친밀한 거리'에서 훌쩍 벗어나 1m 이상 떨어진 채 대화를 하고 있을 것이다.
- **개인적 영역(46cm~1.2m)** 개인적 영역(Friend Zone)은 팔을 뻗어서 손가락이 닿을 정도의 거리이다. 이 거리는 가까운 친구 사이나 각종 사교 모임 혹은 직장에서 다른 사람과 떨어져 있는 거리이다. 이 영역은 다른 사람과 편안하게 이야기하고 접촉할 수 있는 거리이며, 일반적으로 조용한 대화를 나눌 수 있는 거리이다.

  처음 만나는 사람과 지나치게 가깝게 마주 앉아 이야기를 하면 상대방은 불쾌감이나 당혹스러움을 느낀다. 또한 지나치게 멀리 떨어져 앉아 있으면 거리감이 좀처럼 줄어들지 않으므로 1~1.2m 정도의 거리를 유지하고 이야기하는 것이 가장 이상적이라고 알려져 있다.
- **사회적 영역(1.2~3.7m)** 사회적 영역(Social Zone)은 보통 목소리로 말할 때 들을 수 있는 거리이다. 낯선 사람이나 배달원, 가게 주인 등 잘 모르는 사람들과 유지하는 거리로, 주로 대인 업무를 수행할 때 이 거리를 유지한다.
- **공공적 영역(3.7m 이상)** 공공적 영역(Audience Zone)은 목소리를 높여서 이야기를 해야 하는 거리이다. 이 거리는 교사가 학생들에게 강의를 하거나 많은 사람들 앞에서 연설이나 강의를 할 때 편안하게 느끼는 거리이다.

사람은 개인적이고 비밀스러운 이야기는 되도록 가까운 거리에서 말하려 하고, 공적이고 일상적인 이야기는 적당히 떨어진 거리에서 말하려고 한다. 따라서 두 사람 사이의 거리는 상하 관계나 친근한 관계뿐만 아니라 대화의 내용을 나타낸다. 두 사람 사이의 거리가 짧을수록 서로의 관계도 더 친밀하고 대등한 것으로 해석될 수 있다.

그러므로 대화를 할 때 최적의 거리는 대체로 1m 내외이다. 연령과 성격에 따라 거리의 개념이 다르고, 사람에 따라 편안하게 받아들이는 거리에 차이가 있다. 따라서 대화를 하면서 상대방이 어느 정도의 거리를 유지하기 원하는지 파악하는 것이 중요하다. 그러므로 효과적인 대화를 위해서 중요한 것은 심리적으로뿐만 아니라 물리적으로도 적절한 거리를 유지하는 것이다.

커뮤니케이션 할 때 앉는 위치

대화를 할 때 앉는 위치도 중요하다. 앉는 위치는 관계 형성에 큰 역할을 하기 때문에 앉는 자리에 따라 관계가 달라진다. 우리는 대화를 할 때 이러한 세심한 부분에까지 관심을 기울여야 한다. 원활한 커뮤니케이션을 위해 앉는 위치를 정할 때 고려해야 할 몇 가지 원칙이 있다.

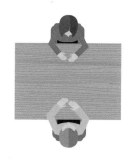

- **정면으로 마주 앉기** 정식으로 만나는 자리라면 처음에는 정면으로 마주 앉는 것이 일반적이다. 남자끼리일 경우에는 칸막이로 둘러쳐진 공간에서 정면으로 마주 앉는 것이 좋다. 또한 여성이 여성을 상대로 하는 커뮤니케이션에서는 직각을 이루고 앉는 것보다 마주 앉는 편이 효과적이다. 특히 남성이 비즈니스나 사회적 교제를 위해 여성을 상대로 커뮤니케이션을 해야 하는 상황이라면, 친밀하게 느껴질 수

있는 작은 탁자를 사이에 두고 마주 앉는 것이 좋다.

- **옆에 나란히 앉기** 상대방과 의견 일치를 해야 할 경우 옆에 나란히 앉는다. 이 위치는 어떤 일을 제안하고 받아들일 때 매우 효과적이다. 친한 사람과 대화를 할 때는 옆에 나란히 앉는 편이 훨  씬 더 친근하게 느껴지고 이야기도 편하게 할 수 있다. 여성 팀장이 여성 팀원과 대화 를 할 때 상사 쪽에서 부하 곁에 나란히 앉 아 이야기를 들어주면 대립감이 부드럽게 풀린다.

- **대각선으로 앉기** 친밀한 관계를 형성할 경우 대각선으로 앉는다. 탁자의 모서리에 의자 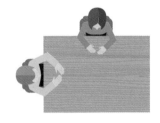 를 두고 앉게 되면 편안하고 친밀한 대화를 할 분위기가 된다. 이 위치는 시선 접촉을 제한 없이 하게 되고, 상대방의 비언어적 커 뮤니케이션을 잘 볼 수 있게 해준다. 특히 여성이 남성을 대할 경우, 정면에 마주 앉아 말문을 열면 뭔가 비난이나 불만을 터뜨리러 온 것 같은 느낌이 들기 쉽다. 약간 대각선 방향으로 비껴 앉는 것이 이야기하기도 편하고 상 대방이 받는 저항감이 줄어든다. 특히 여성이 남성을 설득하고자 할 때는 서로 직각을 이루고 앉는 것이 가장 이상적이다.

효과적인 커뮤니케이션을 위해서는 똑바로 마주 보기보다는 90도로 각을 이루고 앉는 것이 좋다. 마주 보고 앉으면 분위기가 딱딱해지거나 침묵이 무겁게 지속될 가능성이 있으며, 그렇다고 옆으로 나란히 앉으면 상대방을 관찰할 수가 없어서 비언어적 커뮤니케이션을 알아채기가 어렵다. 90도를 이루고 앉으면 고개를 약간 돌려 서로 개인적이고 깊은 대화를 나누다가, 생각하거나 조금 관망하고 싶을 때 고개를 약간 돌려서 편하고 쉽게 다른 소재를 다룰 수가 있다. 상대방과의 적절한 대화의 거리는 팔이 미칠 수 있는 거리이다. 너무 가까우면 부담스럽고 너무 멀면 거리감이 느껴진다. 상대방과 성별, 연령 등이 다르면 좀 더 멀리, 비슷하면 좀 더 가깝게 앉는다.

관심의 공식

1단계: 부드러운 시선 접촉

사람의 눈은 많은 이야기를 한다. 대화를 할 때 눈은 상대방을 관찰하고 의사를 전달하는 데 매우 중요하다. 눈은 신체의 초점이자 카리스마를 느끼게 하는 포인트이다. 우리는 눈빛과 시선만으로도 많은 대화를 할 수 있다. 따라서 관심의 첫 번째 단계는 눈 맞춤을 자연스럽게 유지하는 것이다. 사람의 눈은 우리의 생각 이상으로 많은 메시지를 담고 있다. 말하는 사람이나 듣는 사람의 시선에 따라서 말의 내용에 대한 평가가 달라진다.

사람이 누군가를 만났을 때 2, 3초 사이에 그 사람을 평가한다는 것은 이미 검증된 사실이다. 그래서 흔히 "눈으로 사람을 만난다"라고 한다. 또한 "눈은 마음의 창이다"

시선 접촉

라고 말하기도 한다. 상대방의 눈을 바라보는 것은 말을 하는 것보다 효과적이다. 이것은 상대방의 관심을 나에게 집중시키며, 상대방이 내 말에 반응하고 존중하게 만들어 준다.

따라서 커뮤니케이션을 할 때는 시선 접촉이 필수적이다. 케빈 호건(Kevin Hogan)과 메리 리 라베이(Mary Lee LaBay)에 의하면, 사업상 고객을 만나고 있다면 그 만남의 전체 시간 중 3분의 2, 데이트를 하는 경우에는 전체 시간 중 80% 정도는 상대방과 시선 접촉을 해야 한다. 그렇다고 해서 상대방의 눈을 20분 동안 계속 쳐다보다가 10분 동안 시선을 떼라는 말은 아니다. 약 7초 동안 상대방과 시선 접촉을 하였다면 약 3초 정도 시선을 떼고, 약 14초 동안 상대방과 시선 접촉을 하였다면 6초 정도 시선을 떼는 것이 바람직하다.

시선 접촉이라고 해서 말 그대로 상대방의 눈을 쳐다보는 것은 아니다. 눈을 바라보는 것은 정확히 말해서 '눈-코 삼각형' 안에서 이루어지는 시선 접촉이다. 상대방의 양쪽 눈과 코를 잇는 삼각형을 만들어 보자. 바로 그 삼각형이 '눈-코 삼각형'이며, 전체 시선 접촉의 65~70%가 이 지점에서 이루어져야 한다.

그러나 우리나라 사람은 상대방의 눈을 바라보는 것을 부담스러워하여 대화를 할 때 말을 하는 사람이나 듣는 사람 모두 서로의 눈을 바라보는 것을 힘들어한다. 내가 기업체나 학교, 교회 등에서 커뮤니케이션 훈련을 시켜보면, 대부분 상대방의 눈을 바라보는 것을 부담스럽게 생각하였다. 우리나라 사람은 대화를 할 때 시선을 어디에 둘지 몰라 상대방의 눈을 피하거나 다른 곳을 응시하기도 한다. 이렇게 된 데는 우리나라의 문화적인 배경도 한몫 했으리라 생각된다. 어려서 우리는 어른과 대화를 할 때 어른의 눈을 똑바로 바라보아서는 안된다고 교육을 받아왔다. 그러다 보니 대화를 할 때 시선 처리를 가장 곤혹스럽게 생각하게 되었다.

대화를 할 때 상대의 눈을 바라보지 않으면 상대방은 우리를 자신감이 없으며, 부끄러움이 많고, 신뢰할 만하지 않다고 생각할 것이다. 그렇다고 상대방의 눈을 뚫어지게 보면서 듣는 것은 오히려 좋지 않다. 그러한 시선은 신뢰보다는 자칫 의심의 눈초리라는 오해를 살 수도 있다. 따라서 대화를 할 때 '일정함'과 '신뢰감'을 유지하는 것이 중요하다. 일정함이란 상대방의 볼이나 코, 귀 등 편안하게 바라볼 수 있는 지점에 눈높이를 맞추어야 한다는 것이다. 그리고 신뢰감이란 상대방의 이야기가 어떤 강조점에 이르면 시선을 상대방의 눈으로 옮기며 동조를 해주는 것이다.

효과적인 커뮤니케이션을 하길 원한다면 전체 커뮤니케이션 시간 중 70%는 상대방과 시선을 접촉하는 데 할애해야 한다. 폴렛 데일(Paullette Dale)은 상대방과 대화를 할 때 효과적으로 눈을 바라볼 수 있는 방법을 제시하고 있다. 나는 이를 '4초의 효과'로 명명한다. 앞으로 누군가와 커뮤니케이션을 할 때는 이렇게 해보자.

1. 4초 동안 상대방의 한쪽 눈을 쳐다본다.
2. 4초 동안 상대방의 다른 한쪽 눈을 쳐다본다.
3. 4초 동안 상대방의 얼굴 전체를 쳐다본다.
4. 4초 동안 상대방의 코를 쳐다본다. 그다음 턱, 이마 순으로 각각 4초씩 바라본다.
5. 다시 4초 동안 상대방의 눈을 한쪽씩 번갈아 쳐다본 다음 얼굴 전체, 코, 이마, 턱 순으로 4초씩 바라본다.

대화를 할 때 눈은 상대방과 부드럽게 일치시켜야 한다. 우리 문화에서는 연장자와 대화를 할 때 뚫어지게 눈을 바라보면 건방지다는 인상을 주므로 눈을 중심으로 약간 아래쪽으로 보는 것이 좋으며, 상대방이 연하일 경우에는 조금

위쪽으로 시선을 한 번씩 이동하는 것이 좋다. 하지만 중심은 눈에 두며 시선을 외면하지 말아야 한다.

상대방의 눈을 바라보는 어색함을 극복하기 위해 '4초의 효과'를 시도해보라. 그러면 스스로 얼마나 자신감 넘치고 편안하게 눈을 맞출 수 있는지 깨닫고 놀라게 될 것이다. 그리고 유능한 커뮤니케이터로 변화하는 자신을 발견하게 될 것이다. 커뮤니케이터는 태어나는 것이 아니라 만들어지는 것이다. 그러므로 효과적인 커뮤니케이션은 끊임없는 노력에 의하여 이루어지는 것이다.

2단계: 온화한 미소

얼굴 표정은 나라와 문화 그리고 인정에 상관없이 보편적 언어이다. 그러나 대화를 할 때 많은 사람이 간과하는 것이 얼굴 표정이다. 대화를 할 때 상대방의 힘을 북돋아 주는 표정과 시들게 하는 표정이 있다. 강의를 하는 입장에서 강의를 듣는 사람들이 한마음이 되어 아무런 표정 없이 가만히 쳐다만 보면 강의를 망치게 된다. 이렇듯 대인 관계에서 얼굴 표정은 매우 중요하다.

특히 여러 얼굴 표정 가운데서 온화한 미소는 가장 중요하다. 기본적으로 웃는 얼굴이 좋다는 것은 모든 사람들이 알고 있지만, 막상 일을 하다 보면 얼굴 표정이 굳는 경우가 많다. 일반적으로 웃는 얼굴은 관

온화한 미소, 더 듣기 위한 관심의 표현

계를 친근하게 만들고 상대방을 격려해준다. 상대방에 대해 긍정적인 태도를 보일 수 있는 가장 간단하고도 효과적인 방법 중 하나가 미소이다. 미소는 더없이 간단하면서도 자연스럽다. 어떤 사람이 따뜻하고 온화한 미소를 보이면 우리는 그 사람에 대해 호감을 가지고 편안함을 느낀다. 그런 느낌을 받으면 우리는 당연히 기분이 좋아지고 마음의 문을 열게 된다. 거울을 보면서 이렇게 저렇게 웃어보라. 누가 보아도 말을 걸고 싶을 만큼 편안한 미소를 지어보라. 어느새 기분이 밝아지고 사고방식도 긍정적이 될 것이다.

그러나 미소도 적절하게 사용해야 한다. 대화를 하는 가운데 말을 듣는 사람이 너무 많이 미소를 지으면 진실되지 못하거나 말하는 사람의 문제를 조롱하는 것처럼 비춰질 수 있다. 따라서 상대방의 감정 상태에 따라 미소를 짓거나 찡그리거나 심각한 표정을 지어야 한다. 즉 상황에 맞는 적절한 표정을 짓는 것이 중요하다. 얼굴 표정은 상대방의 기분, 말의 내용과 어느 정도 일치되어야 한다. 상대방이 인상을 쓰고 미간을 찌푸리면 나도 같이 얼굴을 찌푸린다. 상대방의 코에 힘이 들어가 있으면 나도 같이 힘을 준다. 그렇게 해야 상대방의 마음을 이해할 수 있다.

3단계: 고개 끄덕임

상대의 이야기를 들으면서 할 수 있는 가장 즉각적인 동적 반응은 고개를 끄덕여주는 것이다. 고개 끄덕임은 상대방으로 하여금 '내 이야기를 잘 듣고 있구나'라고 느끼게 한다. 이와 같이 말하는 사람과 듣는 사람이 함께 대화하고 있음을 느끼게 하는 중요한 행동이다. 그러나 이러한 고개 끄덕임도 적절한 수준으로 해야 한다. 지나치게 고개를 끄덕이면 신뢰감을 떨어뜨리거나 혼란을 일으킬 수 있다. 반면에 너무 부족하면 상대방으로 하여금 함께하지 않는다는 느낌을 들게 할 수 있다. 그러므로 대화에서 적절한 고개 끄덕임이 필요하다.

고개를 끄덕이며 들판을 산책하다

딱딱한 아스팔트 길을 걸을 때와 부드러운 흙으로 된 산책로를 걸을 때의 기분은 차이가 있다. 아스팔트를 걸을 때는 기분이 경직되지만, 산책로를 걸을 때는 기분이 한결 가벼워진다. 대화를 할 때 상대방에게 동적인 반응을 보이는 것은 상대방으로 하여금 산책로를 걷게 하는 셈이다.

4단계: 간단한 응대 말

간단한 응대 말은 상대방의 이야기를 들으면서 간단한 음성적 반응을 하는 것이다. 이것은 상대가 계속해서 말을 할 수 있도록 도와준다. 간단한 응대 말은 언어적 추임새로서 '음', '예', '그래', '그래서', '그렇구나', '아', '그러니', '오오' 등의 단어를 사용하여 표현할 수 있다. 상대방이 말을 할 때 최소한의 격려와 인정은 머리를 끄덕이는 등과 함께 음성적 반응 등의 비언어적인 표현으로 나타낼 수 있다. 좀 더 확장된 언어적 반응으로는 "그 점이 비로 핵심이군요", "상당히 참신한 아이디어입니다" 등이 있다.

우리는 대화를 하면서 상대방의 말을 잘 이해하지 못했을 때 그냥 넘어가는 경향이 있다. 그러나 이것은 효과적인 대화를 하는 데 방해가 된다. 상대방의 말을 잘 이해하지 못했을 때 사용할 수 있는 언어적 반응으로는 "그 점에 대해서 좀 더 구체적으로 말씀해주시겠습니까?" 등이 있다. 이 문장을 좀 더 확장하면 다음과 같이 할 수 있다. "그 점에 대해서 좀 더 구체적으로 말씀해주시겠습니까? 그러면 제가 당신을 이해하는 데 도움이 되겠습니다." 이때 말하는 사람은 '내가 이 사람에게 인정을 받고 있고, 내 말을 잘 들어주는구나'라고 느끼면서 더욱더 자기 마음에 있는 것을 말할 수 있게 된다.

5단계: 편안한 자세

대화에서는 듣는 사람의 편안하고 자연스러운 자세가 중요하다. 제라드 이건은 편안한 자세의 의미를 두 가지로 설명하고 있다. 첫째, 조바심이나 주의를 흩뜨리는 표정을 짓지 않는다. 조바심을 내거나 애매한 표정을 지으면 말하는 사람은 무엇이 상대방을 불편하게 하는지 의아하게 생각할 것이다. 둘째, 개인적 접촉과 표현의 도구인 몸짓을 편안하고 자연스럽게 한다. 이러한 기술을 자연스럽게 사용하면 상대방을 편안하게 만들 수 있을 것이다.

대화를 할 때 추천할 만한 자세는 말하는 사람 쪽으로 상체를 약간 기울이고, 팔짱을 끼거나 다리를 꼬지 않고 개방적인 자세를 취하는 것이다. 다른 사람과 관계를 맺을 때 신체적으로 이완되고 편안하며 자연스러운 자세를 취하는 것이 대단히 중요하다. 특히 상대방과 마주 앉을 때는 의자 등받이에 기대지 말고 약간 상대방 쪽으로 기울여서 앉고, 상대방이 중요한 말을 할 때마다 몸을 앞쪽으로 기울이는 것이 좋다.

편안한 자세로 하는 대화

일상의 관심, '그가 … 하면'

일상생활에서 관심 갖기를 생활화하는 것이 중요하다. 다음에 나오는 글을 가까운 곳에 붙여 두고 날마다 실천해보라. 인간관계와 생활에 변화가 있을 것이다.

마음으로 들어 보세요

월: 그가 다가오면 하던 일을 멈추세요.

화: 그가 말을 건네면 부드럽게 눈을 맞추세요.

수: 그가 이야기를 할 때는 고개를 끄덕여 추임새를 넣어주세요.

목: 그가 속마음을 열면 표정과 목소리를 온화하게 하세요.

금: 그가 힘들어할 때면 살며시 손을 잡으세요.

토: 그가 풀이 죽어 있으면 좋은 점을 말해주세요.

일: 그가 불평을 할 때면 다 들어주고 더 들으려고 하세요.

앞의 내용과 같은 관심은 상대방이 마음의 문을 열도록 유도하는 행위로서, 의사소통을 촉진시킬 수 있다. 그리고 이러한 관심은 상대방이 계속적으로 말을 하도록 격려한다. 또한 모든 대화의 가장 기초가 되는 기술이다. 그러므로 좋은 관계를 맺고자하는 사람은 가장 기본적인 관심의 기술을 몸에 익혀야 할 것이다. 이는 말을 듣는 사람이 경청할 수 있고, 말하는 사람에게는 자신의 말이 경청되고 있다고 느끼도록 하는 장을 마련해주기 때문에 중요하다.

관심의 훈련과 연습

커뮤니케이션은 단순히 말로만 이루어지는 관계가 아니다. 듣는 사람의 자세가 중요하다. 다음의 가상 시나리오를 읽고, 가장 적절하다고 생각하는 부분을 찾아보라.

실습 01 관심의 첫 번째 기술은 적절한 시선 접촉이다

1. "글쎄요, 무슨 말씀부터 드려야 될지 모르겠는데. 뭔가 여러 가지로 너무 힘든 것 같아요. 저는 항상 긴장하거든요."
   ① 다른 곳을 응시한다.
   ② 편안하게 상대방의 눈을 바라본다.
   ③ 상대를 보며 계속 눈을 깜빡인다.

2. "저는 요즈음 여러 가지로 너무 힘이 들어요. 항상 불안하고 쫓기는 기분이에요."
   ① 옆으로 돌아앉는다.
   ② 상대가 기분 나빠 할까봐 정면으로 바라보는 것을 피한다.
   ③ 상대를 바라보며 눈빛으로 계속 이야기하라고 격려한다.

   ➡ 커뮤니케이션을 할 때 적절한 시선 접촉은 상대방에게 관심이 있음을 알려준다. 상대방을 얼마나 바라보는가는 그 사람에 대한 관심 혹은 무관심의 비언어적인 표현이다. 상대방에게 말할 때도 그 사람을 바라보며 이야기한다.

3. "아이디어는 매우 중요하죠. 그런데 새로운 아이디어를 생각해내려고 하면 불안해져서 어쩔 줄을 모르겠어요."
   ① 상대방의 시선을 피한다.
   ② 자연스런 시선 접촉을 유지한다.
   ③ 상대방의 눈을 계속 똑바로 쳐다본다.

   ➡ 자연스러우면서 상황에 적절한 시선 접촉을 해야 한다. 상대방을 뚫어지게 바라보거나 시선을 피하는 일이 없도록 한다. 언어적이든 비언어적이든 늘 상대방에게 말을 하고 있다는 사실을 잊지 않는다.

실습 02 관심의 두 번째 기술은 온화한 미소이다

4. "결정하기가 두려웠어요. 내가 결정해야 한다는 것만 생각해도 긴장이 됐거든요. 그냥 결정할 수가 없었어요."

① 상대방의 이야기를 들으며 미소를 짓는다.

② 상대방의 이야기를 들으면서 창밖을 내다본다.

③ 사무실 안을 여기저기 둘러본다.

➡ 커뮤니케이션에서 미소는 아무리 강조해도 지나치지 않다. 커뮤니케이션을 할 때 상대방은 머리에서 짜낸 무표정한 미소가 아니라 가슴에서 우러나오는 따뜻한 미소를 원한다는 것을 명심해야 한다.

실습 03 관심의 세 번째 기술은 고개 끄덕임이다

5. "저도 제 마음을 잘 모르겠어요. 그리고 사실 어떤 뚜렷한 직장이 있는 것도 아니고, 왜 그런 거 있잖아요. 결혼이라도 해야 되겠다…."

① 상대방을 바라보며 이야기에 아무런 반응을 보이지 않는다.

② 상대방을 바라보며 이야기에 고개를 끄덕인다.

③ 상대방의 불안한 시선을 피한다.

➡ 커뮤니케이션을 할 때 고개를 끄덕이는 것은 'Yes'를 나타내는 신호로 어디서나 통하는 사인이다. 상대방이 말을 중단하는 틈틈이 눈 맞춤을 하고 미소를 지으며 고개를 끄덕인다. 이렇게 하면 커뮤니케이션의 분위기가 한결 좋아진다. 그러나 고개 끄덕임도 과도하거나 부족하게 하기보다는 적절하게 하는 것이 중요하다.

실습 04 관심의 네 번째 기술은 간단한 응대 말이다

6. (작은 목소리로) "선생님이 그렇게 느끼셨다면 할 말이 없는 것 같은데…. 머릿속이 좀 복잡한 것 같은데…."

① (미동도 없이) 바라보며 가만히 앉아 있다.

② (빠른 목소리로) "언제부터 그랬는지 말씀해보세요"라고 말한다.

③ (상대방을 바라보며) "네, 그래요"라고 응대한다.

➡ 나는 어린 시절 시골에서 자라 학교 수업을 마치고 나면 동네 아이들과 함께 소를 데리고 들로 산으로 다녔다. 그때 신작로를 걸으면 땅이 딱딱하고 먼지가 많이 일었지만 논두렁과 밭두렁으로 걸으면 푹신푹신하여 걷기가 참 좋았다. 커뮤니케이션을 할 때 상대방의 이야기를 들으면서 간단한 응대 말을 해주는 것은 말하는 사람에게 논두렁과 밭두렁을 걷는 것과 같은 편안함을 제공해주는 것이다. 또한 커뮤니케이션에서의 간단한 응대 말은 판소리에서 추임새와 같은 것이다.

7. "프레젠테이션을 하려고 할 때 훨씬 더 안 좋아요. 떨리고 긴장되어 발표를 할 수가 없고, 또 그것 때문에 요즈음 매우 우울합니다."

① (빠르고 쌀쌀맞은 목소리로) "언제부터 그랬는지 말씀해보세요."

② (따뜻한 감성이 풍부한 목소리로) "언제부터 그랬는지 말씀해보세요."

③ (따분한 목소리로) "언제부터 그랬는지 말씀해보세요."

➡ 커뮤니케이션을 할 때 자신의 음정과 음색에도 세심한 주의를 기울여야 한다. 특히 말의 어조와 속도를 의식하고 있어야 한다. 어떤 어조의 말은 상대방에게 관심을 기울이고 있다는 것을 전달하고, 어떤 어조의 말은 상대와 멀어지게 만든다. 그러므로 커뮤니케이터는 항상 따뜻하고 편안한 목소리로 간단한 응대를 해주면서 상대방에게 편안함을 제공해야 한다.

실습 05 관심의 다섯 번째 기술은 편안한 자세이다

8. "네, 다시 사람도 만나고 능률도 올랐으면 좋겠는데, 그냥 그게 안 돼요."

① 편안한 전문가적인 자세로 앉아 있는다.

② 꼿꼿하게 경직된 자세로 앉아 있는다.

③ 의자에 기댄 채 필기구를 만지면서 앉아 있는다.

➡ 커뮤니케이션은 단순히 말로만 이루어지는 관계가 아니다. 상대방과 대화를 나눌 때 듣는 사람의 자세가 중요하다. 커뮤니케이션에서 우리는 편안한 자세와 얼굴 표정을 통해 상대에게 관심을 가지고 있음을 전달할 수 있다. 그리고 듣는 사람의 편안한 자세는 상대에게 안정감을 제공해준다. 이러한 비언어적 행동을 통해 상대와 신뢰의 관계를 맺어갈 수 있다.

➡ 정답은 다음 페이지에

1. 커뮤니케이션 거리 유지의 원리

- 상대방과의 거리를 유지하라
- 상대방에게 선택권을 주어라
- 상대방에게 친밀감을 느끼게 하라

② 커뮤니케이션의 거리

- 친밀한 영역: 15~45cm
- 개인적 영역: 46cm~1.2m
- 사회적 영역: 1.2m~3.7m
- 공공적 영역: 3.7m 이상

  ➡ 커뮤니케이션 최적의 거리는 1m 내외

③ 커뮤니케이션의 위치

- 정면으로 마주 앉기
- 옆에 나란히 앉기
- 대각선으로 앉기

  ➡ 효과적인 커뮤니케이션의 위치는 대각선으로 앉기

④ 관심의 공식

1단계 부드러운 시선 섭촉
2단계 온화한 미소
3단계 고개 끄덕임
4단계 간단한 응대 말
5단계 편안한 자세

실습문제 모범답안
1. ② 2. ③ 3. ② 4. ① 5. ② 6. ③ 7. ② 8. ①

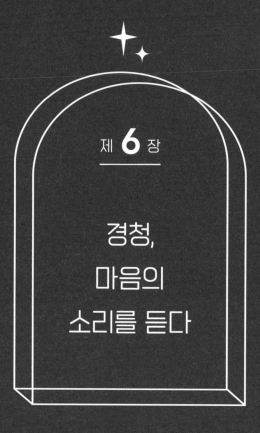

제 **6** 장

경청,
마음의
소리를 듣다

경청, 아주 평범한 진리

우리는 종종 다른 사람이 나의 말을 듣지 않는다고 느낄 때가 있다. 그런데 우리 또한 다른 사람의 말을 듣지 않는 때가 있다. 다른 사람의 말을 듣는다는 것은 노력 없이는 불가능한 것이다. 상대방의 말을 듣는다는 것은 수동적인 행위가 아니라 매우 적극적이면서 능동적인 행위이다.

그리스의 철학자 제논(Zenon ho Ky prios)은 "신은 인간에게 두 개의 귀와 하나의 혀를 주셨다. 인간은 말하는 것의 두 배만큼 들을 의무가 있다"라고 말했다. 이 말은 커뮤니케이션에서 듣는 것이 중요함을 뜻하고 있다. 어떤 사람은 자신의 의견을 잘 표현하고 싶어 커뮤니케이션 기술을 배우기 원한다고 한다. 그러나 효과적인 커뮤니케이션은 말을 잘하는 것이 아니라 잘 듣는 것이다.

헨리 포드

칼 로저스

성공의 비결은 말을 잘하는 것이 아니라 잘 듣는 데 있다. 자동차 왕 헨리 포드는 "성공에 비결이 있다면 그것은 타인의 입장을 이해하고, 자기의 입장과 동시에 타인의 입장에 서서 사물을 볼 줄 아는 능력일 것이다"라 고 말했다. 커뮤니케이션에서도 마찬가지이다. 다른 사람의 말을 잘 듣지 못하는 것은 커뮤니케이션을 제대로 배우지 못했기 때문이다.

당신은 말을 잘하는 것과 말을 잘 듣는 것 중 무엇이 더 어렵다고 생각하는가? 이 질문에 대한 대답은 여러 가지일 것이다. 어떤 사람은 말하는 것이 어렵다고 하고, 또 어떤 사람은 말을 잘 듣는 것이 어렵다고 한다.

칼 로저스(Carl Rogers)는 "남의 말을 잘 경청하는 것은 말을 잘하는 것보다 더 어렵다"고 말하면서, "적극적 경청이야말로 듣는 사람뿐만 아니라 말하는 사람 자신도 긍정적으로 변화시킨다"고 강조하였다.

말을 한다는 것은 자신의 내면에 있는 어떤 생각을 표현하여 상대방에게 전달하는 것이다. 그러나 반대로 듣는다는 것은 말하기 이전에 수많은 정보를 적극적으로 자신의 두뇌에 입력시켜 효과적으로 정보를 정리하는 매우 중요한 작업이다. 그러므로 다른 사람의 말을 잘 듣는 사람은 신뢰성을 갖춘 사람이 될 수 있다.

커뮤니케이션 능력을 갖춘 사람은 자신의 의사를 정확하고 효과적으로 표현할 뿐 아니라 상대방의 이야기를 잘 들을 줄 안다. 진정한 의미의 커뮤니케이션은 귀 기울여 듣기에서부터 시작한다. 따라서 커뮤니케이션을 잘하려면, 듣는 사람은 말하는 사람의 언어적 커뮤니케이션을 통해 전달되는 내용과 함께 비언어적 커뮤니케이션에도 귀를 기울여야 한다.

나는 다양한 기업체의 사원들을 대상으로 코칭 및 컨설팅을 하고 있다. 그동안 기업 체에서 컨설팅한 사례를 분석해보니 관리직의 주 호소 내용은 직장 내에서의 관계 문제였다. 그들이 겪고 있는 직장 내 인간관계는 대부분 커뮤니케이션 문제로 인해 갈등과 어려움을 겪고 있었다. 관리직에 비해 현장직 사원들의 주 호소 내용은 가정 문제였다. 그들의 가정 문제를 상담해보니 결국 관계의 문제였고, 그 관계의 갈등은 가족 내에서 대화의 부재와 커뮤니케이션의 어려움으로 인한 것이었다.

이와 같이 사람들이 관계에서 가장 어려움을 겪는 부분은 전공 분야에 대한 지식이나 능력의 부족으로 인한 문제라기보다는 대부분 커뮤니케이션 능력의 부족으로 인한 것이다. 그렇다면 커뮤니케이션 능력이 뛰어난 사람은 그렇지 못한 사람들에 비해 어떤 점이 다른 것일까? 커뮤니케이션의 방법이나 원리를 교육이나 훈련을 통해 배울 수 는 없을까?

경청, 모든 사랑과의 만남

사람을 이해하기 위해서는 먼저, 자기 자신에 대한 인식이 있어야 한다. 사람은 자기 인식을 통해 자기 자신을 있는 그대로 사랑할 수 있게 된다. 이러한 자기 인식을 통한 자기 사랑이 이루어질 때 비로소 상대방에 대한 이해가 이루어진다. 둘째는 자기 인식과 함께 상대방을 향한 사랑이 있어야 한다. 자기를 사랑하는 사람이 상대방을 있는 그대로 사랑할 수 있다. 이것이 참된 사랑이다.

다른 사람을 사랑한다는 것은 추상적인 것이 아니다. 이 사랑은 구체적인 것이다. 다른 사람을 향한 사랑은 일차적으로 상대방의 말을 귀 기울여 들어주는 것으로부터 시작된다. 이것은 쉬운 것 같지만 어려운 일이다. 왜냐하면 모든 사람들에게는 자기 이야기를 하고 싶은 욕구가 있기 때문이다. 대화를 하면서 이 욕구를 절제하기는 쉬운 것이 아니다. 대화를 할 때 자기 이야기를 하고 싶은 욕구를 절제하는 것이 곧 사랑의 표현이다. 이것이 바로 우리가 갖추어야 할 성품이고 자질이다.

일찍이 폴 틸리히(Paul J. Tillich)는 대화에서 '상대의 이야기를 잘 들어주는 것'이 첫째 임무라고 했다. 관계 속에서 서로가 자기주장만 하거나 자기가 배우고 익힌 가족 문화 방식으로 상대가 맞춰주기만을 바라서는 올바른 인간관계를 맺을 수 없다. 따라서 우리는 적극적인 경청 기술을 배워야 한다. 사람은 자기의 말을 잘 들어주는 사람이 있으면 적극적으로 변화하고 성장한다.

말은 그 사람 마음의 본질일까? 이 질문에 대한 대답은 "No"이다. 말은 그 사람 마음의 본질이 아니라 그 사람의 마음을 전달하는 하나의 수단이다. 사람은

폴 틸리히

자신의 마음을 전할 때 언어라는 수단에 마음을 실어 보내는 것이다. 말은 마음을 전달하는 수단이기는 하지만 마음의 본질을 전달하는 데는 한계가 있다. 듣는 사람도 상대방의 말을 이해할 때 자신의 마음과 경험을 통해 이해할 수밖에 없다. 그러므로 우리는 상대방의 말을 들으면서 말에 실려오는 그 사람의 마음을 보도록 노력해야 한다. 이것이 바로 귀 기울여 듣기이다. 상대방의 말에 귀를 기울이는 것

은 때로 값비싼 대가를 요구하기도 한다. 그러나 장기적으로 보면 귀 기울여 듣기야말로 능률적으로 상대를 변화시킬 수 있는 가장 강력한 무기이다.

우리 모두 커뮤니케이션의 기본 구조이자 원칙으로 돌아가자. 그 원칙은 바로 '말을 하라. 그리고 들어라'이다. "수다쟁이가 되어라"라는 프랑스 속담이 있다. 수다쟁이가 되어 자기 속에 있는 마음과 생각들을 이야기하다 보면 억압된 감정이 사라지게 될 것이다. 주위를 둘러보면 수다쟁이 가운데 조현병이나 우울증에 걸린 사람은 거의 없다.

'말을 하라'는 것은 자기 안에 있는 생각과 감정을 이야기하라는 것이다. 자기의 속상함이나 아픔이나 괴로움을 혼자서 짊어지고 가지 말고 신뢰하는 사람에게 말하라는 것이다. 이때 말을 들어주는 사람이 필요하다. 내가 말을 듣는 사람의 입장일 때는 그 사람의 말을 가만히 귀 기울여 들어주라는 것이다. 이렇게 말하는 사람은 자신의 생각과 감정을 말로 표현하고, 듣는 사람은 상대의 말을 경청하면 좋은 관계를 맺을 수 있다.

자녀 교육, 학생 교육, 부모 교육, 부부 교육은 상대의 말을 귀 기울여 듣는 것에서부터 출발한다. 친구는 친구의 말을 귀 기울여 듣고, 팀장은 팀원의 말을 귀 기울여 듣고, 부모는 자녀의 말을 귀 기울여 듣고, 부부는 서로에게 귀 기울여야 한다. 이렇게 되면 적대적인 관계를 호전시킬 수 있으며, 그렇게까지는 안 되더라도 적어도 무언가 중요한 것을 배울 수 있을 것이다. 그렇다면 어떻게 들어야 할까?

경청, 어린 아이의 마음에서 시작

커뮤니케이션은 단순하게 소리를 듣는 것이 아니라, 그 사람의 말을 듣고 이해하고 반응하는 것이다. 말을 하는 것보다 더 중요한 것은 상대의 이야기를 진심으로 듣고자 하는 태도이다. 듣는다는 것은 상대에게 관심을 가지고 집중하는 것이다. 누군가 나의 이야기를 들어준다면 기분이 좋아질 것이다. 그러나 말하는 것보다 듣는 것이 몇 배는 더 어려운 법이다.

자기비움과 경청

우리가 대화를 할 때 어려움을 겪는 것은 두 가지 이유 때문이다. 첫 번째 이유는 자기를 비우지 못하는 것이다. 여기서 자기비움(kenosis)이란 무엇일까? 기독교에서는 예수의 자기비움을 모델로 제시하고 있다. 기독교인들이 삶의 지침으로 삼고 있는 신약성경 빌립보서 2장 6~8절에 보면 "예수는 하나님의 모습을 지니셨으나, 하나님과 동등함을 당연하게 생각하지 않으시고, 오히려 자기를 비워서 종의 모습을 취하시고, 사람과 같이 되셨습니다. 그는 사람의 모양으로 나타나셔서 자기를 낮추시고, 죽기까지 순종하셨으니 곧 십자가에 죽기까지 하셨습니다"라고 예수에 대해서 소개하였다.

기독교인은 예수님을 창조주인 하나님과 동등하게 생각하고 있다. 신약성경 빌립보서에 있는 '자기비움'의 의미는 예수가 신적인 속성을 비웠다는 뜻이 아니라, 다만 종의 형체를 가지고 사람이 되었음을 의미한다. 예수가 자기를 비웠다는 것은 종의 모습으로 비천한 사람과 같이 되었다는 뜻이다. 즉 자신을 낮추어서 낮은 위치와 신분을 택하였다는 뜻이다. 그러므로 비웠다는 말은 본질적인 속성의 변화가 아니라 역할과 신분의 변화를 의미한다. 이와 같이 우리에게는 자기를 비움으로써 말하는 사람에게까지 내려가는 겸손한 태도가 필요하다.

판단중지와 경청

대화를 할 때 어려움을 겪는 또 다른 이유는 상대방의 이야기를 들을 때 의식적으로든 무의식적으로든 판단을 하기 때문이다. 보통 사람은 대화를 할 때 상대방의 말에 대해 판단하거나 비판을 한다. 그래서 상대방의 생각이나 감정 등이 자신과 다르면 말을 끝까지 듣지 않고 중간에 논박을 한다. 이는 듣고(聞)는 있으나 집중하여 들은(聽) 것이 아니다. 따라서 대화를 할 때 상대의 의도를 파악하기 위해서는 일단 옳고 그름의 판단을 멈추고 그 사람에게 집중해야 한다. 이것이 판단중지(epoche)이며, 우리가 갖추어야 할 마음 자세이다. 이러한 마음 자세를 갖기란 결코 쉽지 않은 힘든 과정이므로 자기와의 싸움이요, 훈련이다. 참된 경청을 하기 위해서는 판단을 하지 않으려는 부단한 노력과 인내가 필요하다.

교회 목사님의 설교 중에서 다음과 같은 예화가 생각난다.

"1970년대에는 부엌에서 음식을 하기 위해 가정마다 석유곤로가 있었습니다. 우리는 석유곤로에 석유를 부어 넣을 때 조금 흘려도 크게 아까워하지 않았습니다. 그러나 참기름을 병에 부어 넣을 때는 혹여 한 방울이라도 흘릴까 그 순

석유난로

참기름병

간 모든 신경을 참기름 병에 집중하여 붓습니다. 이렇게 항상 집중할 수는 없지만, 어떤 일을 할 때 참기름을 병에 붓듯이 예수님께 집중을 하면 좋겠습니다."

우리는 다른 사람과 대화를 할 때 참기름을 붓는 순간처럼 자신을 비우고 그 사람에게 집중해야 한다. 어렵게 살던 시절 아낙네들이 참기름을 병에 붓는 그 순간 자기 자신은 없어지고 오직 참기름에 집중할 수 있었듯이, 대화를 할 때 우리가 말하는 사람에게 집중할 수 있다면 그 순간이 바로 자기비움이요, 상대방과 함께 마음을 공유하는 것이다. 이때 비로소 우리는 관음(觀音)의 경지에 다다르게 된다.

경청, 마음을 보는 렌즈

커뮤니케이션의 경로는, 먼저 사람과 관계를 맺고자 하는 관심이 있어야 한다. 이러한 관심이 있어야 상대의 말을 경청할 수 있다. 상대의 말을 귀 기울여 들을 때 상대가 전하고자 하는 메시지가 보여 그 뜻을 알 수 있게 된다. 이것이 관음이다. 상대의 소리를 볼 수 있어야 비로소 상대의 마음을 볼 수 있게 된다. 이것이 관심이다. 따라서 참된 커뮤니케이션은 상대의 말의 내용이 아니라 이면인 마음을 볼 수 있어야 한다. 따라서 사람의 마음을 보는 경지에 이르는 커뮤니케이션의 경로는 〈커뮤니케이션의 경로〉 도표와 같다.

관심
앞에서 설명하였듯이 관심(關心)은 관계를 맺고 싶은 마음이다. 커뮤니케이션은 내가 상대와 관계를 맺고 싶은 마음이 있을 때 가능하다. 따라서 커뮤니케이션의 출발점은 내가 상대방과 관계를 맺고 싶은 마음에서부터 출발한다.

커뮤니케이션의 경로

경청

경청(傾聽)은 상대의 말을 귀 기울여 듣는 것이다. 경청은 단지 듣는 것이 아니라 상대의 말뜻을 이해하기 위해 노력하면서 듣는 것을 의미한다.

관음

관음(觀音)의 '관(觀)'자에는 무엇을 자세히 본다는 의미가 담겨 있다. 이 '관(觀)'은 눈으로만 보는 것이 아니라 무엇을 관찰하고 살핀다는 의미가 있다. 관음은 겉모양을 보면서 이면까지 파악해서 보는 것이다. 그리고 '음(音)'은 소리를 의미한다. 따라서 '관음'은 '소리(音)를 보아라(觀)'이다.

관심

관음을 통해 관심(觀心)이 된다. 여기서 관심(觀心)은 앞의 관심(關心)과 다르다. 관심(觀心)은 상대의 마음을 보고자 함이다. 관심의 한자 어원의 뜻은 실질적으로 선과 악을 구분하는 마음자리를 보는 것을 의미한다. 듣는 사람이 말하는 사람의 이면까지 파악해서 큰 차원의 마음을 보는 것이다.

불교의 경전인 『반야심경(般若心經)』에 관자재보살이 나온다. 관자재보살은 관세음보살의 또 다른 이름인데, 여기서 '관세음(觀世音)'에 대해서 생각해보자. '관세음'은 세상의 소리를 보는 것을 의미하므로 '관음'은 '소리(音)를 보아라

観自在菩薩 行深般若波羅
五蘊皆空 度一切苦厄 舍利
空空不異色 色即是空 空
行識亦復如是 舍利子 是空
生不滅 不垢不淨 不增不
無色 無受想行識 無眼耳
色聲香味觸法 無眼界 乃至
無明亦 無無明盡 乃至無老
尽 無苦集滅道 無智亦無得
菩提薩埵 依般若波羅蜜多
無罣礙故 無有恐怖 遠離一
究竟涅槃 三世諸仏 依般若
得阿耨多羅三藐三菩提 故知
多 是大神呪 是大明呪 是
等等呪 能除一切苦 真實不
波羅蜜多呪 即説呪曰 羯諦
羯諦 波羅僧羯諦 菩提薩婆

반야심경

관세음보살(천수관음보살)

(觀)'이다. 우리는 이 문장을 마음으로 계속 외워야 한다.

어떻게 소리를 볼 수 있을까? 소리를 듣지, 어떻게 본단 말인가? 가만히 생각해보면 참 모순되는 말이다. 그러나 '청(聽)'자를 풀어서 의미를 살펴보면 이 두 단어가 아주 가까운 단어로 보이기 시작할 것이다. '청(聽)'자에 대한 의미는 뒤에서 자세히 설명할 것이다.

결론적으로 말하면 대화에서 상대의 소리를 보는 것이 우리가 추구해야 하는 이상이다. 우리가 좋은 인간관계를 맺기 위해서는 소리를 보는 것을 지향해야 한다. 이러한 경지가 어려운 것 같지만 훈련과 연습을 통해 이룰 수 있다. 지금 당신은 이 책을 읽고 있지만, 커뮤니케이션에 대한 강의를 듣고 있다고 생각해보라. 그 강의실에서 커뮤니케이션 강의를 들으면서 강의의 내용을 보게 되는 것이다. 참된 경청은 귀로 소리를 듣는 것이 아니라 소리를 보는 것이어야 한다는 것을 의미한다.

그러면 이제 소리를 보는 것에 대해 다른 차원에서 생각해보자. 소리를 본다는 것을 음악의 세계에서는 청음(聽音)이라고 한다. 청음은 음을 듣고서 '도레미파솔라시도'를 보는 것이다. 우리의 고유 음악 중 하나인 판소리에서는 명창들이 어떤 소리도 막힘없이 자유자재로 낼 수 있는 경지를 득음(得音)이라고 한다. 득음은 완성된 소리를 얻었다는 것이다. 명창들은 득음하기 위해 동굴 속이나 폭포 앞에서 수련을 하기도 한다. 이를 통해 음을 얻게 되어 그들의 소리는 자연의 소리처럼 사람들의 마음을 울리게 된다.

어느 유명한 피아니스트가 한 말이 생각난다. 그 사람은 음악에 대해 말하기를 "음악은 듣는 것이 아니라 보는 것이다. 음악은 처음에는 귀로 듣지만, 다음에는 손으로 듣고, 마지막에는 눈으로 본다"고 하였다.

우리가 음악을 연주하고 악기를 배우는 것을 세 단계로 나누어보면, 첫 번째는 귀로 듣는 단계이다. 우리는 피아노를 치기 전에 피아노의 소리를 귀로 듣는

음악은 듣는 것이 아니라 보는 것

다. 두 번째 단계는 손으로 듣는 단계이다. 우리는 피아노를 치면서 곡을 연주하는데, 이는 곧 손으로 소리를 듣는다는 의미이다. 세 번째 단계가 눈으로 소리를 보는 단계이다. 이 단계는 피아노 소리를 들으면서 음표와 마디를 보는 것이다.

이와 같이 우리가 대화를 하면서 그 사람의 소리를 본다는 것은 상대가 말하고자 하는 의미를 바라보는 것을 뜻한다. 이렇게 소리를 본다는 것은 많은 노력을 필요로 한다. 노력뿐만 아니라 인내도 요구된다. 노력과 인내, 이 두 가지를 이루면 우리는 '소리 를 보는' 사람이 될 수 있다.

경청, 센스 있게 듣는 태도

듣는다는 것은 상대방의 말에 집중해 그 순간 자신을 잊고 일단은 상대방의 생각과 감정 등을 받아들이는 것이다. 그러므로 커뮤니케이션이란 나에게 무엇이 있는가를 바라보는 것이 아니라 상대방의 감정을 읽고 반응해주는 것이다. 사람의 말을 경청하는 다섯 가지 태도가 있다.

귀담아 듣는다

듣는 것의 첫 단계는 입을 다물고 있는 것이다. 상대방이 말을 하는 동안에는 침묵하고, 집중해서 끝까지 듣는다. 들을 때 귀뿐만 아니라 눈과 입 같은 모든 감각기관을 총 동원하여 온몸으로 들어야 한다. 자신을 비우고 상대방을 받아들이는 훈련, 이것이 적극적으로 듣는 이의 근본적인 태도이다.

물이 가득 들어 있는 그릇에는 더 이상 물을 담을 수 없지만, 빈 그릇에는 언제든지 물을 담을 수 있다. 따라서 다른 사람의 마음과 생각을 자기 자신에게 담으려면 자신은 빈 그릇이 되어야 한다. 그렇게 하려면 상대방에 대한 존중의 태도와 함께 상대가 전하고자 하는 메시지를 귀담아 들으려는 노력이 필요하다.

도중에 차단하지 않는다

대화 중에 다른 사람의 말을 중단시키는 이유는 많다. 그중 하나는 자기 이야기를 하고 싶은 욕구 때문이다. 사람은 다른 사람의 이야기를 들으면서도 자기 이야기를 하고자 한다. 말할 거리가 있는데 자기가 말할 차례를 기다릴 수가 없기 때문이다. 또한 말하고 싶은 주제는 가끔 다른 사람들이 말을 하고 있을 때 떠오른다. 그래서 다른 사람이 이야기하는 중간에 틈만 있으면 재빨리 끼어들어 그 사람의 이야기를 끊어버린다.

또 다른 이유는 다른 사람의 말을 듣고 있기가 싫어서 흐름을 다른 방향으로 바꾸기 위해 도중에 차단하는 것이다. 말을 도중에 차단하는 것은 불쾌하고 부담스러운 어떤 것에 대한 방어 수단으로, 회피 방법 중 하나이다. 이렇게 되면 상대방의 말을 끝까지 듣지 못한다.

탁월한 리더는 다른 사람의 말을 끝까지 듣는 사람이다. 그러나 우리 대부분은 다른 사람이 한참 말을 하고 있을 때 중간에 끼어들거나 그 사람의 말을 막기도 한다. 때때로 다른 사람이 자기 이야기만 장황하게 늘어놓기 때문에 말을 중단시키기도 한다. 이러한 사람은 다른 사람의 의견은 들으려 하지 않고, 자신이 다른 사람을 조종하려는 목적으로 장황하게 말을 하는 것이다. 이때 그 사람의 말을 중단시켜야 한다면 "그러나 제 말 좀 들어 보시겠습니까?"와 같이 말하면 좋을 것이다.

판단하지 않는다

'판단중지'는 1,500년 전 스토아 철학에서 나온 개념이다. 대화를 할 때 상대방을 평가하거나 판단하는 것은 금기이다. "대화를 할 때 상대방의 말에 대해서 판단하지 마라. 상대가 어떠한 말을 하든지 옳고 그름을 판단하는 것을 미루어 두어라." 대화를 할 때 상대방의 말을 간섭하거나 판단하지 말아야 한다. 효과적인 커뮤니케이션은 듣는 사람이 자신의 마음을 명정한 상태로 두고 계속 상대방의 말을 들어주는 것이다.

따라서 우리는 대화하는 도중에 즉석에서 자기의 생각대로 결론을 내리지 않고 조용히 들어야 한다. 효과적인 커뮤니케이션은 상대방의 이야기를 들으면서 성급하게 결론을 내리지 않고 참 듣기(聽)가 끝날 때까지 평가를 잠시 미루어두는 것이다. 이것이 훌륭히 듣는 사람의 가장 큰 특징이다.

실험을 하나 해보자. 다음의 퍼즐에 있는 아홉 개의 점을 네 개의 직선으로 연결해보라. 네 개의 선이 끊어지지 않도록 연결해서 모두 통과하도록 해보라. 다만, 필기구를 종이에 일단 대면 끝까지 종이에서 떼지 않고 되짚어 오지도 말아야 한다.

나는 상담자로 집단상담을 하는 중에 협력 지도자(co-leader)를 통해서 이 그림을 보게 되었다. 나와 상담에 함께 참여한 사람은 이 퍼즐 문제를 풀기 위해 씨름하였다. 이렇게도 해보고 저렇게도 해보았지만 도무지 문제를 풀 수가 없었다. 일단 이 퍼즐 게임을 시작하면 어디에서 시작하든, 어떻게 연결하든 하나의 점을 남겨놓을 수밖에 없었다. 다음에 나오는 그림과 같이 하나의 점이 늘 남게 되었다.

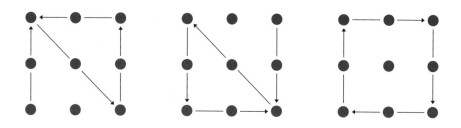

결국 우리 모두는 끙끙 대다가 아무도 문제를 풀지 못했다. 왜냐하면 우리는 이 퍼즐을 바라볼 때, 하나의 가정(假定)을 만들어놓고 생각하였기 때문이다. 가정은 선들이 점 안에 있어야 한다는 것과 선들이 네모 형태를 형성해야 한다는 것이다. 이러한 가정에 의해 우리는 선이 점 밖으로 나가도 된다는 생각을 하지 못했다. 이러한 생각은 무의식 가운데 스스로 만든 법칙에 불과하였다. 내가 만든 법칙에 의해 하나의 가정을 만들고, 그 가정에 의해 이 퍼즐을 풀 수 없게 된 것이다.

그러자 협력 지도자가 칠판에 다음에 그림과 같이 네 줄기의 직선으로 아홉 개의 점을 연결하였다. 우리 모두는 "점 밖으로 선이 나가도 되잖아"라고 하면서 허탈한 기분으로 웃고 말았다.

내가 이 문제를 풀지 못한 근본적인 이유는 직선이 점 바깥쪽으로 나가면 안된다고 생각했기 때문이다. 협력 지도자는 단지 네 개의 선을 이용하여 아홉 개

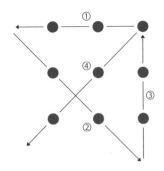

의 점을 연결하라고 했지, 선이 꼭 점 안에 있어야 한다고는 말하지 않았다. 그러나 나는 그 말을 제대로 듣지 않고 나 자신의 판단으로 선이 점 안에 있어야 한다고 생각했다. 나는 협력 지도자의 말을 경청하지 않고 내 생각대로 성급하게 판단하였기 때문에 그의 말을 제대로 듣지 못한 것이다.

엉킨 실타래를 풀 때도 동일한 원리가 적용된다. 엉킨 실타래를 풀 때 중요한 원리는 보잘 것 없이 보이는 실의 끝을 찾는 것이다. 실 끝을 찾아서 거기서부터 시작하면 얽혔던 실들이 하나씩 풀리기 시작한다. 이 작은 실 끝이 전체 실을 풀 수 있는 중요한 실마리가 된다.

이와 같이 대화를 할 때 나 자신의 틀을 만들어 다른 사람의 말을 성급하게 판단해서는 안 된다. 우리는 자기가 가지고 있는 느낌을 중요하게 여기고, 판단 기준으로 삼을 때가 많다. 이것을 조심해야 한다. 우리는 이렇게 하는 것 대신에 오히려 상대방의 작은 이야기에 귀를 기울여 들이야 한다. 이를 통해 우리는 상대방이 전하고자 하는 마음의 소리를 들을 수 있을 것이다.

엉킨 실타래 풀기

반응을 보이면서 듣는다

대화를 할 때 듣는 이의 눈, 얼굴 표정 등의 태도와 반응은 말하는 이에게 든든함과 격려를 준다. 반응은 말하는 사람에게 추진력이 된다. 따라서 효과적인 커뮤니케이션을 하기 위해서는 적극적인 반응을 보여야 한다. 앞장에 있는 관심의 기술을 다시 한번 숙지하기 바란다.

편안한 분위기를 만든다

잘 듣는 사람은 화자가 말하고자 하는 핵심 메시지를 간단하게 자신의 말로 정리할 수 있고, 화자가 말이 막힐 경우에 능숙하게 얽힌 가닥을 풀어 주기도 하며, 형편에 따라 알맞은 대응으로 격려하기도 한다. 그 반대로 말을 잘 듣지 못하는 사람은 말하는 이의 말꼬리를 붙들고 꼬투리라도 잡은 듯이 큰 소리를 치거나, 전체적인 중심 사상과는 큰 관련이 없는 지엽적인 말을 굉장한 문제처럼 내세우기도 한다.

경청, 새로운 길의 모색

커뮤니케이션은 간단하면서도 고된 작업이다. 이것은 톱으로 나무를 자르는 것과 같은데, 여기에도 몇 가지 원리가 있다.

나는 몇 년 전 무더운 8월에 벌초를 갔었다. 할머니 묘 앞의 큰 나무들이 강과 산을 가로막고 있었다. 나는 그 나무를 톱으로 베어내기로 결정했다. 나무를 베는 것을 쉽게 생각하고 시작했는데, 막상 해보니 결코 쉽지 않았다. 아무리 열심히 톱질을 해도 힘을 쓰는 만큼 잘 되지 않았다. 그때 마을의 노인 한 분이 톱을 달라고 하시더니 나무를 자르기 시작하였다. 톱질에 숙달된 그분은 굵

톱으로 나뭇가지를 자르다

은 나무를 금세 베었다. '톱질의 원리를 알고 있느냐, 알지 못하느냐?' 그리고 '톱을 사용하는 훈련을 하였느냐, 하지 않았느냐?'에 따라 그분은 쉽게 나무를 잘랐고, 나는 잘못했던 것이다.

다른 사람의 말을 귀 기울여 듣는 것은 고된 작업이다. 이 고된 작업에도 방법과 원리가 있는데, 그 원리는 대화를 할 때 말의 내용보다 감정에 집중하는 것이다. 그러나 우리는 감정을 중요시하지 않으며, 감정을 잘 듣지 못한다. 왜냐하면 우리는 어릴 때부터 감정보다는 사실 그 자체를 듣도록 길들여져 왔기 때문이다. 특히 우리가 어린 시절 부터 학교에서 받아온 교육은 전적으로 객관적인 사실을 발견하는 데 중심을 두었지, 주관적인 감정을 발견하는 것에는 소홀했던 것이다. 그래서 우리는 교육받아왔던 방식대로 감정보다는 사실을 듣고자 하는 경향이 있다.

이와 같이 우리는 누군가와 대화를 할 때 무의식중에 교육받아왔던 대로 지식만으로 해결하고자 하며 감정에 대해서는 소홀히 여기곤 한다. 그러나 실제로 사실과 감정은 그렇게 쉽게 분리되는 것이 아니다. 대화에서 감정을 무시한다면 사실 그 자체를 전달하는 데 어려움을 겪게 된다.

만약 두 사람의 대화에서 서로 사실만을 가지고 이야기한다면 답답해질 것이다. 즉 "이 점에 대해서는 내가 옳아!", "미안하지만 넌 틀렸어!", "그것도 몰라!" 등과 같은 말을 들었을 때 감정이 아니라 사실 그 자체를 받아들인다면 갈등의 소지가 된다. 사실 중심의 대화를 하다 보면 서로 상처를 입고 갈등을 겪게 된다. 이러한 커뮤니케이션 방식 때문에 사소한 일에도 갈등과 문제가 발생하는 것이다. 예를 들어 초등학교 때부터 친구 사이인 두 사람이 동창회에 참석하는 문제로 대화를 하고 있는 장면을 보자.

창수 "이번에도 모임에 참석하지 않는다면 두 번 다시 너를 만나지 않을 거야!"

재호 "가기 싫어! 네 마음대로 해봐!"

이들의 대화를 내적으로 살펴보면 중요한 것은, 사소한 문제를 두고 서로 힘을 겨루는 행동이 아니다. 정말 중요한 것은 그 행동이 상대방에게 미치고 있는 감정적인 영향이다. 이 동창들의 대화 이면에는 서로에게 중요한 존재가 되고 싶다는 메시지가 있다. 따라서 효과적인 커뮤니케이션을 하기 위해서는 사실 이면에 있는, 상대방이 전하고자 하는 메시지를 들을 수 있어야 한다. 대부분의 대화는 사실 그 자체에 대해 이야기하고 있는 것이 아니라 관계에 대해 이야기하고 있다. 그러므로 서로에게 도움이 되는 커뮤니케이션은 먼저 상대방의 감정을 수용하고, 수용한 감정을 서로 나눌 때 일어난다. 따라서 우리는 상대방이 전하고자 하는 깊은 메시지인 감정을 들으려고 해야 한다.

경청, 감동을 나누고 싶은 초대

경청은 진심으로 관심을 보여줄 때 일어난다. 경청은 모든 인간관계에서 근본적이고 중요한 부분이다. 그러나 우리나라 사람은 경청하는 것이 서투르다. 그 이유는 첫째, 경청이 무엇인지 모르기 때문이다. 경청은 강의도 아니고 훈계나 가르침도 아니다. 또한 발표하는 것도 평가하는 것도 아니다. 경청하기를 원한다면 마음속에서 훈계, 가르침, 평가하는 것들을 버려야 할 것이다. 이러한 것들은 다른 사람의 말을 경청하는 데 방해 요소가 된다.

두 번째 이유는, 경청은 타고난 것이 아니라 습득해야 할 기술이기 때문이다. 우리는 사람과 관계를 맺는 능력은 타고난 것이라고 생각하기 쉽다. 그러나 다른 능력도 배워야 하는 것처럼 사람들과 관계를 맺는 능력도 배워야 한다. 다음은 어느 교수님의 일화로 서로 다른 이야기를 하는 예를 잘 보여주고 있다.

비가 많이 오던 날 교수님이 택시를 타고 가던 중에 중년의 여인과 합승을 하게 되었다. 택시 기사가 "요즈음 대구에 아파트가 참 많이 들어서는 것 같아요. 미분양 아파트가 이렇게 많은데 말입니다"라고 말하였다. 그런데 그 중년 여인은 "비가 참 많이 오네요. 이렇게 비가 많이 오는 건 오랜만인 것 같아요"라고 대꾸했다. 중년의 여인은 남의 말은 귀 담아 듣지 않고 흘려버렸다.

사람의 마음을 감동시키기 위한 포인트는 먼지 상대방의 말을 잘 듣는 것이다. 상대에게 자기주장을 하고 설득하려 들기 이전에, 상대의 말에 열심히 귀를 기울임으로써 상대가 말하고자 하는 전부를 말할 수 있도록 하는 것이 일을 빨리 마무리 지을 수 있는 지름길이다. 자신의 삶에서 중요한 사람이 내 말을 경청해준다는 것을 아는 것은 대단히 중요하다. 상대방의 말에 동의는 하지 않더라도 내가 귀 기울이고 있다는 것을 상대방이 느낄 필요가 있다. 그렇지 않으면 대화하려는 우리의 모든 노력은 실패했다고 생각하기 쉽다. 상대방이 내 말을 귀

담아 듣지 않는다고 느끼면 마음속에서 좌절, 분노, 실망이 우러나온다. 다른 사람들이 우리의 말을 전혀 듣지 않으려 한다면 우리는 말하는 것을 포기할 것이다. 그러므로 다른 사람이 말을 할 때는 일단 먼저 귀담아 들어줄 필요가 있다.

데일 카네기도 이와 비슷한 이야기를 그의 저서 『사람을 움직이는 기술』(2009, 도서출판문장)을 통해 다른 측면에서 포착해 말한 바 있다. "상대가 뭔가 말하고자 하는 것이 아직 남아 있는 한, 이쪽이 무슨 말을 해도 소용이 없다"라고 하였다. 상대방이 말하고 싶어하는 것을 빠짐없이 쏟아 내도록 함으로써 더 이상 할 말이 남아 있지 않은 상태가 되지 않는 한, 상대방은 그 어떤 설득에도 반응하지 않는다는 의미이다.

경청은 유익을 준다

먼저 이야기를 잘 들어줄 때, 상대방은 자기 자신을 드러내게 된다. 이야기하고 있는 사람은 자기 자신을 드러내면서 다음과 같은 두 가지 심리 효과를 얻는다. 자기 자신에 대한 통찰을 통해 생각이나 문제점을 분명하게 하고, 자신의 모든 것을 다른 사람에게 이야기함으로써 기분이 좋아진다.

토머스 고든(Thomas Gordon)은 경청의 유익에 대해 다음과 같이 말하고 있

토머스 고든

다. "경청은 감정을 정화한다. 경청은 상대로 하여금 자신의 감정을 정확하게 지적해내도록 돕는다. 사람은 자신의 감정을 표현하고 난 후 마술처럼 그 감정이 거의 사라져버린 것 같아 보일 때가 종종 있다."

이와 같이 경청의 유익을 다음과 같이 정리할 수 있다. 첫째, 경청은 감정을 정화(catharsis)한다. 카타르시스는 억압된 감정을 언어로 표현함으로써, 그 감정을 방출하고 마음의 안정을 되찾는 일이다. 상대방이 억압된 감정을 말하면서 방출할 때, 누군가 그 이야기를 들어주어야 한다. 그러므로 경청은 감정을 정화하게 하는 에너지이다.

둘째, 경청은 부정적인 감정을 두려워하지 않게 한다. 사람은 말을 하면서 '감정은 나쁜 것이 아니라 도움이 되는 것'이라는 사실을 스스로 깨닫게 된다. 우리가 상대방의 감정을 적극적으로 수용하고 있음을 보여줄 때 상대방도 자신의 감정을 수용하게 된다.

셋째, 경청은 상대방과 편안한 관계를 맺게 한다. 상대방이 나의 말을 듣고 이를 이해하고 있다는 경험은 기쁨과 만족을 주기 때문에 말을 하는 사람이 말을 듣는 사람에게 온정을 느끼는 것은 당연하다. 어떤 사람이 상대방에게 정확한 공감을 하면서 경청하는 경우, 그는 상대방을 이해하고 세상을 바라보는 그 사람의 방식을 헤아리게 된다.

넷째, 경청은 문제를 스스로 해결할 수 있도록 도와준다. 사람은 문제에 대해 단순히 생각해보는 데 그치는 것이 아니라 문제를 거리낌 없이 이야기할 수 있을 때 해결의 실마리를 찾을 수 있다. 적극적 경청은 대화를 촉진하는 아주 효과적인 방법이기 때문에 이는 스스로 문제를 해결하도록 돕는다. 경청은 상대방이 우리의 생각과 사고를 쉽게 이해하고 받아들일 수 있도록 해준다.

누군가 자신의 생각과 의견에 귀 기울여 들어줄 때, 자신도 그의 말을 경청하기가 훨씬 쉽다는 것을 경험하게 된다. 누군가 먼저 상대방의 말을 끝까지 듣는다면 상대방도 그 메시지를 받아들이기 위해 자신을 좀 더 개방할 것이다.

이와 같이 사람은 누구나 친절하게 자신의 말을 들어주는 사람이 있으면 이야기하는 것만으로도 자신의 본질에 대해 이해를 높이고 불만이나 고민도 상당 부분 해결하게 된다.

커뮤니케이션을 잘하는 사람은 상대방이 전하고자 하는 의도를 들으려고 노력한다는 공통적인 특징이 있다. 겉으로만 듣기를 잘하는 것이 아니라 상대방의 진정한 마음과 만나기 위해 노력함으로써 상대를 감동시킨다. 진정한 마음으로 잘 들어주는 것만으로도 상대방은 감동할 수 있다.

경청은 기쁨을 누리게 한다

커뮤니케이션은 매우 힘든 일이지만 이것을 통해 우리는 많은 기쁨을 누릴 수 있다. 다른 사람의 말을 들을 수 있는 것이 왜 기쁜 일인지 그 이유를 안다면 커뮤니케이션 기술을 습득하는 데 더욱 기꺼이 참여하게 될 것이다.

첫 번째 기쁨은 상대방의 말을 참으로 들을 수 있다면 그와 함께할 수 있는 길을 발견한다는 것이다. 사람은 누군가와 함께하기를 원하며 자신의 생각과 감정을 누군가와 공유하고 싶어 한다. 이렇게 누군가와 함께 삶을 나눌 수 있다면 우리의 생활은 더욱 풍부해지게 된다. 다른 사람의 말을 잘 들을 수 있다면 그 사람에 대해 알고 이해하게 되며, 보다 효과적인 관계를 맺는 방법을 깨닫게 될 것이다. 그러므로 내 생활이 풍부해지기를 원한다면 다른 사람의 말을 참으로 듣도록 노력하라. 이것이 행복의 비결이다.

두 번째 기쁨은 상대방의 말을 참으로 들을 수 있다면 상대방은 기억에 남는 기쁨을 누릴 수 있다는 것이다. 어떤 어려운 문제에 부딪혔을 때 그것을 풀기 위해 노력하고 고민해보지만 잘 해결되지 않을 때가 있다. 우리는 때로 자신의 무가치함을 깨닫고 절망에 빠지기도 한다. 무능력, 무기력을 한탄하고 아픔을 느낀다.

나는 오래전 아픔과 절망을 겪었다. 나는 이 괴로움을 누군가에게 이야기하고 싶었지만 내 말을 들어줄 사람이 없었다. 그런데 어느 날 나의 말을 들어줄 사람을 만났다. 나는 그동안 마음에 응어리져 있던 모든 것을 쏟아놓기 시작하였다. 그분은 그냥 가만히 나의 이야기에 집중하고 있었다. 그분이 취한 행동은 아무것도 없었다. 단지 나의 말에 귀 기울였을 뿐이다. 내가 이야기하는 거의 한 시간 반 동안 그분은 나를 가만히 바라보면서 경청하고 있었다. 나는 속이 후련해졌다. 답답했던 마음이 뚫리는 느낌이었다.

바로 그날 나는 내 자신보다 나의 생각을 좀 더 깊이 들여다볼 줄을 아는 사람을 만났던 것이다. 그것은 나의 생애에 영원토록 기억할 희열이요, 기쁨이었다. 나는 아직도 그분을 만난 그 순간을 생각하면 행복하다. 그분은 나를 판단하거나, 진단하거나, 평가하려 하지 않고 나의 말을 있는 그대로 들어주었다. 나는 그때 편안함을 느꼈다. 그 일을 통해 나는 내 문제를 새로운 각도에서 볼 수 있게 되었고, 막막했던 문제를 해결할 수 있는 길을 찾게 되었다. 나는 이러한 경험을 통해 사람의 말에 귀 기울여 들어준다는 것이 참으로 소중한 일이요, 고마운 일임을 깨달았다.

그분은 나의 영원한 스승 고(故) 이형득 교수이다. 나는 그분을 통해 상담자의 마음가짐과 길을 배웠다. 나는 그때 그분을 통해 진정 상담의 도를 배웠다. 그리고 상담은 이론과 기술이 아니라 예술임을 깨우치게 되었다. 이러한 배움과 깨우침이 상담자의 길을 걷고 있는 나의 네비게이션이 되고 있다.

경청, 듣기 태도 점검

상대방이 말하는 것을 귀담아 듣는 법과 그에 합당한 반응을 보임으로써 잘 듣고 있다는 것을 보여주는 기술을 배우는 것은 도움이 된다. 대화를 할 때 꼭 이야기하고 싶은 주제가 있을 것이다. 그러나 기다려야 한다. 먼저 잘 들어주어야 한다. 그 사람에게 내가 귀 기울여 듣고 있다는 것을 보여주어야 한다. 그러면 우리는 상대방이 만족하고 있다는 것을 알게 될 것이다. 상대방은 우리가 자기 자신을 이해하려고 노력한다는 것을 알게 되고, 자신이 우리를 이해시키고 있음을 느끼면서 기뻐할 것이다. 그러면 상대방도 우리의 말을 귀담아 듣게 된다.

태도는 사람의 마음가짐도 함께 드러낸다고 생각한다. 대화할 때 별로 중요하게 생각하지 않지만 실제로 매우 중요한 동작 또한 이러한 태도에 속한다. 더불어 사람의 마음을 읽으려고 하는 태도는 매우 중요하다. 대화를 할 때 태도는 상대방에 대한 마음가짐을 표현할 수 있는 큰 수단이 된다.

〈듣기 태도 점검표〉 도표를 통해 자신의 듣기 태도를 점검해보라. 자신은 과

▶ 듣기 태도 점검표

나쁜 듣기 태도	체크	좋은 듣기 태도	체크
흥미 없는 주제라고 생각한다.		뭔가 도움이 될 만한 것을 찾으려고 노력한다.	
말하는 사람의 말솜씨, 외모 등 주변적인 것에 신경을 쓴다.		말하는 사람의 용모보다 내용에 더 신경을 쓴다.	
미리 넘겨짚고서 반박할 궁리를 한다.		말하는 사람을 판단하기에 앞서 일단 끝까지 경청한다.	
사실에만 귀를 기울인다.		중심 생각, 원리, 개념에 귀를 기울인다.	
들은 내용 모두를 개관하려고 한다.		2, 3분 간격으로 간단한 메모를 한다.	
가짜로 듣는 척한다.		듣는 동안 긴장을 풀지 않는다.	
주위의 주의산만 요인을 방치한다.		소음을 통제한다.	
어려운 내용을 듣지 않는다.		어려운 내용을 듣기 위해 노력한다.	
사소한 표현에 영향을 받는다.		자신이 어떤 표현에 긴장을 하는지 알고 영향을 받지 않으려고 노력한다.	
사실적인 정보만 듣는다.		다음 이야기를 예측하고, 대조하고, 요약하고, 비판하면서 듣는다.	

연 어떤 방식으로 다른 사람의 말을 듣고 있는지, 문제점은 무엇인지에 대해 진지하게 검토해보라.

청(聽), 경청의 비법

고 이건희 삼성그룹 회장은 보통 열 마디를 듣고 한 마디를 말한다. 그래서 그를 '듣기형' 리더라고 한다. 탱크처럼 지시하고 밀어붙이는 '말하기형' 리더들과 대조적이다. 듣기에 몰입하는 것은 성격 탓도 있겠지만 부친 고(故) 이병철 회장의 가르침이 영향을 미쳤다.

1979년 이건희 회장은 그룹 부회장으로 승진하여 본격적으로 경영 수업을 받게 되었다. 첫 출근을 하던 날 이병철 회장은 아들을 자신의 방으로 불러들여 직접 붓을 들어 '경청(傾聽)'이라는 휘호를 해주었다. 이와 같이 우리가 남의 말을 잘 듣는 것이야 말로 금이나 옥처럼 귀중히 여겨 꼭 지켜야 할 법칙임을 강조한 것이다.

경험은 듣기이다. 우리말에는 '듣다'라는 단어의 의미가 명확하게 구분이 되지 않는다. 그러나 영어에서는 '듣다'를 hear와 listen 두 단어로 구별해서 쓴다. hear와 listen은 기능적인 면에서뿐만 아니라 실적으로도 차이가 있다. hcar의 뜻은 '듣다', '들리다'로, 단지 귀에 들려오는 모든 소리를 듣는 것을 의미한다. 이에 비해 listen의 뜻은 '듣다', '경청하다'로, 듣는 사람이 의식적인 의지를 가지고 화사의 말을 잘 들으려고 노력하면서 듣는 것이다. 즉 듣는 사람이 말하는 사람의 뜻을 헤아리고 그와 감정을 공유하려고 의지적으로 노력하면서 듣는 행동을 의미한다.

한자에서 '듣다'라는 뜻을 가진 단어는 들을 문(聞)과 들을 청(聽)이 있다. 문

(聞)의 의미는 영어의 hear와 같이 '들려오는 소리를 듣는 것'이고, 청(聽)은 영어의 listen과 같이 '주의를 기울여 듣는 것'이다. 그러므로 커뮤니케이션에서 듣는다는 것은 영어의 listen과 한자의 청(聽)을 의미한다.

청(聽)이라는 단어에는 대화를 할 때 어떻게 들어야 할 것인가에 대한 비법이 모두 들어 있다고 해도 과언이 아니다.

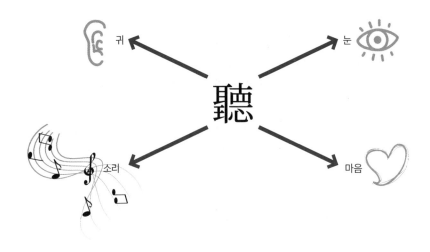

귀는 소리를 듣는다

청(聽)이라는 한자를 보면, 대화를 할 때 우리는 신체 중 가장 먼저 귀를 사용해야 한다. 그러면 이 귀는 어떤 기능을 가지고 있는가? '耳'는 귀를 나타내는 '이(耳)'와 소리를 나타내는 '壬'자는 구슬 옥 소리 변이다.

오래전 중국에서 사용했던 사전을 살펴보면 '壬'자는 소리를 나타내는 음절이다. 따라서 귀의 기능은 소리를 듣는 것이다. 나는 지금 경주 양남 바다가 내려다보이는 곳에서 이 책을 쓰고 있다. 책을 쓰는 동안 나의 귀에는 많은 소리들이 들려온다. 파도 소리, 자동차 지나가는 소리, 냉장고 소리…. 이 글을 쓰고 있는 동안 이런 소리들이 내 귀에는 분명히 들려왔겠지만 나는 듣지 못하였다. 왜냐하면 그것은 내 귀에 들린 소리일 뿐 아무런 의미가 없기 때문이다. 지금도 파도 소리는 계속 들려오지만 그것은 나에게 아무런 의미를 부여하지 않는다. 왜냐하면 내가 파도 소리에 집중을 하지 않았기 때문이다. 사이토 미츠코(齊藤美津子)의 『듣기 이론』(1999, 도서출판박이정)에 귀 기울여 듣는 것에 대한 이야기가 있어 소개를 한다.

얼마 전에 긴자(銀座)에서 뜻밖에 영국인 친구와 만났다. 오랜만에 만났기 때문에 그녀는 네 살짜리 어린아이를 데리고 온 것을 완전히 잊은 듯이 이야기에 정신이 팔리고 말았다. 그러니까 아이가 엄마에게 무어라고 큰 소리를 지르며, 엄마의 스커트 자락을 잡아당기는 것이었다. 그때 그녀가 "I hear you, but I am listening to Miss Saito"라고 타이르듯이 말하니까, 그 아이는 우리 이야기가 끝나 작별 인사를 할 때까지 점잖게 행인들을 바라 보고 있었다.

이 이야기에서 아이가 부르는 소리는 어머니에게 그냥 귓가에 맴도는 소리에 불과하였다. 우리 귀에 들려오는 소리라고 해서 그것이 모두 의미를 갖는 것은 아니다. 대화를 할 때 상대방의 말이 귀에 들린다고 해서 그것을 '소통하고 있다'라고 말할 수는 없다. 어떨 때는 상대방의 말이 그냥 소리에 지나지 않을 수도 있다. 그러므로 대화를 할 때 상대방의 말이 그냥 하나의 소리에 지나지 않느냐 아니면 의미가 담겨 있느냐 하는 것은 말하는 이보다 듣는 이의 자세에 의해 좌우된다.

눈은 상대에게 집중한다

우리는 대화를 할 때 귀만 사용해서는 안 된다. 귀는 단지 소리를 들을 뿐이다. 대화를 잘하기 위해서는 '聽'의 '岀'에 관심을 기울여야 한다. 이 단어의 상형문자는 '⌐⊞'로, 이 글자는 전쟁을 할 때 군인들이 착용하였던 투구에서 유래되었다.

　그 당시 군인들은 전쟁을 할 때 투구 앞에 가느다란 막대기 같은 것을 설치하였다. 그 막대기 끝에는 세로로 추를 달아 놓았는데, 가늠쇠 역할을 하는 이것을 바라보면서 활을 쏘았다고 한다. 활을 쏘는 군인은 적에게 집중해 쏘아야 한다. 활을 쏘는 군인은 잡념이 없어야 한다. 그 찰나에 자기는 없어지고 적군을 향해 집중하여 적군의 움직임을 따라가면서 활을 쏘아야 한다. 이와 같이 대화를 할 때 우리의 눈은 상대방 쪽을 향해 집중해야 한다. 우리의 눈이 상대방을 향해 있을 때 상대의 비언어적 커뮤니케이션을 보고, 그 사람의 감정을 파악할 수 있다.

마음으로 듣는다

우리는 대화를 할 때 일심(一心) 곧 전심으로 들어야 한다. 대화는 귀와 눈으로만 이루어지는 것이 아니다. 대화를 할 때 상대를 향한 사랑과 이해심이 없으면 아무리 귀와 눈을 활용한다 하더라도 그것은 하나의 기능에 불과할 뿐이다. 그러나 커뮤니케이션은 기능일 수 없다. 왜냐하면 커뮤니케이션은 관계를 지향하고 그 관계를 통해 서로의 생각과 감정 그리고 마음을 공유하는 것이다. 서로를 살리고, 변화시키고, 서로에게 영향력이 있는 관계가 되기 위해서는 귀, 눈과 함께 상대를 사랑하는 마음과 태도를 지녀야 한다. 결국 커뮤니케이션은 상대방을 향한 이해와 사랑이 핵심이다. 그러므로 귀로는 소리를 듣고, 눈은 상대를 향하여 집중하고, 사랑과 인정의 마음으로 다가갈 때 그 사람에게 영향력이 있는 존재가 될 수 있다. 결국 커뮤니케이션에서 듣는 사람의 자세를 한마디로 요약한다면 상대방의 말을 심안(心眼), 즉 마음의 눈으로 들어야 한다는 것이다.

경청의 공식

다른 사람의 말을 잘 들으려면 자신이 말하는 것보다 더 큰 에너지가 필요하다. 그러기 위해서는 특별한 기술을 필요로 한다. 사카가와 사키오(坂川 山輝夫)는 다른 사람의 이야기를 듣는 과정을 다음과 같이 3단계로 구분하였다. "1단계, 귀로 듣는다. 2단계, 태도·표정·눈으로 듣는다. 3단계, 어조·입으로 듣는다. 단지 상대방의 이해를 전제로 하는 대화라면 1, 2단계로 충분할 것이다. 그러나 보다 효과적인 커뮤니케이션을 위해서는 3단계의 방법, 즉 질문을 하고 반응을 보이면서 적극적으로 상대방의 마음에 파고들어야만 한다."

나는 사카가와 사키오의 듣는 과정을 다르게 해석하며 접근해본다. 앞서 논의했던 '듣다'의 의미인 '청(聽)'을 기초로 이 단계를 다음과 같이 4단계로 새롭게 구성하였다.

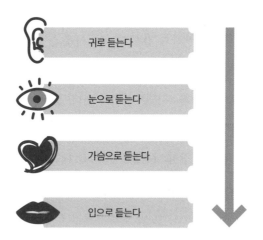

1단계: 귀로 듣는다

| 귀는 | ➡ | 언어적 커뮤니케이션을 듣고 | ➡ | 내용을 파악한다 |

경청의 첫 단계에는 귀로 듣는다. 귀로는 상대방의 언어적 메시지를 듣는 것이다. 참된 의미의 경청은 귀로 상대방의 음성을 듣는 단계에서부터 시작된다. 대화를 하려면 우선 듣는 사람이 말하는 사람의 소리를 통해 전달되는 내용에 귀를 기울여 들어야 한다. 이 단계는 귀를 통해 소리를 듣고, 그 소리를 통해 정보가 들어오게 되는 단계이다.

귀로 듣는다는 것은 귀로 소리를 듣는 것을 의미한다. 즉 귀로는 상대방에게서 흘러나오는 소리를 듣고, 상대방이 전달하고자 하는 내용을 파악하는 것이다.

2단계: 눈으로 듣는다

| 눈은 | ➡ | 비언어적 커뮤니케이션을 듣고 | ➡ | 감정을 파악한다 |

사람은 대화를 할 때 상대방이 전달하고자 하는 메시지를 충분히 귀로 들을 수 있다고 생각한다. 그러나 사실 이것은 오해이다. 왜냐하면 소리를 통해 전달되는 메시지는 고작 10~20%밖에 되지 않기 때문이다. 따라서 경청의 두 번째 단계는 상대방의 몸짓 언어, 곧 비언어적 커뮤니케이션을 듣는 것이다. 상대방의 몸짓 언어를 통해 전달되는 메시지는 눈으로 들어야 한다. 그러므로 경청할 때는 눈을 통해서 비언어적 커뮤니케이션을 듣는 것이 중요하다. 효과적인 대화는 말하는 사람에게 주의를 기울이고 관찰함으로써 당황해하는지, 화가 났는

지, 우울하고 슬픔에 잠겨 있는지 등 그 사람의 감정을 얼굴 표정이나 제스처를 통해서 파악해야 한다.

가장 효과적인 커뮤니케이션은 '눈으로 이야기를 듣는' 습관을 들이는 일이다. 말하는 이로부터 시선을 떨어뜨리지 말고, 귀뿐만이 아니라 눈이 협력을 하면 경청의 효과가 커지고 집중하는 데도 도움이 된다. 이로써 바로 관음(觀音)이 된다. 그러므로 우리는 상대방의 비언어적 커뮤니케이션을 통해 그 사람의 감정을 보는 사람이 되어야 한다. 우리는 그 사람의 몸짓 언어를 통해 감정을 보는 사람이 될 수 있다.

3단계: 가슴으로 듣는다

경청의 세 번째 단계는 상대방의 마음의 소리를 보는 것이다. 경청을 할 때 마음의 소리를 보기 위해서는 마음을 활용해야 한다. 가슴으로 듣는 것은 상대방이 처한 입장, 느끼는 감정 그리고 미묘한 심리적 움직임까지도 고려하는 것이다. 즉 말하는 사람이 전하고자 하는 마음과 의도를 바라보는 것이다. 가장 완벽한 경청은 소리를 듣는 것이 아니라 보는 것이다. 듣는 사람은 말하는 사람의 표면적인 소리 이면에 있는 생각, 감정, 마음 그리고 그 소리를 움직이는 심리적인 것까지 보아야 한다.

어떤 사람을 있는 그대로의 자신이 될 수 있도록 해주는 조건 중의 하나가 경청이다. 앞에서 말했듯이 경청은 그냥 소리를 듣는 것이 아니라 소리를 보는 것이다. 상대방의 말을 통해 그 사람의 마음과 의도를 볼 수 있을 때 비로소 참 경청을 한 것이다. 우리가 참된 경청을 하였을 때 상대방은 존중받고 있다는 느낌을 받게 된다. 그 사람은 이러한 경험을 통해 자기 자신을 발견하게 되고, 마음의 문을 열고 신뢰감을 형성하게 된다.

특히 한창 반항을 하는 10대 자녀를 둔 부모들은 자녀의 말을 마음으로 보지 않으면 자녀의 태도 및 행동의 변화를 기대하기가 어렵다. 자녀의 힘을 북돋아 주는 부모가 되기를 원한다면 자녀의 말을 들어야 한다. 더 나아가 마음으로 마음의 소리를 보는 부모가 되어야 한다.

4단계: 입으로 듣는다

경청의 마지막 단계는 '입으로 듣는 것'이다. 입으로 듣는다는 말은 논리적으로 맞지 않는 것 같다. '입은 말을 하는 것이지, 어떻게 입으로 듣는단 말인가?'라고 의문을 가질 수 있다. 나도 이 문장을 처음 대하였을 때 많은 의문을 가졌다.

그러나 가만히 생각해보았다. 대화를 할 때는 오감각을 모두 동원해야 한다. 여기서 입으로 듣는다는 것은 전적으로 듣는 사람의 입장에 서 있다는 것을 의미한다. 대화에서 상대방의 이야기를 듣고, 자신이 본 상대방의 마음을 말로써 표현해줄 수 있는 수준까지 듣는 것을 의미한다. 즉 입으로 듣는다는 것은 대화를 할 때 상대방이 전하고자 하는 내용, 감정, 의도를 파악하여 자신이 이해한 것이 맞는지 상대방에게 확인하는 것이다. 예를 들어 직장에서 팀장의 상사의 지시를 받았을 때, "팀장님 말씀은 제가 이렇게 하라는 뜻인 것 같은데 제가 이해한 것이 맞습니까?"라고 요약하여 확인하면, 팀장은 자기가 말한 지시가 맞는지를 생각하게 된다. 이 같은 수준으로 대화를 하면 불확실한 내용을 서로가 확실히 할 수 있을 뿐만 아니라 관계의 질을 효과적으로 높일 수 있다.

2~3분 간격으로 자신이 이해한 메시지를 자기 말로 조용히 재구성해보는 것은 일단 자신의 뇌세포를 한 번 거치기 때문에 메시지를 제대로 이해했는가의 여부를 가늠하게 해주는 훌륭한 지표가 된다. 만약 상대방이 전달한 메시지를 자기 말로 바꾸어서 요약하지 못한다면 메시지를 제대로 이해하지 못했다는 뜻이다.

이 단계는 앞의 3단계를 지나지 않으면 도저히 이르지 못할 경지이다. 우리나라 속담에 "열 길 물속은 알아도 한 길 사람 속은 모른다"라는 말이 있다. 우리는 하루 생활의 80% 이상을 대화에 할애하면서 살고 있다. 그러므로 아름다운 삶을 위해 좀 더 효과적인 대화를 하려면 자신의 경청 단계를 분석해보고, 어떻게 하면 좀 더 높은 단계로 발전시킬 수 있을지 생각해보아야 한다.

경청의 훈련과 연습

경청은 상대방의 감정에 리듬을 맞춰나가는 것이다. 경청하는 사람은 상대방의 소리를 보는 사람이다. 남편과 아내 간에 이루어지는 대화를 통해 실습을 해보자. 각각의 예문에서 아내는 남편의 말을 듣고 의도를 파악했다.

1단계: 내용을 반복한다

이 단계는 단지 상대방이 한 이야기의 내용을 그대로 다시 반복하는 것이다. 내용을 흉내 내는 것은 쉽다. 효과적인 면에서는 가장 약하지만 경청의 가장 기초적인 단계이다. 이 단계에서는 상대방의 이야기를 들으면서 판단하거나, 충고하거나, 해석하지 않고 그냥 귀로 들은 내용을 있는 그대로 다시 반복해본다.

> **남편** (지친 얼굴로 퇴근하여 집에 들어오면서) "여보! 난 미래에 대한 불확실성 때문에 스트레스가 너무 심해. 그래서 요즈음 회사 생활이 힘들고 따분해."
>
> **아내** (미래에 대한 불확실성 때문에 스트레스를 받고, 그래서 회사 생활이 힘든 모양이구나.)

➡ 앵무새처럼 상대방이 한 말을 그대로 흉내 내보는 것이다. 이렇게 하면 적어도 상대방이 말하고자 하는 내용이 무엇인지 조금은 짐작할 수 있다. 그러나 상대방을 이해하기 위해서는 반드시 그 이상의 것을 해야 한다.

2단계: 내용을 재구성한다

효과적인 경청의 두 번째 단계는 상대방이 말한 내용을 재구성하는 것이다. 내용을 재구성한다는 것은 상대방이 말한 내용을 자신이 소화해보는 것이다. 소가 되새김질을 하듯이 상대방이 말한 내용을 다시 나의 언어로 이해하는 것인데, 이때 주로 이성적이고 논리적인 사고를 이용하여 상대방이 말하고 있는 내용을 생각해본다.

> **남편** (지친 얼굴로 퇴근하여 집에 들어오면서) "여보! 난 미래에 대한 불확실성 때문에 스트레스가 너무 심해. 그래서 요즈음 회사 생활이 힘들고 따분해."
>
> **아내** (더 이상 회사에 가고 싶지 않은 모양이구나.)

➡ 이번에는 남편이 하는 말을 앵무새처럼 되뇌이는 것이 아니라 말의 의미를 자신의 말로 바꾸어 짐작하여 이해하려고 하였다. 그러나 진정한 귀 기울임은 이것으로 부족하다. 진정한 귀 기울임은 상대방의 감정에 리듬을 맞추어나가는 것이다. 우리는 다음 단계로 발전해가야 한다.

3단계: 감정을 짐작한다

이 단계에서는 논리와 사고가 아니라 오른쪽 뇌를 작동시켜 감정을 보아야 한다. 상대방이 말하지 않은 감정을 짐작하고, 집중하며 따라가야 한다.

> **남편** (지친 얼굴로 퇴근하여 집에 들어오면서) "여보! 난 미래에 대한 불확실성 때문에 스트레스가 너무 심해. 그래서 요즈음 회사 생활이 힘들고 따분해."
>
> **아내** (정말 우울하고 불안하다고 느끼는 것 같구나.)

➡ 이때 아내는 남편이 느끼는 것에 대해 주의를 기울이고 있다. 그러나 남편이 말하고자 하는 내용에 대해서는 많은 주의를 기울이지 않고 있다.

4단계: 내용을 재구성하고 감정을 짐작한다

4단계는 2단계와 3단계를 모두 포함한 것으로 진정한 경청의 단계이다. 이 단계는 상대방의 경험과 행동에 관련된 핵심 감정과 느낌에 귀 기울이는 것이다.

> **남편** (지친 얼굴로 퇴근하여 집에 들어오면서) "여보! 난 미래에 대한 불확실성 때문에 스트레스가 너무 심해. 그래서 요즈음 회사 생활이 힘들고 따분해."
>
> **아내** (정말로 장래 문제 때문에 우울하고 불안해하는 것 같구나.)

➡ 이 경우 장래 문제는 내용을 재구성한 것이고 우울과 불안은 감정이다. 아내는 남편이 말하고자 하는 메시지인 내용과 감정 모두를 이해하기 위해 노력하고 있다.

경청은 상대방이 전달하고자 하는 메시지의 내용과 감정을 함께 보는 것이다. 상대방이 전달하고자 하는 메시지의 내용을 재구성하고 그의 감정을 읽고자 의식적으로 노력하는 것이 효과적인 경청이다. 다음에 나오는 괄호는 상대방의 메시지를 듣고 짐작한 내용이다. 앞의 4단계를 기초로 마지막 4단계 수준에 맞게 경청을 연습해보자.

아내	"당신은 언제든지 자신이 원하는 건 무엇이든지 할 수 있었어요!"
남편	(나에게 화가 나 있구나.)

아내	"여보! 12시나 됐는데 아직 미연이가 집에 안 왔어요."
남편	(아내는 딸이 늦는 것에 대해 걱정을 하고 있구나.)

친구 A	"오늘 또 하루를 망쳐버렸어!"
친구 B	(일이 잘되지 않아 짜증이 난 모양이구나.)

친구 C	"정말 그 사람은 엉망이야! 어떻게 그럴 수가 있니?"
친구 D	(그 사람에게 화가 나 있고, 실망감을 느끼고 있구나.)

딸	"엄마, 동생은 자기가 원하는 것은 무엇이든지 가지려고 해요!"
엄마	(공평하게 대접받지 못해 억울하다고 느끼는 것 같구나.)

<실습 문제>

다음 시나리오를 읽고 상대의 메시지를 경청하여 실습해보세요.

실습 01

아내	"여기는 집이에요. 회사가 아니라고요."
남편	_____

실습 02

대리	"이 일을 오늘 내로 다 해야 합니까?"
팀장	_____

실습 03

학생	(바닥을 바라보며) "그거요… 그냥… 어떻게 해야 할지 잘 모르겠어요."
선생	_____

실습 04

대리   "팀장님, 드릴 말씀이 있는데 시간을 내주시겠습니까?"

팀장   _____

실습 05

대리   "팀장님, 연구팀에 온 지 4년이나 되었는데, 매일 같은 일만 반복해서 그런지 몰라도 요즘은 좀 답답합니다."

팀장   _____

실습 06

대리   "요즘 힘들고 어려운 일들은 저한테만 맡기고 모든 잘못을 제 탓으로 돌립니다."

팀장   _____

실습 07

친구   "밤 11시가 되었는데 아직 그이가 안 왔어…."

친구   _____

실습 08

친구   "그 사람은 정말 엉망이야."

친구   _____

실습문제 모범답안

실습 01   (집에서는 가족들과 함께하기를 원한다는 말이구나.)
실습 02   (일을 오늘까지 다 하기에는 무리라고 생각하는구나.)
실습 03   (무슨 말을 어떻게 해야 할지 몰라 막막한 것 같구나.)
실습 04   (나에게 무언가 하고 싶은 말이 있나 보구나.)
실습 05   (같은 일을 계속적으로 하다 보니 흥미가 없고 답답한가 보구나.)
실습 06   (현재 자신이 하고 있는 일에 대한 책임이 과중한가 보구나.)
실습 07   (남편이 늦는 것에 대해 걱정하고 있구나.)
실습 08   (그 사람에게 화가 나 있구나.)

① 커뮤니케이션의 경로

관심(關心) ⟶ 경청(傾聽) ⟶ 관음(觀音) ⟶ 관심(觀心)

② 경청하는 다섯 가지 태도

- 귀담아 듣는다
- 도중에 차단하지 않는다
- 판단하지 않는다
- 반응을 보이면서 듣는다
- 편안한 분위기를 만든다

③ 경청의 유익

- 경청은 감정을 정화한다
- 경청은 부정적 감정을 두려워하지 않게 한다
- 경청은 상대방과 편안한 관계를 맺게 한다
- 경청은 상대방이 스스로 문제를 해결할 수 있게 한다

④ 경청의 공식

1단계 귀로 듣는다 – 언어적 커뮤니케이션을 듣는다 – 내용을 파악한다
2단계 눈으로 듣는다 – 비언어적 커뮤니케이션을 듣는다 – 감정을 파악한다
3단계 가슴으로 듣는다 – 마음의 소리를 듣는다 – 의도를 파악한다
4단계 입으로 듣는다 – 재구성하면서 듣는다 – 재진술할 수 있는 수준까지 듣는다

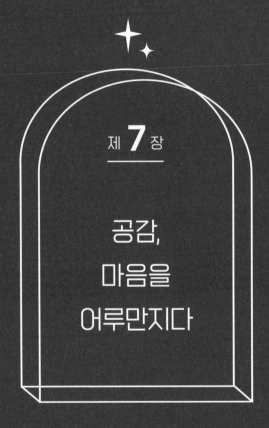

제 **7** 장

공감,
마음을
어루만지다

우리는 수많은 이야기들 속에서 살아가고 있다. 그 속에 여러 가지 생각과 정보, 감정이 오고 간다. 때로는 아픔과 슬픔, 즐거움과 기쁨, 행복과 불행 등이 오고 간다. 그렇지만 우리는 말의 내용에 익숙해져서 다른 사람들의 감정을 놓치기 십상이다.

효과적인 커뮤니케이션이란 듣는 사람이 얼마나 이야기의 물꼬를 터주느냐에 달려 있다. 나는 상담을 할 때 내담자들로부터 "왜 선생님만 만나면 제 속마음을 훤히 드러내게 될까요? 오늘은 이 이야기만큼은 하지 않으려고 했는데, 나도 모르게 해버렸네요"라는 소리를 종종 듣는다. 이처럼 말을 잘 듣는 사람은 상대방에게 자신의 이야기보따리를 풀어놓게 한다.

대화를 여는 첫장

사람은 여러 통로를 통해 자신의 감정을 표현한다. 이상한 소리를 낼 수도 있고, 신음 소리를 낼 수도 있고, 때로는 낄낄거릴 수도 있다. 어떤 때는 한숨을 지으며 흐느껴 울거나 고함을 지를 수도 있다. 또한 감정은 물건을 걸어차거나 상대

감정은 마음을 나누는 강력한 도구

의 손을 잡는 등 행동으로 표현될 수도 있다. 이렇게 자신의 상한 감정을 강하게 드러낼 때, 때로는 부정적인 결과를 초래하기도 한다. 반면에 어떤 사람은 자신의 감정을 드러내는 것이 바람직하지 않다고 생각해 감추려고 한다. 이렇게 사람은 여러 가지 방법으로 자신의 감정을 표출할 수 있다.

감정 그 자체로서는 나쁜 것이 아니라 해도 우리에게는 매우 실제적인 의문점이 남아 있다. '대인 관계 속에서 균형을 벗어난 감정들을 어떻게 다룰 수 있는가?' 하는 것이다. 유감스럽게도 우리는 감정을 다룸에 있어 분쟁이 일어나는 곳에 자주 힘을 가함으로써 틀 속에 밀어 넣기를 강조하고 있다. 예를 들면 "일을 왜 그렇게 하지?", "그런 일이 어디 있어. 그런 아이디어로 무엇을 하겠다는 거야?", "그렇게 답답해서야 어디 일을 같이 하겠어!", "사람이 왜 그래, 좀 창의성이 있어야지", "그만 됐어. 그만 하자고" 등 적어도 한두 번씩은 이런 말을 들은 적이 있을 것이다. 이런 말을 이따금씩 듣는다면 큰 영향이 없지만, 계속 반복해서 듣는다면 누구나 마음이 상하게 된다.

일반적으로 대인 관계에서 갈등이 일어나는 것은 우리가 어떤 일을 하도록 허용해주지 않아서가 아니라 어떤 존재가 되고자 하는 것을 허용해주지 않기 때문이다. 상대방으로부터 존재와 관련된 말을 들으면 마음이 상하고, 그러한 말들은 상대방의 감정을 억압하게 되는 것이다. 따라서 모든 대인 관계 문제의 근원이 존재함을 방해받는다는 사실에 기인한다면, 그 해결책은 한때 쓸모없고 매우 고통스러운 것으로 보아왔던 감정이 다시 성장할 수 있도록 조건을 제공하는 데서 찾을 수 있다.

자신으로 존재하고자 하는 욕구를 방해받으면 그 욕구는 없어지는 것이 아니라 다른 식으로 존재할 방법을 찾게 된다. 이렇게 될 때 대인 관계 안에서 갈등을 겪는 것이다. 풍선을 둥글게 만들기 위해 필요한 것은 균형을 벗어난 부분에 더 많은 압력을 가하는 것이 아니다. 오히려 압력을 가하고 있던 부분을 놓음으로써 풍선은 있는 그대로 둥글게 될 수 있다. 인간 존재도 마찬가지이다. 인간답게 성장하도록 하기 위해 필요한 것은 균형을 벗어난 부분에 압력을 가하는 것이 아니라 압력을 받고 있던 부분을 놓아주는 것이다. 이때 사람은 있는 그대로의 자신이 될 수 있다.

인간관계에서 압력을 낮춘다는 것은 다른 사람으로 하여금 자신의 어떤 감정이든지 간에 그 자체로서 나쁘지 않다는 것을 알게 하는 것이다. 상대방의 감정을 받아들이는 것은 곧 상대방의 존재를 받아들이는 것이다.

감정을 듣는 마음

대화를 할 때 듣는 사람의 수준이 있는데, 말을 들을 때 나타나는 태도와 자세에 대해서 알아보자. 우리는 다른 사람의 말을 들을 때, 보통 다음의 다섯 가지 수준 중 어느 하나로 듣는다.

첫 번째 단계는 상대방의 말을 무시하는 경우이다. 이 경우는 상대방의 말을 전혀 듣지 않는 것이다. 두 번째 단계는 다른 사람의 말을 건성으로 듣는 것이다. 단지 "응, 그래, 맞아"라고 건성으로 맞장구를 치면서 듣는 체하는 것이다. 한 귀로 듣고 한 귀로 흘리며 건성으로 반응하면 대화를 하는 상대방은 곧바로 알아차릴 뿐만 아니라 큰 상처를 받는다. 세 번째 단계는 선택적 청취이다. 대화에서 어떤 특정한 부분만을 골라서 듣는 것이다. 들려오는 소리를 있는 그대로 받아들이는 것이 아니라 자기가 듣고자 하는 것만 듣는다. 네 번째 단계는 적극적 경청이다. 적극적 경청은 상대가 하는 이야기에 주의를 기울이고 그 말에 집중하여 듣는 것이다. 다섯 번째 단계는 가장 고차원적인 경청의 형태인 공감을 하는 것이다. 공감은 적극적 경청이나 반사적 경청과는 달리 상대방의 말에 묻어 있는 감정을 중심으로 듣는 것을 의미한다.

공감은 내 신발을 벗고 상대방의 신발을 신어보는 것이다. 그러나 이것은 정말로 어렵다. 내 신발은 나에게 딱 맞고 편안한데, 그것을 포기하고 익숙하지 않은 남의 신발을 신는 것은 부담스러운 일이기 때문이다. 더군다나 상대에 대하여 기본적으로 많이 알고 있지 않다면 더욱 그렇다. 그러나 기본적으로 알고 있던 것이 오히려 나를 옭아맬 수도 있다. 그것은 내 판단의 흔적들이기 때문이다. 그렇다면 이번 기회에 상대와 진솔하게 대화하려는 마음을 가지고 접근해보는 것이 더욱 효과적이고 상대를 위하는 일이 될 수 있다.

오늘날 대학생의 최대 관심사는 취업 준비이다. 치열한 경생 속에서 감정은 더욱 메말라가고 대화는 큰 의미를 잃고 있다.

시험 치기 바로 선 쉬는 시간

영수 공부 좀 했어?

철호 (다리를 떨면서 불안한 기색으로) 아니, 하나도 못했어. 어쩌지?

영수 (거짓말! 어제 밤늦게까지 공부하는 거 다 봤다.) 아 그랬구나! 괜찮아, 기본

실력이 있잖아!

짧은 대화 속에 이미 판단과 결론이 내려졌다. 영수는 자기 신발을 신고 있으면서 상대를 이해하는 척한다. 문제는 철호도 영수가 건성으로 말한다는 것을 알고 있다는 것이다.

그렇다면 앞의 대화와 비슷한 상황에 처했을 때 어떻게 반응해야 할까? 사실대로 "어제 늦게까지 공부했잖아"라고 말하는 것이 좋을까? 그러나 이렇게 말하는 것은 상대의 마음을 전혀 헤아리지 못하는 것으로, 비효과적이다. 대신에 '상대방은 왜 그런 말을 했을까?'를 생각해보면 좀 더 쉽게 상대방의 마음을 읽을 수 있다. 상대방은 늦게 까지 공부했지만 시험에 대해서 불안해한다. 우리는 지금 그 불안한 감정을 눈으로 보았고 목소리의 톤으로 듣고 있다. 그렇다면 이제 내 신발을 벗을 차례이다. 내 판단을 내려놓고 이렇게 시작해본다. "시험 때문에 많이 불안하고 초조한가 보네."

가슴의 정, 공감

그리스의 철학자 아리스토텔레스의 『수사학』에 의하면 상대방을 설득할 때는 이성(logos), 인성(ethos), 감성(pathos), 세 가지 요소가 필요하다. 수사학은 오늘날 설득의 심리학이라고 한다.

아리스토텔레스는 『수사학』 2.1.2에서 로고스, 에토스, 파토스의 중요성에 대해

아리스토텔레스

다음과 같이 말하고 있다. "수사학은 판단하는 일과 관련된다. 사람들은 조사한 어떤 사항에 대하여 꼼꼼하게 심사하고 의논한 주제들을 판단을 내려야 하기 때문이다. 이때 필수적인 일은 세 가지이다. ① 논변 자체를 입증하고 설득력 있게 만드는 방법을 숙고하는 것이다. ② 화자 자신이 어떤 인격의 사람인지를 보여주는 일이다. ③ 청자를 특정한 감정 상태에 있도록 하는 방법을 아는 일이다."

여기서 로고스, 에토스, 파토스 개념이 정의되고 있다. 로고스는 논변 자체의 입증과 관련되어 있다. 에토스는 화자의 인격과 관련되어 있다. 파토스는 청자의 감정 상태와 관련되어 있다. 이 세 가지 모두 제대로 만족될 때 효과적인 소통과 설득이 가능할 수 있다.

이성을 의미하는 로고스는 말의 내용 자체가 가치 있어야 한다. 그러므로 로고스는 논리적인 근거나 실증적인 자료 등으로 상대방의 결정을 정당화할 수 있는 근거를 제공하는 측면이다. 커뮤니케이션에서 로고스는 화자가 청자에게 전달하는 말의 내용을 의미한다. 이것은 상대방의 행동에 대한 근거를 제공하고, 그들의 행동이 얼마나 이성적이고 논리적인가를 알게 해준다. 특히 로고스는 상대방의 행동 변화의 필요성에 대한 논리적 근거를 제공한다. 따라서 수사학은 화자 지향적이 아니라 청자 지향적이다.

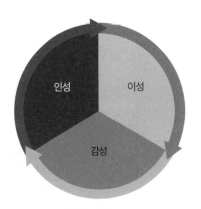

설득의 세 가지 요소

인성은 신뢰를 의미한다. 인성은 화자가 가지고 있는 개인적인 신뢰성이다. 즉 화자 자신이 가지고 있는 성실성과 능력, 메시지의 신뢰성이다. 말하는 사람은 그 말과 부합하고 사람이 되어야 한다. 따라서 영향력 있는 리더가 되기 위해서는 먼저 자신의 신뢰성을 갖출 필요가 있다. 이를 통해 다른 사람으로부터 신뢰받는 사람이 될 것이다. 그래서 커뮤니케이션에서는 화자의 인성이 중요하다.

감성은 감정의 작용을 의미한다. 감성은 공감적 측면이다. 감성은 청자의 감정과 관계되는 것이다. 그러므로 파토스는 청자의 감정 상태와 관련되어 있어야 한다. 원래 pathos는 그리스어 pachein에서 유래된 말로서 고통스러워하고 괴로워하는 마음을 뜻하였다. 우리말 사전에서 파토스는 감정과 연결된 생각으로 해석하고 있다.

커뮤니케이션에서는 이 말을 두 가지 측면에서 살펴볼 수 있다. 하나는 상대의 말을 가슴으로 받아들이고 그 말에 정신을 집중한다는 뜻이다. 또 하나는 지금 나와 대화를 하고 있는 사람을 사랑하는 가슴을 말한다. 커뮤니케이션에는 나의 머리와 입으로 해결될 수 없는 가슴의 정(情)이 있어야 한다. 신뢰와 애착의 정을 비롯하여 사랑과 분노의 정이 있어야 감정이 움직인다. 이러한 감정의 움직임을 통해 언어와 음정과 몸이 살아 움직인다. 그래서 커뮤니케이션에서는 화자의 감성이 절대적인 요소로 꼽히고 있다.

아리스토텔레스의 『수사학』을 통해 배울 수 있는 점은 다음과 같다. 첫째, 상대방의 행동 변화는 논리적으로 말하는 내용에 달려 있다. 결국 사람은 논리로 설득된다. 둘째, 인성은 상대방에게 신뢰를 준다. 성품이 곧 사람을 다루는 기술이다. 그러므로 우리가 성품을 갖추고 있을 때 상대는 나를 신뢰하게 된다. 셋째, 상대방의 동기를 유발하는 것은 가슴의 정이다. 그러므로 감성은 상대방에게 가장 큰 변화의 동기 유발이 된다.

그러나 논리를 통한 설득에는 한계가 있다. 우리가 논리만으로 설득하려고 하면 그 사람은 우리의 말을 들으려고 하지 않는다. 사람을 설득하기 위해서는 먼저 그 사람과 정서적인 공유가 있어야 한다. 그러므로 설득에는 정서 공유가 먼저이고 그다음이 논리이다.

상대방의 감정을 들어보자! 그러나 의욕적으로 감정을 들으려고 애쓸수록 점점 더 멀어지는 느낌은 왜일까? 아마도 자신의 감정이 상대의 감정이라고 확신하기 때문이 아닐까? 관심 갖기와 경청을 통해 대화의 물꼬가 트였지만, 아직도 나는 상대의 입장에 서지 못하고 내 입장에서 상대를 판단하고 있기 때문은 아닐까?

서로에게 영향력을 끼칠 수 있는 리더가 되기 위해서는 먼저 상대방의 감정을 수용하고 그러한 감정을 서로 나누어야 한다. 상대방의 감정을 어떻게 들었는지를 나누는 것을 통해 리더십이 발휘된다.

효과적인 커뮤니케이션을 위해 사실 그 자체를 듣기보다는 상대방의 감정을 듣는 민감성을 향상시킬 필요가 있다. 때로 상대방의 감정은 언어의 말과 몸짓의 말이 다르게 표현될 때가 있다. 말의 내용은 전혀 슬프지 않은데 몸의 언어는 슬픔을 나타낼 때가 있다. 예를 들어 어떤 사람이 "나는 슬프지 않아요"라고 말했을 때 말의 내용은 전혀 슬프지 않은 것이다. 그러나 "나는 슬프지 않아요"라고 말하면서 눈물을 보인다든지, 약간 떨리는 목소리로 말하였다면 사정이 달라진다. 실제로 그의 입에서 나오는 말과 그가 전하고자 하는 메시지는 완전히 다른 것이다. 그는 두 개의 메시지를 동시에 보내고 있는 것일지도 모른다.

이러한 메시지를 이중 메시지라고 한다. 커뮤니케이션에서 이중 메시지는 말하는 사람이 무의식적으로 듣는 사람의 경청 정도를 조사하는 것이나. 자신이 말하는 것에 대해 상대방이 진심으로 들어줄 만큼 관심을 갖고 있는지를 알고자 하는 것이다.

커뮤니케이션에서 감정이 전하는 메시지를 듣는 사람은 상대방의 존재에 대해 관심이 있다는 것을 나타내주며, 상대방을 더욱 전인적인 사람이 되도록 도와준다. 유능한 커뮤니케이터는 상대방의 감정이 전하는 깊은 메시지를 들을 수 있는 민감성을 키운 사람이다. 이러한 리더는 상대방에게 영향력을 미치게 된다.

대화를 할 때 상대방의 깊은 마음속에서 '나는 사랑과 인정을 받고 싶어요. 나는 당신에게 중요한 존재가 되고 싶어요'라고 부르짖고 있음을 명심하자. 서로가 성장할 수 있는 인간관계는 상대방의 감정을 수용하는 것이다. 따라서 상대방의 감정을 잘 들어주는 것은 커뮤니케이션에서 최선의 길이며, 또한 좋은 관계를 형성하는 지름길이다.

공감, 사람을 품는 마음

우리가 다른 사람에 대해서 품는 아름다운 마음을 사무량심(四無量心), 즉 네 가지 한량없는 마음이라고 한다. 그것은 자비희사(慈悲喜捨)의 마음으로 구성되어 있다. 첫 번째 마음은 다른 사람을 사랑하는 마음으로, 이 마음은 다른 사람의 평안과 행복을 바란다(慈). 두 번째 마음은 다른 사람이 괴롭거나 슬플 때 그것을 덜어주고 싶어하는 마음이다. 이것은 다른 사람의 고통이 사라지기를 바라는 마음이 있을 때 가능하다(悲). 세 번째 마음은 다른 사람이 즐거워할 때 같이 즐거워해주는 마음이다. 이것은 다른 사람의 즐거움을 자신의 즐거움으로 여겨야만 가능한 것이다(喜). 네 번째 마음은 분별하는 마음을 버리고 다른 사람을 모두 똑같이 대하는 마음으로, 일체의 편견 없이 다른 사람을 바라보는 마음을 말한다(捨). 이 네 가지 마음은 우리의 생각이 아니라, 가슴으로 느끼는 것이다.

공감은 지금 우리 곁에 누군가 고통을 받는 사람이 있을 때 그 사람의 아픔을 열린 가슴으로 느끼는 것이다. 그러나 우리가 머리로 이해하고 분석하려고 할수록 자신의 판단이 개입하게 된다. 가슴으로 느끼는 그 찰나 이미 나는 상대방의 세계로 들어가고 있다. 따라서 공감은 우리의 머릿속에 판단이 없고 가슴에 사랑이 흐를 때 생기는 것이다. 곧 공감은 상대방을 품는 한량없는 마음에서 이루어진다.

공감의 기제(mechanism)는 마음이론, 이야기의 관점, 인지적 공감, 참된 공감, 정서적 전염, 동일시 등이다. 공감의 여섯 가지 기제가 서로 연결되어 그 사람의 마음을 읽을 수 있게 된다.

공감의 기제

마음이론에 의하면 사람은 누구나 타인의 마음을 읽는 능력을 갖고 있다. 따라서 마음이론은 타인의 행동을 보고 무의식적으로 그 사람의 이야기를 듣고자 하는 능력이다. 왜냐하면 이야기에는 그 사람이 들려주고자 하는 관점이 있기 때문이다. 이 관점이라는 작은 프리즘은 이야기하는 사람의 마음을 이해할 수 있는 힘이 된다. 그리고 인지적 공감은 감정적인 측면에서 타인을 이해하는 능력이며, 참된 공감은 타인의 감정을 이해할 뿐만 아니라 그 감정을 잘 읽어주는 능력이다. 정서적 전염은 어떤 사람의 감정 상태가 다른 사람에게 전파되는 현상이며, 동일시는 타인의 감정과 고통을 내 것처럼 받아들이는 것이다.

칼 로저스는 "공감이란 다른 사람의 내적인 준거틀을 정확하게, 그것의 감정적인 요소와 거기에 관련된 의미를 '마치(as if)'라는 사실을 망각함이 없이 자신이 그 사람인 것처럼 지각하는 상태이다. 따라서 이는 다른 사람이 감각하듯 그의 상처와 유쾌함을 감지하고, 그가 지각하는 것처럼 그런 것들의 원인을 지각하는 것을 의미한다. 그러나 이런 관점은 마치 '그가 다쳤다면' 또는 '기쁘다면'이라는 인식을 망각함이 없이 이루어지는 것이다. 만일 이 '마치'라는 특성이 망각되면 그 상태는 동일시가 되어버리고 만다"라는 정의 속에서 공감이 대리적인 특성을 가지고 있음을 밝히고 있다.

따라서 공감이란 다른 사람이 가진 준거틀의 내면에 들어가는 것을 말한다. 다른 사람의 관점을 통해서 사물을 보는 것, 즉 그들이 세상을 보는 방식에 입각하여 세상을 보는 것이다. 이때 우리는 그들의 패러다임을 이해하고, 또한 그들이 느끼는 감정도 이해한다.

이와 같이 공감적 이해란 다른 사람의 입장이 되어 주관적인 세계를 이해하는 것을 말한다. 제3의 귀를 가지고 상대방의 가슴에 있는 '소리 없는 소리' 또는 '마음의 소리'를 듣는 것이다. 또한 공감은 다른 사람의 안경을 쓰고 사물을 바라보는 것과 같이, 상대방이 지니고 있는 생각과 느낌의 틀을 이용하여 상대방의 생각과 감정을 이해하는 것이다. 상대방을 이해하려는 노력에서 비롯되는 공감은 일단 상대방의 관점에서 문제를 바라볼 수 있을 때 비로소 가능해진다. 일체의 판단을 유보하는 공감은 상대방으로 하여금 방어벽을 허물고 신뢰와 친밀감을 갖도록 하는데 매우 중요한 역할을 한다. 다른 사람의 감정을 나 자신 안으로 울려 퍼지게 하는 것이 공감이다. 이처럼 다른 사람의 내적인 세계에 대해 기본적으로 반응을 보이는 것은 인간의 능력이 얼마나 놀라운가를 보여준다. 우리는 각기 나름대로 다른 사람의 감정에 조화로운 일치를 보인다. 다른 사

감정을 품는 마음

람과의 공감적 관계는 우리가 관계하는 모든 것의 중심이 된다. 공감은 서로에 대한 가장 친밀한 방법 중 하나이다.

공감은 어떤 의미에서 상호작용적 커뮤니케이션 과정에 가장 필요한 능력일 지도 모른다. 사람은 누구나 상대방이 자신의 말을 귀 기울여 들어주고 누군가 로부터 이해 받기를 원하기 때문이다. 물론 공감 차원에서 상대방의 말을 들어 준다는 것이 상대방이 느끼는 것과 똑같은 감정을 갖는다는 것을 의미하지는 않는다. 단지 상대방의 처지나 입장에서 그가 가질 수 있는 생각이나 감정을 최 대한 인정해주고 수용하려는 자세와 노력이 중요하다는 것이다. 이러한 공감은 특히 아이들을 키우는 부모나 교사, 관리자, 전문 상담자 등에게 매우 필요한 기 법이다.

공감에 대해서 정리하면 첫째, 상대방을 이해하려는 의도를 가지고 경청하는 것이다. 둘째, 상대방의 준거틀 내면에 들어가는 것이다. 셋째, 다른 사람의 관 점을 통해 사물을 보는 것이다. 넷째, 상대방의 감정을 깊이 있게 이해하는 것이다. 다섯째, 이해한 감정을 서로 나누는 것이다.

공감은 상대방의 감정을 이해하고, 이해한 그 감정을 말로 표현해주는 것이다. 이것이 서로 간에 지켜야 할 커뮤니케이션의 도리이다. 공감은 커뮤니케이션의 처음과 끝이다. 그만큼 대화에서는 공감이 중요하다. 상대방의 감정을 이해하고 읽음으로써 원만한 대인 관계를 맺을 수 있다. 어떤 사람은 상대방의 이야기를 들으면서 그냥 간단히 "무슨 말씀인지 알겠습니다" 또는 "이해합니다, 공감합니다"라고 하면서 이야기를 간단하게 끝내려고 한다. 아마 독자들도 그런 말을 하거나 들어본 적이 있을 것이다. 하지만 그럴 때 서로 간에 말이나 마음과 감정을 완전히 이해하지 않았다는 것을 알아챌 것이다. 즉 상대방에게 이해받았다고 느끼지 못했을 것이다. '이해합니다, 공감합니다, 동의합니다, 무슨 말씀인지 알겠습니다'라는 말들은 너무 많이 사용되기 때문에 결과적으로 진정한 의미를 잃어가고 있다. 따라서 아름다운 인간관계를 맺기 위해서는 이와 같은 말을 사용하는 대신에 공감을 하는 것이 더 효과적이다.

공감, 신선한 심리적 산소

상대의 감정적 응어리가 풀리도록 돕는 데는 공감이 효과적이다. 스티븐 코비(Steven R. Covey)는 공감은 우리가 필요로 하는 정확한 자료를 제공하기 때문에 막강한 힘을 가지고 있다고 하였다. 왜냐하면 공감은 자신의 자서전적 경험을 투사하고 생각, 느낌, 동기, 해석 등을 하는 것이 아니라, 상대방의 머리와 가슴 그 내부에서 일어나고 있는 실체를 다루기 때문이다. 그러므로 공감은 다른 사람의 심오한 메시지를 수신하는 데 초점을 둔다.

특히 스티븐 코비는 공감의 유익을 상대방에게 제공하는 '심리적 공기'라고

공감, 꽃향기 같은 심리적 산소

하였다. 이 심리적 공기는 신선한 심리적 산소라고 할 수 있다. 입과 코를 막고 30초간 가만히 있어보라. 가슴이 답답해져 빨리 산소를 마시고 싶은 마음이 간절할 것이다. 신선한 산소를 마시고 싶다는 욕구가 채워지지 않으면 우리는 계속 이 욕구에 사로잡혀 있게 된다. 이때는 산소를 마시고 싶다는 욕구 외 다른 데는 관심이 없을 것이다. 이 욕구가 채워질 때 비로소 주변의 책상, 컴퓨터, 책, 화분, 가족들의 사진이 눈에 들어오고 차창 밖의 새소리가 들리기 시작할 것이다.

사람에게 있어서 육체적 생존 다음으로 가장 큰 욕구는 심리적 만족이다. 심리적 만족은 곧 타인으로부터 이해받고, 신뢰받고, 사랑받고, 인정받는 것을 의미한다. 다른 사람의 이야기에 공감하는 것은 바로 그 사람에게 심리적 산소를 제공해주는 것이다. 욕구가 충족되고 난 다음, 비로소 우리는 그 사람에게 영향을 미치거나 문제를 해결하는 일에 착수할 수 있을 것이다. 이와 같이 공감은 우리의 생활 곳곳에서 이루어지는 커뮤니케이션에 큰 영향을 미친다.

상대방의 감정에 공감하고 있음을 나타낸다면, 상대방은 그 자신이 이해받고 있다는 느낌을 갖고 우리를 보나 신뢰하게 되어 자신의 깊은 곳을 드러내 보이게 된다. 이러한 과정이 진행됨에 따라 상대방과의 대화가 순조로이 이루어질 것이다.

어린아이들은 교회에서 예배 시간에도 뛰어다닌다. 그때 어른들이 조용히 하라고 윽박지르고 야단을 치면, 아이에게 교회는 야단맞는 곳으로 인식된다. 이는 어른이 아이의 입장에 서지 못하고 어른 신발을 아이의 발에 신기려는 셈이기 때문이다.

이럴 때 어떻게 해야 할까? 일단 대화의 시간을 갖자. 기회를 만들어 아이와 대화를 하고 그 아이가 생각하는 교회에 대해 공감하자. 사실 아이도 예배 시간에 떠들고 뛰어다니면 혼난다는 것을 알고 있을 것이다. 그렇다면 자신의 판단과 감정은 잠시 내려놓고 아이의 진짜 속마음이 어떤지 알아보기 위해 아이의 신발을 신어보자.

내가 다니는 교회에도 예배 시간에 뛰어다니는 아이가 있었다. 나는 그 아이가 재미로 뛰어다닌다고 생각하였다. 그러나 그 아이와 이야기를 해보니 예배 시간에 관심이 자기에게로 쏠리지 않기 때문에 관심을 받기 위해 뛰어다니는 것이었다. 예배를 드리기 전이나 끝마치고 나면 자기가 부모님의 관심 대상이 되는데, 예배 중에는 그렇지 않다는 것이었다. 그래서 그 아이의 이야기에 공감을 하고, "예배 시간에는 하나님께서 관심 받고 싶으실 텐데…"라고 이야기했다. 그다음 주에는 아이가 예배 시간에 어른들과 함께 예배를 드리기 시작했다.

이와 같이 공감은 다른 사람을 가슴으로 받아들이는 것이다. 우리가 다른 사람을 공감해주는 순간 그 사람은 자기 자신으로 존재하게 되며, 맑은 가을 하늘처럼 자기 자신을 드러내게 될 것이다.

잘 다듬어진 공감

공감은 상대방의 말만 듣고 하는 것이 아니라 비언어적인 커뮤니케이션을 듣고도 할 수 있다. 상대방의 입장이 되어본다는 것은 결코 쉬운 일이 아니지만 계속적인 훈련과 연습을 하면 어느새 익숙해질 것이다. 공감의 기술이 익숙해지면 무의식중에 직관적으로 공감을 할 수 있게 된다.

공감은 잘못해도 계속 시도하면 된다. 틀리면 틀리는 대로 상대방이 말을 하기 때문이다. 한두 번 틀렸다고 기죽어서는 안 된다. 공감은 기술이요, 훈련이기 때문이다. 그러므로 계속 시도하는 것이 중요하다. 단번에 도인이 될 수는 없다. 수많은 세월 동안의 수련과 훈련 그리고 인내력을 통해 도인의 경지에 이르게 되는 것이다. 한두 번 공감을 하고 난 후 어려워서 못하겠다, 내 적성에 맞지 않는다고 포기해서는 안 된다.

식물이 존재하도록 돕는 데는 물을 주는 것이 필수적이다. 식물이 자라기 위해서는 꾸준히 정성을 다해 물을 주어야 한다. 이와 마찬가지로 우리가 다른 사람의 감정을 이해하고, 공감해주는 것도 그 사람을 존재하도록 돕는 일이다. 한 사람이 억압된 감정에서 떠나 새로운 일에 도전할 수 있도록 하려면 식물에 물을 주듯이 꾸준히 정성을 다해 듣고, 그 감정에 공감해주어야 한다. 이러한 공감을 받은 사람은 혼자서 자신의 문제를 해결할 수 있는 능력이 자신에게 있음을 느낀다.

공감은 식물에 물을 주듯이 상대의 감정을 읽어주는 것이다

공감과 질문은 다르다

학문을 할 때나 새로운 것을 발견할 때는 '왜?'라는 질문을 수없이 던져야 한다. 그렇게 해야 창의적인 생각을 할 수 있고, 이를 통해 새로운 것을 발견할 수 있다. 그러나 관계 지향적 대화에서는 원인을 묻는 '왜?' 질문이 도움이 되지 않는다. 특히 대화 중에 질문을 하게 되면 답을 해야 할 상대방에게 책임을 전가하는 것이 된다. '왜'라는 질문을 받은 사람은 자신도 모르게 방어기제가 발생하게 된다. 그래서 그 사람은 자동적으로 긴장하게 되면서 변명할 것을 찾게 된다.

사람들과 대화를 하다 보면 궁금한 것이 생길 수밖에 없다. 이럴 때는 질문보다는 오히려 서술문이나 개방형 질문을 하는 것이 효과적이다. 개방형 질문이란 답에 대한 제한이 없는 질문이다. 그리고 서술문은 상대방이 말을 많이 할 수 있도록 하는 것이다. 대화를 할 때 상대방이 말을 많이 할 수 있게 배려하는 것이 좋다.

특히 심리상담을 할 때는 가능하면 질문을 하지 않는 것이 좋다. 왜냐하면 상담은 감정과 느낌에 집중하는 것이기 때문이다. 질문을 하다 보면 지금까지 감정과 느낌을 중심으로 이끌어왔던 내담자가 질문에 답을 하기 위해서 생각하느라 감정의 흐름이 깨져 버리기 쉽다. 상담자들은 이러한 점을 유의해야 한다.

공감과 동의는 다르다

동의는 서로 간에 합의한 형태인 판단을 포함한다. 그리고 이것은 때때로 분위기에 맞춰 표현된 감정과 반응을 의미한다. 사람은 곧잘 동의에 의지하게 되는데, 이는 사람들을 서로 종속적으로 만든다. 동의는 다른 사람의 말과 의견에 맞장구를 치는 것으로, 맞장구는 그 사람의 말이 맞다는 의미를 내포하고 있다. 그러나 공감의 본질은 누군가에게 동의하는 것을 의미하지 않는다. 그 대신 공감은 어떤 사람을 감정적으로는 물론 지적으로도 완전하고 깊게 이해하는 것을 말한다. 그러므로 다른 사람과 이야기를 나눌 때는 공감을 조심스럽게 사용해야 한다.

공감과 동정은 다르다

성경에서는 어떤 형제나 자매가 헐벗고 그날 먹을 것조차 없는데, 여러분 가운데 누가 그들에게 "평안히 가서 몸을 따뜻하게 하고, 배부르게 먹으십시오"라고 말만 하고 필요한 것들을 주지 않는다면 아무 유익이 없다고 하였다. 이것은 곧 그 사람을 향한 사랑이 아니라고 하였다. 이와 같이 동정(sympathy)은 다른 사람의 삶 속에 전혀 개입하지 않고 영향을 주지도 못하면서 걱정만 하는 것이다. 즉 동정은 힘들고 어렵다고 말하는 사람에게 '안됐다' 또는' 불쌍하다'라는 마음만 갖는 것이다. 이렇게 동정하는 마음만으로는 다른 사람과 신뢰 관계가 형성되지 않는다. 다른 사람은 우리에게 동정을 구하는 것이 아니라 그 이상을 요구한다. 즉 공감의 단계에 이르는 관계를 요구하고 있음을 알고 있어야 한다.

참된 공감, 상대방의 감정을 객관적으로 읽어주는 것

공감과 동일시는 다르다

지나친 동일시(over-identification)는 동정과는 정반대이다. 동정하는 관계에서는 상대방의 기분과는 일정한 거리를 두고 개입하지 않는 반면에, 지나친 동일시 관계에서는 상대방과 감정적으로 지나치게 얽혀버려서 둘 다 그 상황에서 헤어나지 못한다. 즉 자신이 상대방인 양 상대방의 기분이나 감정에 몰입하여 헤어나지 못하는 관계를 말한다. 이렇게 되면 그 사람의 아픔이 나의 아픔이 되고, 그 사람의 괴로움이 나의 괴로움이 되며, 그 사람의 분노가 나의 분노가 되어 그 사람의 감정에 나 자신이 함몰되어버린다.

감정을 읽는 능력

상담은 문제를 가지고 고민하는 사람을 도와주는 것이다. 그러므로 상담자도 공감을 통해 그 사람의 깊은 마음을 읽어 줄 수 있어야 한다. 공감의 목표는 행동이나 말을 통해 그 사람의 행동 패턴을 깨닫고, 그것을 스스로 바꾸도록 도와주는 것이다. 자기 자신을 바꾸는 것이 타인을 바꾸게 하는 것보다 훨씬 쉽고 편하다.

우리는 상대의 감정 혹은 말 속에 함축되어 있는 감정을 읽어줄 수 있는 능력을 배워보자. 이 연습은 감정을 읽어줄 때 단어들을 선택하는 데 도움이 될 것이며, 다른 사람의 감정에 대한 보다 민감한 알아차림을 가능하게 함으로써 정확한 반응을 할 수 있게 할 것이다. 가장 적절한 감정 단어를 선택하는 데 도움이 되도록 다음 다섯 단계를 추천한다.

단계	내용	예시
1단계	감정의 범주를 파악한다	긍정적이다, 부정적이다
2단계	감정의 종류를 파악한다	즐겁지 않다, 불안하다, 들떠 있다
3단계	감정의 강도를 파악한다	강하다, 보통이다, 약하다
4단계	감정의 단어를 선택한다	감격스럽다, 찡하다, 흥분하다, 허탈하다
5단계	감정의 단어를 표현한다	답답하시겠네요, 흡족하신 것 같네요

감정을 읽는 능력 향상

　이와 같이 대화를 할 때 다른 사람의 감정을 읽어주기 위해서 사용될 수 있는 어휘가 많이 있다는 사실에 주의를 기울여야 한다. 그러나 때로는 상대방이 표현한 감정을 모두 함축할 수 있는 어휘가 없을 수도 있다.

　공감은 말하는 내용을 마음속에 새기고 반응하고 이해하는 것 이상의 훨씬 더 많은 것을 포함하고 있다. 따라서 다른 사람과 대화를 할 때 공감을 하기 위해서는 귀로 말을 들을 뿐만 아니라 동시에 눈과 가슴으로 듣는 것이 중요하다. 이때 그 말이 가진 느낌과 의미를 경청할 수 있고, 더 나아가 행동도 경청할 수 있다. 그러므로 공감할 때 유의해야 할 점은 다음과 같다.

　첫째, 공감은 전체와 한 부분으로 할 수 있다. 공감은 상대방과 균형이 맞아야 한다. 상대방이 말한 내용을 파악하고 난 후, 그 말에 담겨 있는 감정을 짐작하여 말로 표현해 주는 것이 공감이다. 둘째, 감정이 세 가지쯤 있다 싶으면 들는 사람이 직관적으로 생각하여 그 핵심적인 감정을 공감해준다. 셋째, 공감은 상대방의 상황을 경험해본 사람이 잘한다. 그러나 그 상황을 경험하지 않았어도 공감을 할 수 있다. 왜냐하면 공감은 객관적인 입장에서 상대방의 감정을 읽어주는 것이기 때문이다.

공감 수준의 단계

공감의 수준은 다섯 단계로 나눌 수 있다. 다음에 나오는 공감 수준 단계는 로버트 카커프(Robert R. Carkhuff)의 공감 수준 척도를 중심으로 재구성하였다. 각 수준별 공감에 대한 설명은 이장호, 금명자의 내용을 중심으로 재구성하였다.

일상생활에서는 대개 1수준과 2수준의 공감으로 커뮤니케이션을 많이 하는데, 이것은 사실 공감의 수준이라는 말이 무색할 정도로 거의 공감이 일어나지 않는다고 할 수 있다.

1수준의 공감

1수준의 공감은 부적합하고 상대의 기분을 상하게 하는 반응이다. 이 수준에서는 전혀 공감이란 것이 일어나지 않는다. 1수준의 공감이란 말은 그저 편의상의 구분에 불과하다. 이 수준의 공감은 상대방의 언어 및 행동 표현의 내용으로부터 벗어나거나 내용에 주의를 기울이지 않기 때문에 감정 및 의사소통에 있어서 상대방이 표현한 것보다 훨씬 못 미치게 커뮤니케이션을 하는 수준이다.

실제로 이 수준에 있는 사람이 커뮤니케이션하는 것을 보면 상대방이 명백하게 표현한 표면적인 감정조차도 제대로 인식하지 못한 대화를 한다. 지루함을 느끼거나 무관심해지거나, 상대방의 준거틀을 완전히 배제한 경우이다. 즉 상대방의 이야기를 전혀 듣지도 않거나, 명백한 감정을 전혀 이해하지도 못하고 민감하게 받아들이지도 못해 커뮤니케이션이 손상된 경우이다. 다음 대화를 살펴보자.

아들 난 공부하는 것이 지루하고 따분해서 공부하기 싫어.

아빠 공부하기 싫다고? 집에서 돈 다 대주는데 무슨 소리야?

여기서 아빠는 공부하기 싫다는 아들의 마음을 헤아리지 못하고 "쓸데없는 소리 집어 치워! 배부른 소리인 줄이나 알아라" 식의 비평적인 말을 던지고 있다. 또 다른 대화를 살펴보자.

김 대리 나 회사에 적응 못하겠어요. 사람 대하기가 힘들어요. 이래서 회사 다닐 수 있을까요?

박 팀장 김 대리, 자네 정도면 양호한 거야. 세상에 자네만 그런 줄 아나?

박 팀장은 김 대리를 전혀 이해하지 못하고 있으며, 힘들다고 하소연하는 김 대리의 행동에 대해 비평적인 말을 던진다.

이렇듯 말이 1수준이지 전혀 공감이 일어나지 않는다.

2수준의 공감

2수준의 공감은 충고와 조언을 하는 반응이다. 2수준의 공감은 1수준의 공감과 거의 다를 바 없는 공감이다. 차이가 있다면 단지 상대방을 비난하지 않는다는 점이다. 하지만 역시 상대방의 감정이나 경험을 전혀 이해하지 못하고 있다. 상대방이 표현한 감정에 반응은 하지만 상대방이 표현한 것 중에서 주목할 만한 감정을 제외시키고 하는 커뮤니케이션 수준이다. 실제로 상대방의 명백한 감정을 어느 정도 인식하나, 정서의 올바른 수준은 흘려버리거나, 의미 수준을 왜곡해서 대화를 한다. 자기의 의사를 전달할 수는 있으나 상대방의 표현 수준과 일치하지는 않는다. 즉 상대방이 표현하거나 의도하는 것과는 거리가 있는 감정 및 의미에 반응하는 수준이다. 앞서 나왔던 김 대리가 다른 친구 이 대리에게 같은 고민을 털어놓았다고 가정하자.

> **김 대리** 나 회사에 적응 못하겠어. 사람 대하기가 힘들어. 이래서 회사 다닐 수 있을까?
>
> **이 대리** 야, 힘들지? 나도 힘들어 죽겠어. 우리 회사는 말이지…(자신의 이야기로 빠져든다).

이 대리는 박 팀장과는 달리 비난을 하지 않았다. 하지만 상대의 입장을 잘 이해해주지는 않는다는 사실을 알 수 있다. 비난이나 질책이 없을 뿐, 상대방의 입장을 제대로 이해하지 못하는 공감을 2수준이라고 한다.

3수준의 공감

3수준의 공감은 표면적인 느낌의 반응이다. 상대방이 표현한 것과 같은 감정과 의미를 표면적으로 표현하여 상호 교류적인 커뮤니케이션을 하는 수준이다. 이 정도의 공감을 하는 사람이라면, 주위 사람들이 힘이 들 때 찾아가서 하소연을 하고 싶다는 생각이 들게끔 한다. 하지만 자칫 무성의한 동의로 보일 수 있다. 왜냐하면 이 수준은 상대방의 표면 감정을 정확히 이해하여 반응을 하기는 하지만 보다 내면적인 감정에는 반응하지 못하기 때문이다. 3수준은 대인 관계 기능을 촉진할 수 있는 기초 수준이다. 이번에는 김 대리가 여자 친구 은서를 찾아갔다고 하자.

> **김 대리** 나 회사에 적응 못하겠어. 사람 대하기가 힘들어. 이래서 회사 다닐
>   수 있을까?
> **은서** 너 많이 힘든가 보구나. 그동안 얼마나 힘들었을까….

박 팀장과 이 대리에 비해 여자 친구 은서는 비교적 공감을 잘하는 사람이다. 최소한 힘들다는 김 대리의 마음을 함께 느끼고 있기 때문에 하소연을 받아주는 것이다.

비난을 하지 않고 힘든 감정을 잘 이해하고 있는 듯해서 이 단계에 있는 사람은 상당히 좋은 사람으로 느껴진다. 마음 상태의 근본까지는 이해해주지 못해도 고통과 고민을 같이 느껴주고, 또 들어줄 수는 있는 사람이기 때문이다. 대부분의 사람은 1수준이나 2수준의 공감에 그치기 때문에 사실 이 정도만 되어도 상당한 수준의 공감을 하는 것이라고 할 수 있다.

4수준의 공감

4수준의 공감은 내면적인 느낌의 반응이다. 4수준의 공감은 3수준과 마찬가지로 어느 정도 공감을 할 줄 아는 수준이다. 상대방이 스스로 표현하는 것보다 더 내면적인 감정을 표현하면서 커뮤니케이션을 한다. 더 나아가서 상대방이 직접적으로 이야기하지 않은 생각까지도 짚어낼 수 있는 수준이기도 하다. 4수준부터는 커뮤니케이션이 촉진된다. 이번에 김 대리는 고향 친구인 경호를 찾아가서 같은 고민을 이야기한다.

> **김 대리** 나 회사에 적응 못하겠어. 사람 대하기가 힘들어. 이래서 회사 다닐

수 있을까?

경호   너 힘들구나. 맞아. 일보다도 늘 사람이 힘들게 하지. 스트레스를
받으니 그만두고 싶겠구나.

김 대리처럼 사람 대하기가 힘들어서 적응이 어렵다는 생각을 하는 사람이라면 충동적으로라도 회사를 그만두고 싶다는 생각을 하게 마련이다. 고향 친구 경호는 김 대리의 이야기에서 그것을 미리 짚어내고 헤아려주고 있다.

4수준의 공감을 할 수 있는 사람이라면 주위 사람들로 하여금 달려가서 기대고 싶은 생각을 하게 만든다. 한 가지 심정을 말하면 그와 동시에 일어나는 다른 생각까지도 헤아려주기 때문에 힘들 때 여러모로 위안이 되는 사람이다.

5수준의 공감

5수준의 공감은 감정의 내면적 의미까지 파악하고 읽어주는 것을 의미한다. 4수준의 공감은 상대방의 감정과 경험을 함께 공유하고, 말하지 않은 부분까지도 느끼면서 그것을 표현하여 상대로 하여금 '날 정말 잘 이해해 주는구나' 하고 느끼게 만든다. 여기서 더 나아가 5단계 수준의 공감은 상대가 그러한 감정을 느끼게 된 근본적인 원인까지도 헤아릴 수 있다. 상대방이 표현하지 못한 감정의 내면적 의미들을 정확하게 표현하거나, 상대방의 내면적 자기 탐색과 완전히 같은 몰입 수준에서 상대방이 표현한 감정과 의미에 첨가하여 커뮤니케이션을 하는 수준이다. 실제로 상대방의 표면적인 감정뿐만 아니라 내면적인 감정을 표현해줌으로써 상대방으로 하여금 이전에는 드러낼 수 없었던 감정을 표현하거나 경험하게 한다. 즉 5수준의 공감은 상대방이 표현한 것 외에 좀 더 깊은 감정과 의미를 첨가하여 커뮤니케이션하는 것이다. 김 대리는 이번에는 대학 선배인 최 팀장을 찾아간다. 최 팀장은 김 대리가 '날 정말 잘 이해해준다'고 여기는

선배이다.

김 대리 저 회사에 적응 못하겠어요. 사람 대하기가 힘들어요. 이래서 회사 다닐 수 있을까요?

최 팀장 너 정말 힘들구나. 사람 대하는 건 정말 어려워. 그 사람들에게 인 정도 받고 서로 잘 지내고, 또 적응도 잘하고 싶은데 그게 잘 안 되니까 더 속상하겠지. 사람이 사람을 힘들게 하잖아. 열심히 하면서도 그만두고 싶은 생각이 들겠구나.

김 대리는 스스로 잘하고 싶기 때문에 그러한 고민이 생기는 것이다. 그 사람들과 잘 지내고 싶은 마음이 없다면 김 대리는 사람 때문에 회사에 적응하기 어렵다는 고민을 하지 않았을 것이다. 최 팀장은 김 대리가 고민을 갖게 된 이러한 감정적인 원인까지도 짚어내고 있다. 그러나 상대방의 고민을 듣고 감정과 경험을 공유하며, 더 나아가 그러한 심리 상태에 빠지게 만든 근본적인 원인까지도 이해하는 5수준의 공감을 할 수 있는 사람은 그리 많지 않다.

마음속에 응어리가 맺히는 순간, 가장 먼저 찾아가고 싶은 사람은 누구인지 떠올려 보자. 사람에 따라 떠오르는 얼굴은 제각각이겠지만 그 사람들에게는 공통점이 있다. 바로 자신의 말을 잘 들어주거나 이해해주고, 같이 문제에 대해 진지하게 이야기해준다는 것이다.

그렇다면 "나는 어떠한가?"라는 질문을 던져보자. 자기 자신은 힘들어하는 다른 사람들을 어떻게 대했는지 돌이켜보자. 누군가가 자신의 마음을 알아주기를 기다리지 말고 먼저 다른 사람의 마음속으로 들어가서 이해해주는 것은 어떨까?

공감의 공식

공감의 공식은 다음처럼 다섯 단계로 나눌 수 있다.

1단계: 상대방의 입장이 된다

공감은 자신이 다른 사람인 것처럼 일시적으로 가정하고, 다른 사람의 이야기 세계 속으로 들어가보는 것이다. 먼저 상상으로 다른 사람의 입장이 되어본다. 이것이 공감의 가장 기본적인 자세이며 단계이다. 다른 사람의 입장이 되어보려면 자신의 가치관이나 옳고 그름의 판단 기준을 일시적으로 내려놓는 것이 가장 중요하다. 공감의 1단계는 일시적으로 자기 신발을 벗고 다른 사람의 신발을 신어보는 것이라고 할 수 있다. 다른 사람의 신발을 신어볼 때 비로소 그 사람의 신발의 종류와 형태를 알 수 있다.

2단계: 상대방의 감정을 짐작한다

공감은 다른 사람의 감정적인 요소와 거기에 관련된 의미를 마치(as if)라는 사실을 망각하지 않고 자신이 그 사람인 것처럼 짐작하는 상태를 의미한다. 따라서 공감을 하기 위해서는 먼저 그 사람의 감정을 지각해야 한다. 이러한 지각은 듣고, 보고, 세계를 이해하는 것이다. 즉 상대의 감정을 중심으로 지각하는 것이다.

다른 사람의 감정을 경험하기 위한 하나의 방법으로 여름 바다를 상상해보자. 저녁 무렵에 바닷가에서 넘실거리는 파도의 유연한 움직임을 바라보면서 서 있다고 상상해 보자. 파도를 바라보면서 파도의 시각적·청각적 형태를 지각하며 그 리듬을 자신의 내면에서 느껴보라. 몸이 파도의 유연한 리듬과 일체감을 이루며 마음이 차분하게 가라앉을 것이다. 파도 소리에 마음을 싣고 여행을 하는 것이다. 이와 같이 공감이란 다른 사람과 함께 배를 타고 가면서 그 사람이 느끼는 감정을 함께 느껴보고, 그 사람과 함께 감정을 느끼기 시작하면서 나 자신의 느낌에 귀를 기울이는 것이다. 이렇게 될 때 다른 사람의 감정을 짐작할 수 있다.

3단계: 짐작한 감정을 말로 표현한다

공감은 다른 사람의 감정을 표집하고, 이를 통해 그 사람을 지각하고 그에게 반응할 수 있는 능력이다. 공감은 아주 넓은 의미에서 다른 사람의 감정에 대한 반응성을 의미한다. 따라서 공감을 하기 위해서는 짐작한 감정을 서로 나누어야 한다. 우리는 상대의 감정을 짐작할 뿐만 아니라 말로 표현해야 한다.

상대방의 감정을 짐작한 후 그냥 가만히 있으면 그것은 공감이 아니다. 커뮤니케이션은 언제나 타인을 배려하는 마음에서 출발한다. 그리고 타인을 이해하고 있음을 전달하는 과정에서 효과적인 커뮤니케이션이 된다. 우리는 상대방의 감정을 짐작했을 때 그것을 표현해주는 훈련을 해야 한다. 이렇게 말로 표현해줌으로써 최대한 잘 이해하고 있다는 것을 그에게 전달할 수 있다.

어떤 사람은 그냥 단순히 "공감합니다" 또는 "이해합니다"라고 말한다. 그러나 이렇게 말하면 어떤 감정을 공감했는지, 어떤 감정을 이해했는지 불분명하다. 이러한 말들은 상대방의 마음과 느낌을 전혀 공감하지 않았다는 사실을 드러낼 뿐이다. 그러므로 효과적인 커뮤니케이션은 상대방의 언어적·비언어적 커뮤니케이션을 통해 짐작한 감정을 말로 표현해주는 것이다.

4단계: (표현할 때)1인칭으로 표현한다

왜 공감을 할 때 1인칭으로 해야 할까? 그것은 바로 내가 지각한 다른 사람의 감정은 나의 짐작이기 때문이다. 내 생각과 삶의 환경 속에서 지각한 나의 해석이기 때문이다. 내가 지각했다고 생각하는 그 감정은 상대방이 지니고 있는 감정이 아니다. 그것은 단지 상대방의 말과 행동을 보면서 내가 해석하고 짐작한 느낌이다. 그러므로 공감을 할 때는 1인칭으로 해야 한다. 내가 짐작하고 해석한 것임이 문장 속에서 표출되어야 한다. 그래야 상대방은 부담 없이 우리의 공감에 "예" 또는 "아니요"라고 쉽게 대답할 수 있다.

5단계: (표현할 때)의문문으로 한다

공감을 할 때 의문문으로 해야 하는 이유는 다른 사람의 감정을 파악한 것이 우리 자신의 짐작이기 때문이다. 그러므로 자신이 지각한 그 사람의 감정이 정확하다고 판단해서는 안 된다. 우리 자신이 파악한 그 사람의 감정은 맞을 수도 있고 틀릴 수도 있다. 그러므로 대화를 할 때 상대의 말을 통해 짐작한 감정을 확인해야 한다. 확인을 할 때는 '자신감 없이' 해야 하는데, 그 방법이 바로 의문문으로 말하는 것이다. 이렇게 짐작한 상대방의 감정을 물었을 때, 상대방은 지금 – 여기에서 느끼는 자신의 감정에 대해 진솔하게 말해줄 것이다.

공감의 종류 및 공감의 문장

공감의 종류는 세 가지다. 공감에는 반영적 공감, 표면적 공감, 심층적 공감이 있다. 특히 공감은 정확해야 하고 동시에 시기적절해야 한다. 섣부른 공감이나 때늦은 공감은 도움이 되지 않는다.

반영적 공감

반영적 공감은 단지 상대의 감정만 그대로 읽어주는 것이다. 공감을 위한 정형

화된 절대적인 공식은 없지만 대략 다음과 같은 공식을 염두에 두면 도움이 될 것이다. 공감의 공식은 1인칭으로 묻는 듯한 느낌의 의문문으로 하는 것이다. 그러므로 반영적 공감 문장은 "당신은 …(감정)한 것 같네요, 당신의 느낌은 … 하겠군요" 등으로 자신 없게 하는 것이다. 그렇게 하는 이유는, 내가 느낀 감정은 나의 짐작이기 때문이다. 따라서 반영적 공감은 "억울한 것 같네요. 짜증이 난 것 같네요"라고 하면서 상대의 감정만 그대로 읽어주는 것이다.

반영적 공감의 문장	"당신은 …한 것 같네요."
	"당신은 …라고 느끼는 것 같네요."
	"당신의 느낌(심정)은 …인 것 같네요."

표면적 공감

표면적 공감이란 상대방이 경험한 사건과 함께 감정을 알아주고 이해하는 것이다. 표면적 공감은 상대방이 말한 내용에 의해 이루어지는 공감이다. 김계현에 의하면, 심화된 수준의 공감은 언어적 커뮤니케이션으로 표현된 내용을 크게 세 가지로 나누어 설명하고 있다. 첫째, 상대방이 경험한 사실이나 사건이다. 둘째, 그 사건에 대한 상대방의 생각이다. 셋째, 내담자의 감정 또는 정서이다.

상대방의 감정은 언어적 커뮤니케이션을 통해서만 전달되는 것이 아니라 비언어적 커뮤니케이션을 통해서 더 많이 전달되기 때문에 이 부분에 더 많은 관심을 기울여야 한다.

김계현은 앞의 3단계를 심화된 수준의 공감으로 보았지만 필자는 이것을 표면적 공감의 범주로 생각한다. 표면적인 공감을 하기 위해서는 상대방의 이야기를 들으면서, 그 사람이 실제 경험한 사건이나 사실이 무엇인지 들어야 한다. 그리고 그 사건에 대한 그 사람의 생각이 무엇인지 들어야 한다. 또한 경험한 사건

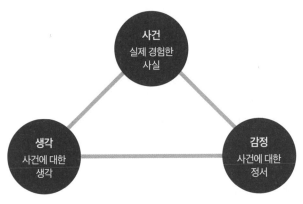

언어적 커뮤니케이션에 의해 전달되는 메시지

내용	예시
화자의 사건	애인과 헤어졌다. 취업에 실패했다. 상사와 다투었다. 대학 입시에 낙방했다.
화자의 생각	나에게는 이 사람 밖에 없다. 절대 실패하면 안 된다. 이젠 나를 싫어할 것이다. 사람들이 나를 무시할 것이다.
화자의 감정	헤어져서 절망이다. 진로가 불안하다. 시험을 망쳐서 무섭고 두렵다.

들로 인해 그 사람에게 일어나는 감정이 무엇인지 찾아야 한다. 따라서 언어적 커뮤니케이션에 들어 있는 메시지를 들을 때 '사건 ➡ 생각 ➡ 감정'의 순서로 들어야 한다.

다음은 표면적 공감의 문장이다. 표면적 공감의 문장을 잘 활용하여도 효과적인 대화를 할 수 있다. "당신은 … 때문에 …한 것 같네요."

표면적 공감의 문장	사건과 생각	당신은 … 때문에
	감정	…한 것 같네요.

다음의 사례를 통해 표면적 공감을 구체적으로 살펴보자.

(팀장과의 관계를 이야기하면서) "기획을 잘하려고 노력을 하는데도 제대로 되는 것 같지 않아요.
매번 부장님이 시키는 대로 하려고 하는데 잘 되지 않아요."

① 김 대리가 경험한 사건: 일이 잘 되지 않았다.

② 김 대리의 감정: 속상함

➡ "김 대리는 회사 일이 노력하는 만큼 잘 되지 않아서 속상한 것 같네요."

박 대리의 사례

"저의 업무에 대해서 너무 간섭하지 마세요. 제 소신껏 창의적으로 일하고 싶습니다."

① 박 대리가 경험한 사건: 업무에 간섭을 받는다.

② 박 대리의 감정: 불쾌감

➡ "박 대리는 자신의 일을 간섭받는 것 때문에 불쾌한 것 같네요."

심층적 공감

심층적 공감은 상대방이 표현하지 않은 원함을 직관적으로 느끼면서 그 감정을 읽어주는 것이다. 심층적 공감은 상대방이 미처 말하지 않았거나 인식하지 못한 내면적인 원함까지 파악하고 알아주는 것이다. 이러한 심층적 공감은 상대로 하여금 더 깊은 자기 이해와 통찰을 얻게 한다.

심층적 공감을 하기 위해서는 먼저 상대방의 이야기를 들으면서 그 사람이 원하는 것이 무엇인지 발견해야 한다. 사람은 누구나 마음속으로 원하는 것이 있다. 그러나 대부분 사람들은 그 원함이 무엇인지 말로 표현하지 않는 경향이 있다. 어떤 경우에는 그것이 무엇인지 알지 못해서 표현하지 못하는 경우도 있다. 그 사람의 원함은 일반석으로 말하는 사람의 이야기 속에 숨겨저 있다. 그래서 그 사람을 공감하기 위해서는 말로 표현하지 않은 원함까지도 볼 수 있어야 한다.

두 번째로, 말하는 사람의 현재 상황을 들어야 한다. 일반적으로 사람의 원함

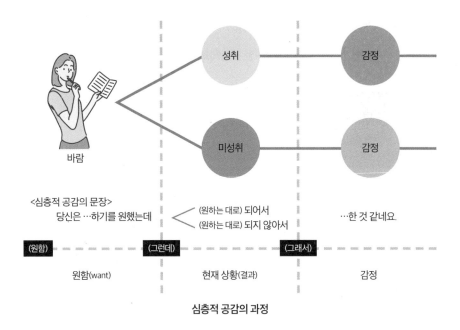

심층적 공감의 과정

이 그 사람의 바람대로 이루어졌을 수도 있고, 이루어지지 않았을 수도 있다. 이 것을 말하는 사람의 현재 상황이라고 한다. 그래서 우리가 대화를 할 때 말하는 사람의 원함이 실제 성취되었는지 성취되지 않았는지를 파악하면서 들어야 한다.

마지막으로 현재 상황으로 인해 그 사람에게 일어나는 감정이 무엇인지 찾아야 한다. 그 사람의 원함대로 이루어졌을 때 느끼는 감정과 원함대로 이루어지지 않았을 때 느끼는 감정을 읽고 표현해주어야 한다. 따라서 심층적 공감은 '상대방의 원함 ➡ 현재 상황 ➡ 감정'의 순서로 진행된다.

심층적 공감의 문장

다음은 심층적 공감의 문장이다. 이 문장만 외워도 공감을 잘할 수 있다.

"원함은 … 그런데 … 그래서 … 한 것 같네요."

"당신은 …하기를 원했는데 …하여서 …한 것 같네요."

심층적 공감의 문장	원함	당신은 …하기를 원했는데
	현재 상황	…하여서
	감정	…한 것 같네요

앞과 같은 표현 공식은 영어에서 "You feel…"에 해당되는 것이다. 그러나 이 것을 고집하거나 집착할 필요는 없다. 그러한 기분을 살리되 자연스럽게 표현 하는 것이 중요하다. 공감을 잘못하면 오히려 분위기에 맞지 않게 어색할 뿐 만 아니라 기계적인 반응을 하는 것으로 보여 상대방의 거부 반응을 초래할 수 도 있다. 그러므로 중요한 것은 분위기와 상태에 맞는 자연스런 표현을 하는 것 이다. 다음 사례를 통해 심층적 공감의 공식을 따라서 구체적으로 심층적 공감 을 살펴보자.

영수의 사례

(영수가 선생님께 자신의 고민을 이야기 하면서) "선생님! 저도 공부 잘하는 아이들과 어울리면 공부 를 잘할 수 있을 것 같아요. 그런데 누가 나랑 같이 놀아주겠어요. 제가 뭐 잘하는 것이 하나 도 없잖아요. 아빠도 제가 학교에 잘 적응하지 못하니까 그냥 내버려두는 것 같아요. 아빠는 저에게 아무런 말을 하지 않아요. 엄마는 저 때문에 매일 속상해 하셔요."

① 영수의 원함: 공부 잘하는 친구와 사귀고 싶다. 공부를 잘하고 싶다. 부모님께 기쁨을 드리 고 싶다. 부모님께 인정도 받고 싶다.
② 영수의 현재 상황: 공부 잘하는 친구가 함께 놀아주지 않는다. 영수는 공부를 못한다. 학교 에 잘 적응하지 못하고 있다. 부모님에게 근심과 걱정만 주고 있다.
③ 영수의 감정: 좌절감, 속상함
　➡ "영수는 공부를 잘해서 부모님께 기쁨도 드리고 인정을 받고 싶은데 오히려 부모님께 걱정만 안겨드리게 되어 실망되고 좌절이 되는가 보구나?"

공감의 훈련과 연습

부모가 자녀와의 대화를 어떻게 이끌어가는지 다음의 예를 통해 공감을 살펴보자(괄호 안의 말은 자녀의 생각이다).

자녀 "아빠, 나 지쳤어요. 학교는 지루하고 따분해요!" (난 아빠에게 이야기하고 싶고, 아빠의 관심을 끌고 싶어요.)

아빠 "너 정말로 학교에 대해 좌절감을 갖고 있는 것 같구나." (그래요! 그게 바로 내가 느끼는 거예요.)

자녀 "확실히 그렇게 생각해요. 왜 학교에 가야 하는지 모르겠어요. 난 거기서 얻는 것이 하나도 없어요."

아빠 "너는 학교가 아무 도움이 되지 않는다고 느끼고 있는 것 같구나." (자, 생각해보자. 이게 내가 말하려고 하는 것인가?)

자녀 "그럼요. 내게 도움이 되는 것을 하나도 배우지 못하고 있어요. 제 친구는 이미 학교를 그만두고 자동차 수리를 하고 있어요. 그리고 돈도 벌고 있다고요. 얼마나 실용적이에요?"

아빠 "너는 친구가 정말로 잘 결정했다고 여기고 있는 모양이구나." (글쎄…)

자녀 "아마 자기 나름대로는 그렇게 생각하고 있는 것 같아요. 그렇지만 몇 년이 지나면 후회하게 될 것이 확실해요."

아빠 "너는 친구가 잘못 결정한 것을 후회하게 될 것이라고 생각하는구나."

자녀 "네, 친구는 학교를 포기했는데, 교육을 받지 않고 이 세상에서 성공하기는 어려울 거예요."

아빠 "교육은 정말 중요하지."

자녀 "그래요, 아빠. 졸업장이 없어서 직장도 못 얻고 대학교도 못 가면 어떻게 되겠어요? 교육은 반드시 받아야 해요."

아빠 "그래. 교육은 너의 장래를 위해 중요하지."

자녀 "네. 그런데 아빠, 전 정말 큰 걱정이 있어요. 근데 엄마한테는 비밀로 해주셔야 해요."

아빠 "넌 엄마한테 비밀로 하고 싶은가 보구나."

자녀 "꼭 그런 건 아니에요. 엄마도 언젠가 알게 되실 테니까요. 아빠, 저 오늘 논술 시험을 봤어요. 그런데 선생님은 제 수준이 초등학교 4학년 정도밖에 안 된다고 하세요. 전 고등학생인데 말이에요. 아빠, 전 낙제를 할지도 몰라요. 그런데 낙제를 하느니 차라리 학교를 그만두고 싶어요. 그렇지만 학교를 그만 다니고 싶지는 않거든요."

아빠 "너 괴로워하고 있구나. 넌 지금 곤경에 처해 있는 것 같구나."

자녀 "그래요, 아빠. 아빠는 내가 어떻게 해야 한다고 생각하세요?"

출처: 『성공하는 사람들의 7가지 습관』(2003, 김영사)

이와 같이 자신의 안경을 벗고 다른 사람의 관점에서 세계를 보지 않는다면 결코 문제를 파악하지 못할 것이다. 아버지는 먼저 자녀를 이해하려고 애씀으로써 대화의 기회를 변화의 기회로 바꾸어놓았다. 아버지가 먼저 이해하려고 시도한 것은 자녀가 자신의 모든 문제를 이야기할 수 있도록 했고, 자녀가 아버지에게 아무런 저항도 없이 진심으로 충고를 바라는 상황이 되도록 하였다. 아버지의 조언이나 충고가 필요한 것은 이때부터이다.

<실습 문제>

다음 각 문장에 대해 공감을 해보자.

반영적 공감의 실습

공감을 하려면 상대방이 느끼는 감정을 파악해야 한다. 상대방의 감정을 파악할 때는 말의 내용뿐 아니라 말하는 방식에도 주의를 기울여야 한다. 특히 상대방의 자세, 목소리, 태도는 보통 정서에 관한 중요한 정보를 제공한다. 먼저 감정을 파악하고 반영적 공감을 해보자. 반영적 공감의 문장은 다음과 같다.

당신은 …한 것 같네요.

1. (상사와의 관계를 이야기하면서) "노력을 무척 하는데도 제대로 되는 것 같지 않아요. 매번 팀장님이 시키는 대로 하려고 하는데 잘되지 않아요."

　　① 죄책감　　　　　　　② 분노감　　　　　　　③ 좌절감

➡ 반영적 공감 실습: "당신은 …한 것 같네요."

2. "저의 업무에 대해서 너무 간섭하지 마세요. 제 소신껏 창의적으로 일하고 싶습니다."

   ① 낙심함   ② 불쾌감   ③ 절망감

   ➡ 반영적 공감 실습: "당신은 …한 것 같네요."

3. "기계가 자주 고장이 나서 목표량만큼 생산할 수가 없습니다. 이번 기회에 기계를 바꾸는 것이 좋겠습니다."

   ① 격분함   ② 짜증스러움   ③ 외로움

   ➡ 반영적 공감 실습: "당신은 …한 것 같네요."

4. (끌려가며) "마마님! 마마님! 용서하지 않을 것입니다! 마마님을 이렇게 만든 자들을 용서하지 않을 것입니다."

   ① 한이 맺힌   ② 불안   ③ 두려움

   ➡ 반영적 공감 실습: "당신은 …한 것 같네요."

5. (팀장님과의 관계를 설명하면서) "제 생각에는 문제가 없는 것 같은데 팀장님은 저를 좋아하시지 않아요. 그냥 어떻게 해야 될지를 모르겠어요."

   ① 배신   ② 측은함   ③ 심란함

   ➡ 반영적 공감 실습: "당신은 …한 것 같네요."

6. (어려움을 당하고 있는 친구에 대해서 이야기하면서) "마음에 걸리고 정말 걱정이 돼요. 돕고 싶은 데 도대체 연락이 안 되네요."

   ① 지긋지긋함   ② 답답함   ③ 서글픔

   ➡ 반영적 공감 실습: "당신은 …한 것 같네요."

7. (회의 시간에 세미나 장소 결정에 대한 팀장의 반응을 설명하면서)"막 화를 내시더군요. 그냥 저를 막 꾸짖으셨어요. 제 자신이 너무 바보처럼 느껴졌고 완전 묵사발이 된 것 같아요."

① 절박함   ② 후련함   ③ 울화가 치밈

> ➡ 반영적 공감 실습: "당신은 …한 것 같네요."

실습문제 모범답안

1. ③ 2. ② 3. ② 4. ① 5. ③ 6. ② 7. ③

표면적 공감의 실습

감정을 파악하고 표면적 공감을 해보자. 표면적 공감 문장은 다음과 같다.

당신은 … 때문에 …한 것 같네요.

실습 01   아주머니의 사례

"힘이 빠지네요. 지불해야 할 공과금 고지서가 몇 개월째 밀려 있는데…."

① 아주머니가 경험한 사건:

② 아주머니의 감정:

> ➡ 표면적 공감 실습: "당신은 … 때문에 …한 것 같네요."

실습 02   수빈의 사례(병원에 입원한 지 벌써 3개월이 지나고 있다)

"이렇게 병원에 갇혀 있는 내 모습이 지겨워 죽겠어요. 언제나 나갈 수 있을지…."

① 수빈이가 경험한 사건 :

② 수빈의 감정 :

> ➡ 표면적 공감 실습: "당신은 … 때문에 …한 것 같네요."

박 팀장의 사례(오랫동안 새로운 상품을 개발하고 있었다)

"드디어 해냈어요. 우리 상품이 대박을 냈다고요. 성공했다고요!"

① 박 팀장이 경험한 사건:

② 박 팀장의 감정:

> ➡ 표면적 공감 실습: "당신은 … 때문에 …한 것 같네요."

심층적 공감의 실습

> 당신은 … 하기를 원했는데 …하여서 …한 것 같네요.

① 원함:

② 현재 상황:

③ 감정:

실습 04 **창수의 사례**

"그냥 아버지가 지긋지긋해요. 늘 이거 해라 저거 해라 명령하시거든요."

① 원함:

② 현재 상황:

③ 감정:

> ➡ 심층적 공감의 실습: "당신은 …하기를 원했는데 …하여서 …한 것 같네요.

실습 05 **김 대리의 사례**

"회사에서 너무 많은 일을 시키니까 못 참겠어요."

① 원함:

② 현재 상황:

③ 감정:

> ➡ 심층적 공감의 실습: "당신은 …하기를 원했는데 …하여서 …한 것 같네요.

실습문제 모범답안

실습 01. 아주머니의 사례
 ① 아주머니의 사건: 공과금이 밀려 있다.
 ② 아주머니의 생각: 낼 돈이 없다.
 ③ 아주머니의 감정: 우울함
 ➡ "당신은 공과금 내야 할 돈이 없어서 걱정이 되는 것 같네요."

실습 02. 수빈이의 사례(병원에 입원한 지 벌써 3개월이 지나고 있다.)
 ① 수빈이가 경험한 사건: 병원에 3개월째 입원해 있다.
 ② 수빈의 생각: 지금 나는 병원에 갇혀 있다.
 ③ 수빈의 감정: 답답함, 짜증남
 ➡ "당신은 병원에 오래 입원해 있어서 답답하고 짜증이 나는 것 같네요."

실습 03. 박 팀장의 사례(오랫동안 새로운 상품을 개발하고 있었다.)
 ① 박 팀장이 경험한 사실이나 사건: 개발한 상품이 대박 났다.
 ② 박 팀장의 생각: 상품이 히트한 것은 정말 좋은 일이다. 사장님이 좋아할 것이다.
 ③ 박 팀장의 감정: 기쁨, 만족함, 행복함
 ➡ "팀장님은 개발한 상품이 히트를 쳐서 기쁘고 즐거운 것 같네요."

실습 04. 창수의 사례(진로에 대한 고민을 이야기한다.)
 ① 원함: 아버지로부터 자유롭게 살고 싶다. 독립적으로 살고 싶다.
 ② 현재 상황: 아버지에게 간섭을 받고 있다.
 ③ 감정: 화남, 원망, 속상함
 ➡ "너는 자신의 진로를 스스로 결정하고 싶은데, 매번 아버지가 간섭을 하시니 화가 나고 원망스러운 것
   같구나."

실습 05. 김 대리의 사례
 ① 원함: 편안하게 일하고 싶다. 일을 줄이고 싶다.
 ② 현재 상황: 업무가 과중하다.
 ③ 감정: 짜증남, 화남, 억울함
 ➡ "김 대리는 적정한 분량의 업무만 하고 싶은데, 일이 너무 많이 주어져서 짜증나고 화가 나는 것 같네
   요."

① 공감의 기제

- 마음이론
- 이야기의 관점
- 인지적 공감
- 참된 공감
- 정서적 전염
- 동일시

② 참된 공감의 의미

참된 공감은 상대방의 감정을 짐작하여 그 감정을 말로 읽어주는 것이다.

③ 감정을 읽는 능력 향상

- 감정의 범주를 파악한다
- 김장의 종류를 파악한다
- 감정의 강도를 파악한다
- 감정의 단어를 파악한다
- 감정의 단어를 표현한다

④ 공감의 공식

1단계 상대방의 입장이 된다

2단계 상대방의 감정을 짐작한다

3단계 짐작한 감정을 말로 표현한다

4단계 (표현할 때) 1인칭으로 한다

5단계 (표현할 때) 의문문으로 한다

⑤ 공감의 종류 및 공감의 문장

- 반영적 공감의 문장: "당신은 … 한 것 같네요."
- 표면적 공감의 문장: "당신은 … 때문에 …한 것 같네요."
- 심층적 공감의 문장: "당신은 … 하기를 원했는데 … 하여서 … 한 것 같네요."

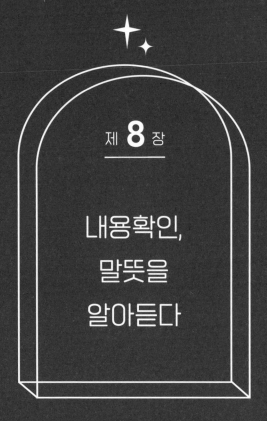

제 **8** 장

내용확인,
말뜻을
알아듣다

서로 다른 말뜻

1997년 9월 26일, 여객기가 인도네시아 메단 부근에 추락하여 승객 222명과 승무원 12명이 전원 사망했다. 탑승자 전원의 목숨을 앗아간 가루다 인도네시아 항공 에어버스 A300이 추락 직전 관제탑과 마지막으로 교신한 내용이 공개되었다. 인도네시아 지역 방송은 항공기가 추락하기 1분여 전부터 마지막 순간까지의 생생한 교신 기록을 방영했다. 항공기의 정확한 추락 원인은 아직 밝혀지지 않았다. 그러나 교신 기록은 관제탑과 조종사가 '왼쪽', '오른쪽'의 방향을 놓고 혼란을 겪었음을 보여주고 있다. 믿어지지 않는 교신 내용은 다음과 같다.

관제탑 GIA 152, 오른쪽으로 방향을 틀어라.

조종사 알았다. 오른쪽으로 가겠다.

관제탑 오른쪽이라니까.

조종사 알았다.

관제탑 지금 왼쪽으로 방향을 틀고 있지 않은가.

조종사 아니다. 오른쪽으로 가고 있다.

관제탑   OK. 그대로 왼쪽으로 가라.

조종사   (잠시 머뭇거린 뒤) 왼쪽이라고? 지금 우리는 오른쪽으로 가고 있다. 관
          제탑 오른쪽, OK. (잠시 머뭇거린 뒤) OK. GIA 152. 그대로 오른쪽으로
          가라. 조종사 아아아아악! 알라후 아크바르(신은 위대하다)!

결국 비행기는 추락했다. 조종사와 관제탑은 줄곧 영어로 교신했으나 조종사
의 비명에 이어지는 마지막 한마디는 "신은 위대하다!"라는 아랍어였다. 이 대
형 참사의 원인은 어이없게도 관제탑의 오른쪽은 조종사의 왼쪽이라는 간단한
사실을 잊은 데 있었다.

무슨 말을 하는 것인지?

또 하나의 사례로, 건물이 붕괴되었을 때 의사소통의 곤란으로 어려움을 겪
었던 사건이 있다. 사고 현장에는 모두 여덟 명이 있었고 중상을 입은 사람은
네 명이었는데, 이 중에서 한 명이 응급 구조대에 전화를 했다.

119 구조대 ○○구조대입니다. 무슨 일입니까?

신고자 여기는 ○○에 있는 ○○빌딩인데, 빌딩이 무너져내려 사람들이 다쳤습니다.

119 구조대 환자가 몇 명입니까? (전체적인 인원)

신고자 환자는 네 명이에요. (중상을 입은 인원)

119 구조대 즉시 구조대를 보내겠습니다. 5분 정도 후에 도착할 예정입니다.

119 구조대는 구급차 두 대와 네 명만을 응급 처치할 수 있는 의료원을 보냈다. 구급차가 도착했을 때, 전화를 했던 사람은 당황했다. 중상을 입은 네 명 외에 가벼운 외상이나 정신적 쇼크를 입은 환자가 네 명 더 있었기 때문이다.

이 상황에서 119 구조대와 신고자가 범한 실수는 무엇이었을까? 서로의 대화에서 확인을 하지 않은 것이다. 119 구조대는 사고 현장에 있는 모든 사고 인원을 이야기한 반면, 신고자는 자신의 눈으로 확인했을 때 외상이 있는 사람을 환자라고 생각하고 자신의 판단대로 행동한 것이다. 119 구조대는 신고자의 입장에서 내용확인을 하지 않았고, 신고자도 역시 그러했다.

이런 사건은 자주 일어나는 일은 아니다. 하지만 한순간의 착각이 큰 참사를 빚어냈다는 사실에서 상대의 입장을 이해하고 말할 때만 명확한 전달이 가능하다는 것을 다시 한번 깨닫게 한다.

이러한 큰 사건은 아니지만 일상생활에서도 이와 유사한 사소한 일들이 자주 일어난다. 우리는 대화를 할 때, 상대방의 말의 내용을 확인하는 과정 없이 상대방의 의도를 넘겨짚어 얘기하는 경우가 많다. 예를 들어 어떤 사람이 "이 넥타이 어때요?"라고 물어봤을 때 우리는 대부분 "좋다" 내지는 "별로다"라고 상대방의 의도를 짐작하고 말해버린다. 상대방이 질문하는 의도는 전혀 생각하지 않고 그저 자신의 생각과 견해를 말하는 것이다. 상대방이 다른 의도를 가지고 질문을 했을 때 '좋다' 또는 '별로다'라고 결론을 말해버린다면 상대방은 당황하거나 오해할 수도 있다. 그리고 상대방은 말하고자 하는 의도를 무시당한 것 같아 더 이상 이야기하고 싶은 마음이 없어질 것이다. 이러한 오해를 어떻게 해소할 수 있을까?

앞에서와 같이 "이 넥타이 어때요?"라는 질문을 받았을 경우 "넥타이가 어떠냐고 질문하시는 것을 보니 그 넥타이의 평가를 바라시는 것 같은데 제가 이해한 것이 맞습니까?" 하고 상대방의 의도를 재차 확인하는 과정을 거쳐야 한다. 이 경우에 상대방이 의도한 것이 넥타이에 대한 평가가 맞다면 거기에 대답하면서 이야기가 계속 진행될 것이고, 상대방의 의도가 그렇지 않다면 상대방은 다시 자신의 의도를 설명해주어 이야기가 계속 진행될 것이다.

말귀도 못 알아듣네!

대화할 때 상대방과의 커뮤니케이션이 100% 완벽하게 이루어질 수는 없다. 감정과 여러 부수적인 것들 때문에 오해를 불러올 수 있기 때문이다. 그러므로 대화를 하면서 항상 상대방이 말하고자 하는 의도를 확인하는 과정이 필요하다.

예를 들어 아내가 남편에게 새로 산 옷을 보여주며 "여보, 나 이 옷 샀는데 어때?"라고 물어보았을 때, 남편은 아내가 질문하는 의도를 전혀 생각하지 않고 "그 옷 어디서 샀어?", "얼마 줬어?", "왜 샀어?" 등의 반응을 보일 수 있다. 이러한 반응들은 남편이 생각하는 단정적인 결론이다. 그러나 아내의 입장에서는 이해받지 못한 것 같아 섭섭할 수 있다. 대부분 부부간의 갈등은 이러한 사소한 것에서부터 시작된다. 앞의 경우 남편은 아내에게 확인하는 절차를 거쳐야 한다. "당신이 나에게 옷을 샀다고 말하는 것을 보니 자랑하고 싶은가 보군?" 하

고 물어보아야 할 것이다.

우리가 직장에서 겪는 갈등이나 가정에서의 갈등, 사회생활에서의 갈등 등은 이런 확인하는 과정이 없어서 생기는 것이다. 이런 과정이 없어서 대화 중에 가족, 직장 동료, 친구 등의 인간관계에서 오해를 사기도 한다.

나의 경우도 친구와 대화를 하면서 확인하는 과정을 거치지 않고 내가 들은 것만으로 상대의 의도를 짐작하여 말함으로써 의사소통이 막히게 되어 다툰 적이 있었다. 관계가 깨지거나 인간관계에 어려움을 겪는 원인 중 하나는 이렇게 내가 파악한 메시지를 확인하지 않는 것이다. 즉 듣는 사람이 상대의 의도를 잘 파악하는가에 따라 친밀감이 더해지거나 관계가 깨질 수 있다

일반적으로 사람은 대화를 할 때 자신을 중심에 두고 메시지를 전달한다. 그렇지만 앞에서 말했듯이 사람들이 메시지를 전달할 때 내용 자체로 전달되는 것은 7%에 불과하고, 몸짓 등의 비언어적 커뮤니케이션으로 전달되는 것이 55%, 말을 하는 음색이나 음조 등으로 전달되는 것이 38%이다. 두 사람 이상이 대화를 하는 상황에서 서로의 의도, 감정 등을 정확히 알 수 있는 경우는 드물다. 대개 상대방이 말한 내용을 자신의 경험에 비추어 의도를 짐작하고 대화를 이어나간다. 그러나 이는 매우 위험한 일이다.

말귀를 알아들으려면

어느 미국 사냥꾼이 아프리카에 사냥을 하러 갔다. 그는 사자를 잡기 위해 유능한 아프리카 사냥꾼에게 사자 사냥의 길잡이를 해줄 것을 부탁했다. 출발한 뒤 얼마 가지 않아 사냥감을 발견하고 미국 사냥꾼은 열심히 달려가는데, 아프리카 사냥꾼은 달리다가 중간에 앉아 쉬더란다. 어이가 없고 답답해하는 미국 사냥꾼에게 아프리카 사냥꾼이 한 말은 이렇다. "우리가 너무 빨리 뛰어와 마음이 미처 따라오지 못하였으니 마음이 쫓아올 때까지 앉아 기다리노라."

아프리카 사냥꾼들은 가끔 사냥감을 쫓으면서 육체적으로 너무 많은 노력을 쏟아서라기보다 정신적인 피로감 때문에 휴식을 취한다고 한다. 그들은 사냥감의 움직임을 예상하며 최종 목적지가 어디인지 그려본다. 자신이 사냥감이라면 어떻게 할지 사냥감의 입장이 되어보는 것이다. 이러한 과정에는 정신적·감성적 노력이 필요하다.

아프리카 사냥꾼

마찬가지로 커뮤니케이션에도 상대방의 의도를 파악하기 위한 노력이 필요하다. 상대방과 대화를 하면서 그가 말하는 사실과 감성에 에너지를 집중해야 한다. 사실 상대방이 말하는 내용보다도 감정을 듣는 것이 훨씬 중요하다. 그러나 일단 상대방이 말하는 사실을 들으며 가끔 다시 되물어 확인하는 게 좋다. 예를 들어 학교에서 돌아온 딸이 가방을 소파에 던지면서 불평을 하자 엄마가 "세은아, 내 생각에 네가 엄마에게 화난 것 같은데 맞니?" 하고 말했다. 그러면 딸은 "아니에요. 엄마에게 화낸 것이 아니고, 오늘 학교에서 친구 때문에 속상한 일이 있어서요"라고 대답할 것이다. 상대방이 한 말이 내가 들은 것과 일치하는지 되물어 확인하면 내가 진심으로 듣고 있다는 것을 상대방이 알게 된다.

우리가 사람들에게 동기부여를 하기 위해서는 내용확인 기술을 터득할 필요가 있다. 내용확인은 상대방의 말뜻을 정확히 알아듣는 기법으로 커뮤니케이션의 정확성을 증진시켜준다. 라디오나 TV 토론 프로그램의 훌륭한 사회자는 내용확인 기술을 잘 활용하여 대담이 매끄럽게 진행되도록 한다. 사회자는 토론자가 말한 내용을 듣고 그것을 확인해주며, 또한 다른 토론자가 말한 내용을 정리해주는 것이다.

청자는 화자의 입장에서 감정이나 상황 등을 짐작할 수 있을 뿐이지 그것이 옳다고 판단해서는 안 된다. 따라서 판단하기에 앞서 짐작한 내용을 되물어보는 과정이 필요하다. 이런 내용확인의 과정을 통해서 서로 공감대를 형성하고 오해 없는 대화를 나눌 수 있을 것이다.

말귀를 알아들으려면 상대방이 말하는 것을 가끔 다시 되물어 확인하는 것이다. 그러나 우리는 흔히 상대방의 메시지를 정확히 알아들었는지 확인하기보다는 자신의 생각이나 주장을 말하는 데 신경을 쓰기 때문에 상대방의 메시지 내용을 오해하는 경우가 자주 있다. 내용확인은 이와 같은 의사소통의 장애로 인한 오해가 생기지 않게 해줌으로써 의사소통 증진의 기회를 제공해준다.

귀를 쫑긋 세운 토끼처럼

말뜻을 알아듣는 과정

내용확인은 상대방이 말하는 언어적 내용을 중점적으로 확인하는 기법으로, 상대가 한 말의 내용을 제대로 이해했는지를 알아보기 위한 것이다. 이것은 정확한 의사소통을 할 수 있도록 해준다. 따라서 내용확인은 상대방의 생각, 정보 혹은 제안을 상대가 의도한 바 그대로 내가 정확히 이해하고 있는가에 대하여 나 자신의 말이나 개념으로 바꾸어 진술하여 확인해보는 것을 의미한다. 즉 상대방의 말이나 내용에 대하여 어느 정도로 정확히 이해하고 있는가를 나타내 보이는 커뮤니케이션 기술이다. 내용확인은 주로 상대방의 메시지 내용면에 관계한다. 효과적인 내용확인은 상대방이 말한 본래의 진술보다 더욱 구체적인 진술이어야 한다. 이렇게 하기 위해서는 다음과 같은 훈련 과정이 필요하다.

상대방의 말 속에 담긴 주된 의미를 파악한다

내용확인은 상대방이 말한 의미를 바꾸지 않으면서 이야기의 핵심을 부연 설명하는 것이다. 이때 주의해야 할 점은 먼저 상대방이 한 말을 수용해야 한다는 것이다. 상대방의 이야기에 집중하지 않으면 그의 말을 대수롭지 않게 여기거나 가볍게 생각하게 된다. 그러므로 효과적인 내용확인을 위해서는 말 속에 담긴 주된 의미를 파악하려고 노력해야 한다.

상대방의 말 속에 담겨 있는 핵심 내용을 반영한다

우리가 대화할 때 자칫 범하는 실수는 상대방이 한 말을 앵무새처럼 되뇌면서 말 속에 담긴 내용을 간과하는 것이다. 효과적인 커뮤니케이션을 하기 위해서는 상대방이 말한 내용의 핵심에 관심을 가져야 한다. 핵심은 이야기의 전체에 있을 수도 있고, 일부분에 있을 수도 있다. 따라서 내용확인을 할 때는 상대방의 말 속에 담겨 있는 핵심 내용을 반영해야 한다.

상대방이 말한 수준과 비슷해야 한다

엄마가 딸이 늦게 귀가하는 문제 때문에 이야기를 하는데 "딸이 비행을 저지른 적이 있습니까?"라고 질문을 했다면, 이것은 딸에 대해 걱정하고 있는 엄마에게 초점을 둔 것이 아니라 딸에게 초점을 둔 폐쇄형 질문이다. 내용확인은 상대방의 이야기 내용과 비슷해야 하며, 질문이 아니라 서술문으로 해야 한다.

지금 - 여기를 중심으로 해야 한다

효과적인 커뮤니케이션을 위해서는 추측을 많이 해서는 안 된다. 대화를 하면서 저지르는 잘못 중 하나는 상대방의 이야기를 듣고 상대방이 말하지 않은 과거 경험까지 추측하여 말을 한다는 것이다. 효과적인 내용확인은 상대방이 한 말을 부연 설명하고 현재 시제를 사용하는 것이다.

내용확인 시 유의할 점

메시지의 인지적 측면에 초점을 두어야 한다

내용확인은 상대방의 감정을 반영하는 공감과는 다르다. 공감이 주로 상대방의 감정에 초점을 두고 하는 커뮤니케이션 기술이라면, 내용확인은 상대방이 말한 것의 인지적 측면에 초점을 두고 하는 커뮤니케이션 기술이다.

자신의 개념으로 재진술하여야 한다

내용확인을 할 때 주의해야 할 점은 상대방이 한 말의 내용이나 인지적 측면을 앵무새처럼 따라 하는 것과 혼동해서는 안 된다는 것이다. 앵무새처럼 상대방이 한 말을 따라 하다 보면 커뮤니케이션이 제자리에 머물고 대화가 진척되지 않는다. 따라서 대화를 할 때는 상대방이 하는 이야기의 본질에 세심한 주의를 기울이면서 상대가 전하고자 하는 메시지의 내용을 몇 마디로 요약해준다. 즉 상대방의 생각을 단어나 문체만 바꾸어서 물어보는 것이 아니라, 자신의 말이나 개념으로 바꾸어서 진술해야 한다.

다른 커뮤니케이션 기술과 함께 사용하여야 한다

내용확인을 너무 자주 사용하면 오히려 대화의 흐름을 방해할 수 있다. 계속적인 내용확인은 상대방에게 단지 앵무새처럼 말을 되뇌고 있다는 이미지를 주게 되어 신뢰감을 잃게 만든다. 따라서 내용확인을 너무 과도하게 해도 안 되며, 다른 커뮤니케이션 기술과 함께 사용하는 것이 효과적이다.

상대방을 향한 사랑에서 시작하여야 한다

효과적인 내용확인은 상대방이 무엇을 말하려고 하는가에 대하여 정확히 이해하려고 하는 진정한 태도와 바람에서 이루어져야 한다. 내용확인은 언어적 속임수나 장난이 아니다. 이것은 상대방의 진의를 이해하려는 태도와 사랑의 마음에서 이루어진다.

효과적인 대화는 서로 돌아가면서 말하는 것이 아니라 서로 이해하려고 노력할 때 가능하다. 상대를 더 잘 이해할 수 있는 방법은 말을 듣고 이해한 대로 말해본 후 구체적인 질문을 함으로써 제대로 이해했는지를 확인하는 것이다. 이렇게 서로의 생각을 확인하면 말하는 사람은 상대방을 더욱 신뢰하고 상대방이 자신을 이해해준다는 생각에 더 솔직하게 속마음을 표현할 수 있다.

내용확인의 목적과 유익

말하는 사람은 흔히 생각나는 대로 두서없이 말한다. 그래서 듣는 사람이 말한 사람의 이야기에 대해 간결하고 정확하며 시기적절한 내용확인을 해주면 상대방은 문제들을 정리해볼 수 있게 된다. 그러므로 내용확인의 목적은 상대방이 전하고자 하는 메시지의 내용을 지금 어느 정도로 이해하고 있는지를 상대방에게 알려줌으로써 한층 더 명확한 커뮤니케이션을 가능케 하려는 것이다. 그리고 상대방의 생각을 정리할 수 있게 해주기 위해서이다.

내용확인은 커뮤니케이션에서 안고 있는 여러 가지 듣기 장애 요인을 극복하는 데도 매우 효율적인 방법이다. 따라서 내용확인의 유익은 다음과 같다.

- 상대방에게 그가 말하고 있는 것을 이해하려고 노력하고 있다는 사실을 전달한다.
- 상대방의 진술을 보다 구체적이고 간결한 모양으로 재진술함으로써 상대방의 의사를 구체화한다.
- 상대방이 말하고 있는 내용을 내가 잘 이해했는가를 확인해봄으로써 자신의 지각 상태를 조사한다.
- 결국 내용확인은 상대방에게 자신의 현재의 이해 또는 오해에 대한 정확한 정보를 제공함으로써 의사소통을 보다 명확히 할 수 있도록 하려는 데 있다.

내용확인의 공식

존 스튜어트(John R. Stewart), 캐런 제디커(Karen E. Zediker), 사스키아 비테븐 (Saskia Witteborn)의 듣기 능력을 향상시킬 수 있는 방법을 기초하여, 내가 제시 하는 내용확인의 공식은 다음과 같다.

1단계: 핵심 내용을 파악한다

내용확인 1단계는 경청 공식의 1단계인 '귀로 듣는다' 부분에 해당한다. 따라서 핵심 내용을 파악한다는 것은 들을 준비를 하는 것과 함께 들은 내용을 구조 화하는 것을 의미한다. 이 단계는 특히 상대방이 전달하고자 하는 메시지를 정 확히 알아들으려고 하는 진지한 태도와 열망에서 시작된다.

대화할 때 내용을 구조화하는 것은 매우 중요하다. 상대방이 전하고자 하는 메시지의 내용을 내가 알고 있는 내용과 관련지어 이해하기 위해서는 메시지의 각 부분들을 서로 관련지어 구조화해야 한다. 메시지의 내용을 구조화할 때는 먼저 메시지의 목적, 핵심 내용, 세부 내용을 구분할 필요가 있다.

2단계: 파악한 내용을 자문한다

대화를 하면서 항상 "상대방의 말이 나에게 무엇을 의미하는가?"라고 자문해보 아야 한다. 이것은 상대방이 전하고자 하는 핵심 내용을 자신의 관점으로 되돌 아보는 것을 의미한다. 사람은 상대의 말을 다 들어보지 않고 지레짐작하거나 자신이 이미 알고 있는 내용이라고 성급하게 판단해버리는 경향이 있다. 그러나 이러한 판단은 결코 효과적이지 못하다. 대화를 할 때는 상대방에게 어떤 반응 을 보이기 전에 먼저 상대방의 말을 끝까지 다 듣고 나서 전체적인 관점에서 그 내용을 찬찬히 조망해보는 자세가 필요하다.

내용확인의 핵심은 상대방의 의견이나 입장에 대해 무조건적으로 동의하는 것이 아니라 이해하려는 것이다. 상대방의 관점을 제대로 이해하기 위해서는 그 밑바탕이 되는 가정이나 전제를 꼼꼼히 검토해보고 자신의 관점에서 되돌아보는 것이 중요하다.

3단계: 자문한 내용을 구체적으로 말한다

2~3분 간격으로 자신이 이해한 내용을 자기 말로 조용히 재진술해(paraphrase) 보는 것은, 내용을 제대로 이해했는가의 여부를 가늠하게 해주는 훌륭한 지표가 된다. 만약 상대방이 말한 내용을 자기 말로 바꾸어서 요약하지 못한다면, 그것은 들은 내용을 제대로 이해하지 못했다는 뜻이 된다. 상대방의 생각을 자신의 생각으로 고쳐서 진술하는 형식으로 이루어져야 한다.

4단계: 1인칭으로 말한다

말을 할 때 1인칭으로 해야 한다. 내가 짐작하고 해석한 것임이 문장 속에서 표출되어야 한다. 그래야 사람은 부담 없이 거기에 "예" 또는 "아니요"라고 쉽게 대답할 수 있을 것이다.

5단계: 의문문으로 말한다

내용확인을 할 때는 의문문으로 해야 한다. 왜냐하면 다른 사람의 말의 내용을 파악한 것은 자신의 짐작이기 때문이다. 자신이 파악한 내용이 맞을 수도 있고 틀릴 수도 있으므로 정확하다고 판단해서는 안 된다. 확인을 할 때는 '자신감 없이' 해야 하는데, 자신감 없이 하는 방법이 바로 의문문으로 하는 것이다.

내용확인의 문장

내용확인의 기본적인 문장

"내가 생각하기로는 ① …라고 말한 것 같은데, 내가 이해한 것이 맞습니까?"

"내가 듣기에는 ① …라고 말한 것 같은데, 내가 이해한 것이 맞습니까?"

---

①에 들어간 내용은 '내용확인 공식'의 2단계와 3단계이다. 상대방의 말을 듣고 자신이 이해한 주된 의미를 구체적으로 재진술하면 된다.

내용확인의 구체적인 문장

"내가 듣기에는 당신의 ① …한 말이 ② …한 것 같은데, 내가 이해한 것이 맞습니까?"

---

①에 들어갈 내용은 '내용확인 공식'의 1단계이다. ①에서는 상대방이 말한 메시지의 핵심 내용을 재진술해야 한다. 그다음 ②에 들어갈 내용은 '내용확인 공식' 2단계와 3단계이다.

이때 유의해야 할 점은 내용확인은 메시지의 내용에 초점을 맞추고 있다는 것이다. 상대방이 전하고자 하는 메시지의 내용을 파악해서 자신이 이해한 것을 구체적으로 진술하면 된다.

내용확인의 훈련과 연습

[예시 1]

박 팀장 "김 대리는 팀장으로서 적합하지 않습니다."

▶ 비효과적인 반응 "팀장님의 말씀은 김 대리가 팀장의 자격이 없는 사람이라는 것 같은데, 제가 이해한 것이 맞습니까?"

지나치게 일반적이고 막연한 내용확인으로 구체성이 결여되었다. 듣는 사람은 '적합하지 않다'는 말이 실제로 무엇을 의미하는지 정확하게 이해할 수가 없다. 이런 경우, 듣는 사람이 자신의 주관에 입각하여 '적합하지 않다'는 말을 해석해 오해할 가능성이 크다.

▶ 효과적인 반응 "팀장님의 말씀은 김 대리가 직장의 업무를 열심히 하지 않는다는 의미인 것 같은데, 제가 이해한 것이 맞습니까?"

구체적인 내용확인이다. 만약 이 확인이 박 팀장의 의사에 반대된다면 박 부장은 "아니요, 김 대리는 열심입니다. 그러나 그는 계획성이 없고, 또 해야 할 일을 잘 잊어버리기 때문입니다"라고 고쳐서 대답해줄 것이기 때문이다.

[예시 2]

학생이 선생님에게 "오늘 수업 시간에 졸려서 혼났습니다."

▶ 비효과적인 반응 "학생, 정신 차리고 열심히 공부해야지. 수업 시간에 집중하지 않으니까 그런 거야."
▶ 효과적인 반응 "내가 듣기에는 오늘 수업이 지루했다고 말하는 것 같은데, 내가 이해한 것이 맞니?"

학생 "아닙니다. 수업 시간에 졸아서 선생님께 죄송해서 한 말입니다."

<실습 문제>

[상황 제시 1] 다음의 글은 부부가 하는 대화이다. 부부의 대화를 읽으면서 내용확인을 연습해보자.

1. "우리는 왜 항상 당신이 원하는 것만 하게 되는 거죠?"

   경청　(내가 항상 내 방식만 고집한다고 말하고 있구나.)

   내용확인 _____

2. "그래요. 내가 원하는 건 한 번도 한 적이 없어요."

   경청　(내가 아내가 원하는 것은 한 번도 안 했다고 말하고 있구나.)

   내용확인 _____

3. "한 번이라도 내가 원하는 걸 하면 좀 좋아요!"

   경청　(내가 너무 아내의 마음을 몰라줬다고 말하는구나.)

   내용확인 _____

4. "그래요. 우리는 항상 당신 친구만 만났잖아요!"

   경청　(항상 내 친구랑 함께 만나는 것이 짜증났던 모양이구나.)

   내용확인 _____

5. "나도 그분들이 싫은 것은 아니에요. 그렇지만 우리 친정에는 몇 달이나 못 갔잖아요."

   경청　(아내는 친정 식구들을 만나고 싶어 했구나.)

   내용확인 _____

   아내　"그래요. 친정 식구들이 보고 싶어요."

   남편　(아내는 정말 친정 식구들을 만나고 싶었는데 그동안 내가 너무 무심해서 섭섭했나보구나.)

   　　　　"그래, 그럼 당장 처가에 가도록 하지. 이번 주 계획을 그렇게 바꾸자고."

   아내　"그렇게까지 하고 싶지는 않아요. 다만, 가까운 시일 안에 만나보고 싶어요."

   남편　"좋아, 나는 당신이 친정 식구들을 그토록 만나고 싶어하는 줄 몰랐어."

   아내　"그래요? 난 정말 그랬어요. 당신이 내 마음을 이해해줘서 기뻐요."

아내가 가슴에 담고 있던 감정이 풀렸다. 즉 '감정'에서 '논리'로 넘어가는 데 걸린 시간이 짧았다. 그러나 만일 원래의 감정이 매우 강한 경우에는 시간이 더 걸릴 것이다. 그러므로 내용확인을 할 때는 상대방이 무엇을 말하고자 하는지에 대해 자신의 말로, 가능하면 정확하고 단순하게 묘사하는 것이 중요하다.

[상황 제시 2] 역할 놀이를 통한 실습을 해보자.

1. 학생이 수업 시간에 선생님에게 물었다.

   학생 "선생님, 지금 몇 시입니까?"

   [당신의 반응] _____

   _____

2. **학생** "선생님, 오늘 강의 시간에 졸려서 혼이 났습니다."

   [당신의 반응] _____

   _____

3. **팀장** "사장님, 그분은 교육 팀장이 되지 말았어야 했어요."

   [당신의 반응] _____

   _____

4. "그 사람을 이해할 수가 없어요. 그 사람은 어떤 때는 나에게 잘해주다가 어떤 때는 나를 무시하고 함부로 대할 때가 있어요. 그래서 그 사람이 이해가 되지 않아요."

   [당신의 반응] _____

   _____

상황 제시 1. 실습문제 모범답안

1. "당신은 내가 항상 내 방식만 고집한다고 말하는 것 같은데, 내가 이해한 것이 맞니?"
2. "당신이 원하는 것은 내가 한 번도 안 했다고 말하는 것 같은데, 내가 이해한 것이 맞니?"
3. "당신은 당신의 마음을 몰라주었다고 말하는 것 같은데, 내가 이해한 것이 맞니?"
4. "당신은 우리 가족들의 모임에 늘 내 친구랑 함께 만나는 게 짜증났구나?"
5. "당신은 처가 식구들이랑 만나고 싶은 것 같은데, 내가 이해한 것이 맞니?"

상황 제시 2. 실습문제 모범답안

1. "내가 듣기에는 시간을 묻는 것을 보니 강의 마칠 시간이 된 것 같은데, 내가 이해한 것이 맞습니까?"
2. "내가 듣기에는 오늘 강의가 도움이 되지 않은 것 같은데, 내가 이해한 것이 맞습니까?"
3. "내가 듣기에는 김 대리가 교육 팀장으로서 능력이 부족하다고 말하는 것 같은데, 내가 이해한 것이 맞습니까?"
4. "제가 듣기에는 그 사람이 당신을 일관성 없이 대한다고 말하는 것 같은데, 제가 이해한 것이 맞습니까?"

① 내용확인의 의미

내용확인은 상대방이 말하는 언어적 내용을 중심으로 확인하는 것으로, 상대가 말한 메시지의 내용을 제대로 이해하고 있는지 알아보기 위한 것이다.

② 내용확인의 훈련 과정

- 말 속에 담긴 주된 의미를 파악한다
- 말 속에 담겨 있는 핵심 내용을 반영한다
- 상대방이 말한 내용 수준과 비슷해야 한다
- 지금-여기를 중심으로 해야 한다.

③ 내용확인을 할 때에는

- 메시지의 인지적인 측면에 초점을 둔다
- 상대방을 향한 사랑에서 시작한다
- 자신의 개념으로 재진술한다
- 다른 커뮤니케이션 기술과 함께 사용한다

④ 내용확인의 공식

1단계 핵심 내용을 파악한다
2단계 파악한 내용을 자문한다
3단계 자문한 내용을 구체적으로 말한다
4단계 1인칭으로 말한다
5단계 의문문으로 말한다

⑤ 내용확인의 문장

- 내용확인의 기본적인 문장: "제가 듣기에는 …라고 말한 것 같은데, 제가 이해한 것이 맞습니까?"
- 내용확인의 구체적인 문장: "제가 듣기에는 당신의 …한 말이 …라고 말한 것 같은데, 제가 이해한 것이 맞습니까?"

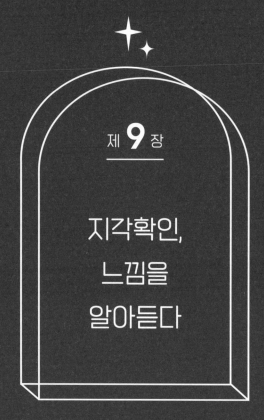

제 **9** 장

지각확인,
느낌을
알아듣다

언어보다 더 강한 표정

표정과 몸짓은 상대의 마음을 읽거나, 상대가 나에 대해 갖고 있는 감정을 판단할 때 중요한 단서가 된다. 표정과 몸짓은 언어보다 더 강하게 친밀함, 거부감, 노여움을 전하는 도구이다. 표정과 몸짓에는 보여주고 싶은 자기뿐만 아니라 감추고 싶은 자기까지 숨김없이 나타난다.

얼굴 표정은 나라와 인종에 상관없이 보편적인 언어이다. 얼굴 표정에 관한 세계적 권위자는 심리학자 폴 에크먼(Paul Ekman)이다. 그는 테러리스트나 범죄자들의 얼굴 표정과 목소리, 제스처 등에서 아주 작은 감정적 단서를 읽어낼 수 있는 여러 방법을 연구해 발표하고 있는데, 미국 연방수사국과 중앙정보부, 지방 경찰들까지도 범죄를 수사하는 데 에크먼 박사의 연구에 많이 의존하고 있다. 그 뿐만 아니라 세계의 뇌신경 의학자, 정신

폴 에크먼

의학자, 심리학자들도 심리 상태에 따라 얼굴에 있는 43개의 근육이 어떻게 움직이는지를 해독하기 위해 에크먼 박사가 개발한 '얼굴 행동 인식 시스템(FACS)'을 응용하는 실정이다.

다음 사진은 폴 에크먼의 저서인 『얼굴의 심리학』(2006, 바다출판사)에 나오는 얼굴 표정이다. 사진 속 얼굴 표정을 보고 상대방의 속마음이 무엇인지 짐작하여 보아라.

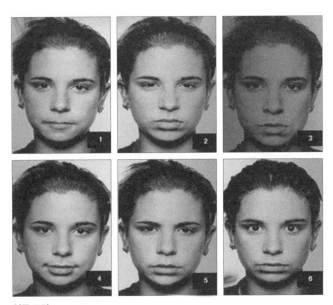

얼굴 표정
출처: 『얼굴의 심리학』(2006, 바다출판사)

①의 표정은 화를 꾹 참고 있는 표정이거나 아주 짜증 혹은 굳은 결심의 상태이다. 때로는 그 사람이 자신이 화가 나기 시작했다는 것을 깨닫기 전에 이 신호가 나타나기도 한다.

②의 표정은 역겨움이나 짜증남의 상태이다. 코의 잔주름과 두 눈의 간격을

좁히는 약한 근육 수축이 단서다.

③의 표정은 화를 참는 표정이거나 짜증이 나는 상태이다. 단서는 턱이다. 턱이 앞으로 튀어나와 있다.

④의 표정은 약간의 즐거움과 기쁨, 그리고 만족스러움의 상태이다.

⑤의 표정은 못마땅함, 불쾌함, 비참함, 당황함 등의 상태이다. 목표를 추구하다가 장애물을 만났을 때 느끼는 분노와 관련이 있다.

⑥의 표정은 화를 참는 상태이다. 이제 막 약간 짜증이 나기 시작했다. 눈꺼풀에 힘이 들어간 표정일 때는 앞뒤 상황을 따져보아야 제대로 읽어낼 수 있다.

무언의 마음 표현

폴 에크먼은 "만약 사람이 어떤 감정을 나타내는 얼굴 표정을 짓기만 해도 실제로 그에 상응하는 감정을 느낄 수 있다"고 말한다. 물론 행복한 표정을 짓는다고 해서 아무 상황에서나 행복을 느끼게 되는 것은 아니지만, 그러한 표정을 지음으로써 행복을 느낄 가능성은 얼마든지 있다. 얼굴을 찡그리고 있던 사람이 의식적으로 얼굴 근육을 펴고 미소를 지으면 마음도 밝아지면서 긍정적이고 즐거운 쪽으로 생각이 바뀌어갈 수 있다는 것이다. 내부에서 만들어진 감정이 얼

얼굴 근육으로 감정을 조절할 수 있다

굴 표정에 의해 외부로 분출되는 것처럼, 외부에서 주어진 자극으로 내부의 감정이 생길 수도 있다.

표정을 만드는 얼굴 근육은 뇌신경과 연결되어 있다. 앞의 왼쪽 사진처럼 입술을 내밀어 볼펜을 물어보라. 그러면 뇌는 당신이 화났다고 판단하여 긴장 호르몬을 분비 시켜 부정적인 감정을 느끼게 될 것이다. 그 대신에 오른쪽 사진처럼 볼펜을 치아로 가볍게 물고 있으면 뇌는 웃는다고 감지하여 행복 호르몬인 도파민을 분비하여 긍정적인 정서를 느끼게 될 것이다.

〈고도원의 아침편지〉에 좋은 글이 있어 이곳에 소개한다.

"굳이 말을 하지 않아도 그 사람의 마음이 느껴질 때가 있습니다. 굳게 다문 입술, 손과 발의 동작, 표정, 시선, 자세 등으로 그 사람이 무언의 의사 표시를 하고 있음을 저절로 알 수 있을 때가 있습니다. 몸으로 말하는 것을 읽어낼 수 있다면 좀 더 진솔한 대화도 쉬워질 뿐더러 사람 사이의 마음의 거리도 한결 좁아질 수 있을 것입니다."

이와 같이 표정은 상대의 마음을 읽어내거나, 상대가 나에 대해 갖고 있는 감정을 판단할 때 중요한 단서가 된다. 표정과 몸짓은 언어보다 더 강하게 친밀함, 거부감, 노여움을 전하는 도구이다. 표정과 몸짓에는 보여주고 싶은 자기뿐만 아니라 감추고 싶은 자기까지 숨김없이 나타난다.

상대방과 갈등이 있을 때 그 갈등을 해결할 수 있는 기술을 습득해야 하는데, 이는 상대가 표현하지 않은 비언어적 커뮤니케이션을 통해 그가 전달하고자 하는 메시지를 이해하고 확인하는 기술의 습득을 통해 이루어질 수 있다. 다른 사람과 대화를 할 때 상대방에게 반응을 보이기 위해 관심을 갖고, 적극적으로 경청하며, 들은 내용을 상대방이 처한 상황을 참작하여 처리하고, 상대방이 전달하고자 하는 핵심적인 메시지를 찾는 것도 모두 상대방을 잘 이해하기 위한 것이다.

사람의 느낌은 각양각색

크리스 라반(Chris Ravan)은 조금도 다르지 않은 똑같은 것을 보았더라도 각자의 느낌은 전혀 다를 수 있다고 하였다. 이는 사람이 사물을 볼 때 마음까지도 함께 사용하기 때문이라고 한다.

볼커 블랑츠(Volker Blanz)는 사람의 지각 과정을 그림으로 생각했다. 예를

감각과 지각

들어 사과 한 개가 눈앞에 있다고 가정하자. 사과가 우리 눈에 보이는 것은 사과에 부딪히는 빛이 반사되어 눈에 들어오기 때문이다. 따라서 어두운 곳에서는 자연히 사과를 보기 힘들어진다. 눈에 비친 영상이 신경에 전달되어 시각중추로 전해져 '아, 붉은 사과다'라고 색과 형태를 식별하게 된다.

여기까지의 과정이 감각인데, 아직 마음과는 관계하지 않은 상태이다. 감각까지는 누구든 똑같은 작용을 한다. 이 과정을 거치면 마음이 비로소 개입하게 되는 데, '붉은 사과다'라고 파악하면 동시에 사과에 대한 과거의 기억이 되살아나 '신선한 사과다', '맛있어 보이는 사과다'라는 식으로 사람마다 각자의 지각이 작용하는 것이다. 이와 같이 지각은 사람에 따라 과거의 경험에 비추어 각기 다르다.

감각은 물리적 에너지를 뇌에서 인식할 수 있는 신경 부호로 변환하는 과정

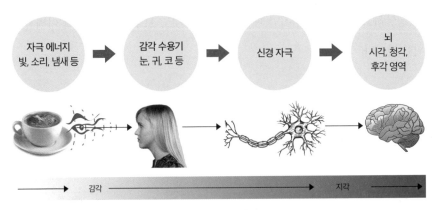

감각과 지각의 과정

이며, 지각은 감각 정보를 해석하고 조직화하여 주변 환경 속의 대상이나 사건을 파악하는 과정이다.

따라서 지각은 감각기관을 통해 이루어진다. 감각기관은 시각·청각·후각·촉각·미각 등 오관을 지각하는 모든 기관을 가리킨다. 감각은 뚜렷한 혹은 미묘한 사실들을 그대로 분명하고 확실하게 인지하지 못한다. 감각은 현실을 아주 잘게 쪼갠 다음 그것을 다시 모아 의미 있는 형태를 만든다. 이를테면 조각그림 맞추기의 작은 조각 같은 정보의 단편을 뇌에 입력하는 것이다. 그렇기 때문에 지각하는 대상과 그 대상에 관한 느낌 지각은 각자 다양하고 다를 수밖에 없다.

다음에 보이는 그림의 하얀 부분을 집중해보라. 무엇이 보이는가? 이번에는 배경에만 집중하라. 무엇이 보이는가? 이와 같이 우리가 어디에 집중하느냐에 따라 존재하는 것은 중심이 될 수 있고 배경이 될 수 있다.

커뮤니케이션을 위한 중요한 기법 중 하나는 상대방의 느낌과 경험을 파악하는 것인데, 이를 지각(知覺)이라고 한다. 지각은 대부분 과거 경험의 산물이다. 우리가 살아가면서 겪는 모든 사건과 경험에 대한 감정적인 반응은 우리의 머리에, 근육에 그리고 세포와 신경에 기록된다. 따라서 이러한 사건과 경험, 특히 이를 통해 느낀 감정은 언제나 우리 마음속에서 재생되어 움직인다. 그러나 이러한 것들의 대부분은 무의식으로 남아 있다.

지각은 때로는 학습의 효과일 수 있다.

사람과의 관계에서 일어나는 행동 하나하나가 바로 '상호 작용'이다. 정상적인 상호 작용에서는 한쪽이 말이나 행동으로 '자극'을 제공하면 다른 한쪽이 '반응'을 한다. 이러한 '자극과 반응'을 통해 커뮤니케이션이 이루어진다. 그러므로 사람과 관계를 맺을 때 상대방의 자극을 통해 자기 자신에게 나타나는 반응을 감지할 수 있어야 한다. 커뮤니케이션에서 상호 간의 자극과 반응을 통해 나타나는 것을 지각이라 할 수 있다.

몸, 많은 것을 표현

지각확인은 정서적 측면에 초점을 두고 있어 내용확인의 보조적 역할을 한다. 정서적 상태는 언어와 함께 신체적 동작, 생리적 변화와 같은 비언어적 행동에 의하여 표현된다. 따라서 대화를 할 때는 말의 내용뿐 아니라 상대가 말하는 방식에도 주의를 기울여야 한다. 자세, 목소리, 태도 등은 보통 정서에 관한 중요한 정보를 제공한다.

상대방의 느낌이나 경험은 보통 그의 말, 음조, 몸짓, 얼굴 표정 등에 나타난다. 그러므로 우리는 대화할 때 상대방의 자세, 눈길, 언어의 속도와 강도, 음정, 음색, 손발의 위치, 얼굴 표정 등과 같은 비언어적 커뮤니케이션에 초점을 두어야 한다. 얼굴을 붉히고 땀을 흘리며 근육을 움츠리거나 이완하는 것과 같은 생리적 반응과 옷의 종류, 적절성, 화장에 대한 관심 등을 포함한 모든 관점으로 상대를 지각하게 된다.

그리고 보이지 않는 변수에 대해서 지각하는 것이 중요하다. 예를 들어 열등의식에 사로잡혀 있다면 타인들의 웃음을 비웃음으로 지각하기가 쉽다. 이와 같이 타인의 느낌이나 경험에 대한 추측은 때때로 불확실하다. 그러므로 확인을 해야 하는 것이다.

잔느 알브론다 히튼(Jeanne Albronda Heaton)은 『Building Basic Therapeutic Skills』에서 효과적인 커뮤니케이션을 위해 다음과 같은 몸짓언어에 유의해야 한다고 했다.

내면의 의도는 몸짓 언어로 표출

외모

성이나 나이는 비교적 분명히 식별할 수 있지만 항상 그런 것은 아니다. 따라서 커뮤니케이션을 할 때는 인종, 표정, 키, 체중과 같이 신체적으로 주목할 만한 모든 측면을 관찰해야 한다. 그리고 이 부분에 대해 확인해야 한다.

의복이나 차림새

일반적으로 사람은 누군가를 만나면 2~3분 이내에 그 사람에 대한 첫인상을 형성한다. 그때 가장 중요하게 취급하는 정보는 그 사람의 외모나 차림새와 같은 겉모습이다. 사람은 인간관계에서 의복이나 차림새와 같은 것이 별로 중요하지 않다고 말하지만 실제로 이러한 것들은 그 사람의 교육 수준, 가정환경, 신분, 자기 관리 상태, 심지어 성격 등에 대한 단서를 제공한다. 때로는 겉으로 보이는 것이 더 많은 정보를 주기도 한다.

얼굴 표정

우리는 대부분 내면에서 벌어지는 일을 알아내기 위해 상대방의 얼굴을 살핀다. 사람을 대할 때 가장 먼저 눈에 들어오는 것 중 하나가 그 사람의 얼굴 표정이기 때문이다. 사람은 대개 상대방의 얼굴을 보는 것으로부터 커뮤니케이션을 시작하므로 상대방에 대한 일차적인 정보는 대개 그 사람의 얼굴 표정을 통해서 얻게 된다. 그 사람의 얼굴 표정에는 사회적인 신분 정도나 성격 등의 대략적인 신상 정보와 함께 희로애락과 같은 기본적인 감정 상태까지도 그대로 나타난다. 따라서 상대방의 얼굴 표정은 메시지의 의미를 제대로 파악할 수 있도록 도와주는 훌륭한 보조 수단이다.

눈

자신의 생각, 감정, 정보 등을 전달하는 인체의 모든 부분 가운데 가장 중요한 것은 눈이다. 눈은 인간의 신체 중 가장 신비로운 부위이다. 미국의 심리학자 에크하르트 헤스(Eckhard H. Hess)는 저서 『The tell-tale eye』에서 눈은 신체 중에서 초점이 가장 많이 모아지는 곳일 뿐만 아니라 가장 정확하게 감정 상태를 표현해주는 부분이라고 말했다.

눈을 마주치는 것의 의미는 나라마다 다를 수 있다. 미국, 캐나다, 영국, 유태 문화권에서는 얼굴을 마주하는 관계를 선호한다. 그러나 우리나라를 비롯하여 일본, 태국 등에서는 상대방의 눈을 똑바로 쳐다보면 무례하다고 생각한다.

동공의 크기

사람의 눈동자를 자세히 보면 한가운데에 검은색 동공이 있다. 에크하르트 헤스는 사람들이 반가울 때 동공의 크기가 무의식적으로 커지는데 그 흥분의 강도가 높으면 최대한 네 배까지도 팽창될 수 있음을 발견했다. 사람은 마음이 끌리는 대상을 발견하면 동공이 현저하게 커진다. 동공의 크기는 우리가 임의로 조절할 수 없는 몇 안 되는 몸의 언어 중 하나이다. 다음의 사진을 보라. 어떤 사진에 눈을 집중하고 있는가? 일반적으로 남자들은 여자 사진을 보면 동공이 확장되고, 여자들은 아기 사진을 보면 동공이 커진다.

아기와 여자

이러한 이유로 눈은 비언어적 커뮤니케이션 속에서 서로에 대한 호감의 정도를 가늠해 볼 수 있는 강력한 지표가 된다. 또한 사람의 동공 크기는 공포를 느낄 때 현저하게 커진다. 반면에 상대방에게 적대감을 가지거나 부정적인 기분이 들 때는 동공이 작아진다.

일반적으로 기쁨과 행복감을 느끼게 해주는 주제에 대해서 이야기할 때 사람의 동공은 커지는 반면에, 슬픔을 야기하는 주제에 대해 이야기할 때는 동공의 크기가 줄어든다.

눈을 깜빡거리는 횟수

눈은 거짓말을 하지 않는다. 특히 상대방이 속임수를 쓰고 있는지 아닌지를 알아보기 위해 중요한 단서를 찾을 때는, 상대방 눈을 중심으로 바라보라. 평균적으로 우리는 1분당 7~12회 정도 눈을 깜빡거린다. 그러나 속임수를 쓰는 경우에는 여기에 5~12회 정도가 더 늘어난다고 보면 된다. 동공의 크기와 마찬가지로 눈의 깜빡임을 조절하는 것은 불가능할 정도로 힘이 드는 일이다. 대화를 할 때 상대방이 1분당 눈을 깜빡이는 횟수가 눈에 띌 정도로 많다면, 그 사람의 말에 진실이 아닌 거짓이 섞여 있다고 짐작하고, 확인해보는 것이 좋을 것이다.

눈을 맞추는 시간

케빈 호건(Kevin Hogan)과 메리 리 라베이(Marry Lee Labay)는 일반적으로 눈을 맞추는 시간과 관계에 대해서 다음과 같이 말했다. "두 사람 사이에 눈을 맞추는 시간이 길수록 마음으로 느껴지는 친밀감의 정도도 상승한다. 서로 바라보는 시간이 길수록 서로가 느끼는 매력 지수도 증가한다. 눈 맞춤을 하는 시간이 길수록 자긍심이 높은 사람으로 보인다. 따라서 상대방과 눈을 맞추는 시간이 길수록 그의 내부에서 일어나는 감정적 자극의 정도도 그만큼 더 커진다."

잔느 알브론다 히튼이 말했듯이 너무 잦은 눈 맞춤은 상대를 통제하거나 위협하려는 욕구를 암시하며, 반면에 너무 적은 눈 맞춤은 수줍음, 위협에 대한 두려움을 의미하기도 한다.

이와 같이 눈의 크기, 눈동자의 움직임뿐만 아니라 시선을 주는 눈빛, 시선을 주는 빈도와 각도, 눈을 깜빡거리는 횟수 등을 통해서 눈은 거의 모든 종류의 의미를 전달할 수 있다. 특히 눈은 얼굴 표정의 일부로서 종종 관계가 얼마나 편안한지를 드러내준다.

눈물

우리는 상대방이 눈물을 흘릴 것 같은 징후를 민감하게 알아차리고 눈물을 흘리는 행위의 의미와 동기를 탐색해야 한다. 잔느 알브론다 히튼은 눈물을 흘리는 것과 관련하여 성별 간의 차이가 매우 크다는 것을 지적하였다. 많은 여성들은 슬플 때가 아니라 화가 났을 때 우는데, 그러한 눈물은 표현되지 않은 분노에 대한 좌절감을 나타낸다. 반면에 남성은 오랜 세월 동안 마음속 깊이 묻어두었던 것을 부드럽게 어루만졌을 때 눈물을 흘린다.

남자의 눈물, 여자의 눈물

잔느 알브론다 히튼이 말했듯이 듣는 사람이 남성이고 말하는 사람이 여성일 경우, 여성은 남성이 자신을 돌보는 위치에 있기를 바랄 것이다. 어떤 여성은 눈물을 거두고 안심하거나 더 나아지도록 남성이 뭔가 해주기를 바란다. 어떤 남성은 여성이 눈물을 흘릴 때 무언의 압력을 받거나 죄책감을 느끼기 때문에 그러한 상황을 회피하려고 할 수도 있다.

또한 많은 남성은 여성에 비해 같은 남성 앞에서 눈물을 흘리는 것을 더 수치스러워 한다. 여성은 대체로 자신이나 다른 사람이 눈물을 흘리는 것에 대해 다소 편안하게 느끼지만 항상 그런 것은 아니다. 많은 남성은 동성끼리 함께 눈물을 흘릴 때 커다란 위안과 수용을 경험한다.

사람은 울면서 위안을 경험하기 때문에 눈물은 신호 그 이상의 기능, 즉 치유를 돕는다. 그러나 상대방이 눈물에 대한 개인적이고 사회적인 통념을 깨뜨릴 때에야 눈물이 가진 긍정적 기능을 경험할 수 있다.

눈물은 '날 좀 가만 놔둬. 그건 너무 고통스러워. 그만 해!', '도와줘' 또는 '나는 슬퍼' 등의 다양한 의미를 가질 수 있는데, 거의 대부분 그 의미가 매우 복합적이다. 만약 맥락에서 그 의미가 분명히 드러나지 않을 때는 눈물의 의미를 상대방에게 물어보아야 할 수도 있다. 눈물에 대한 실마리를 절대로 간과해서는 안 되기 때문이다.

몸짓과 동작

앨버트 메라비언은 사람은 몸짓과 동작을 통해 상대방에 대한 반응이나 호감 정도, 신분이란 지위를 노출하는데, 상대방에게 호감이 있을 때는 상대방 정면을 향하고 좀 더 가까이 다가가면서 신체적 접촉이 증가하며, 다소 편안하고 열린 자세를 취하는 경향이 크다고 하였다. 또한 성격이 적극적인 사람은 늘 진취적인 자세를 취하는 데 반해서 소극적인 사람은 항상 불안해하고 유동적인 자세를 취한다고 하였다.

아이다 롤프(Ida. P. Rolf)는 심리적인 태도가 몸의 자세에 상당한 영향을 미칠 수 있다고 했다. 즉 불행한 일을 많이 겪은 사람은 평상시에도 찌푸린 얼굴이 펴

지지 않고 항상 고개를 숙이고 있으며, 공격적인 성향의 사람은 대개 머리를 앞으로 내민 자세를 여간 해서 바꾸지 못한다. 이와 같이 사람의 감정이나 심리적인 태도는 그 사람의 자세를 고정화하는 역할을 한다. 이것은 말하는 사람의 몸의 자세는 그 자체로 많은 메시지를 담고 있다는 뜻이다.

따라서 대화를 할 때도 상대방이 몸짓과 동작을 통해서 전달하고자 하는 메시지를 지각해야 할 것이다. 어떤 사람이 몸을 앞뒤로 움직이거나, 손으로 머리카락을 꼬거나, 시계를 보거나, 또는 몸을 앞으로 기울인 채 응시하거나, 팔짱을 끼고 경멸하는 태도와 시선을 보낼 때, 그 의미를 알아차릴 수 있다.

우리가 대화를 할 때는 수집 가능한 모든 자료를 활용해야 하며, 비언어적 실마리도 그러한 자료에 포함시켜야 한다. 그렇게 하여 상대방의 비언어적 커뮤니케이션을 종합해서 그가 전하고자 하는 의미를 발견해나가야 한다.

다양한 몸짓과 동작을 통해 메시지 전달

상대방의 의도를 제대로 이해하고 있는지를 확인하기 위해, 모호한 부분에 대해서 확인하는 것이 좋다. 예를 들어 어떤 사람이 이야기하는 중에 미간을 찌푸리거나 의자 끄트머리에 앉는 등의 행동을 한다면 그 사람이 불안해한다는 것을 짐작할 수 있다. 그러나 이런 짐작은 모호할 수 있다. 그때 "제가 보기에 … 한 것으로 이해되는데, 제가 이해한 것이 맞습니까?"라고 질문할 수 있다.

구현정은 전달하고자 하는 말의 내용에 따라 몸짓의 유형이 달라진다고 하였다. 그가 구분한 몸짓의 유형과 의미는 다음과 같다.

- **상대방을 비난할 때의 몸짓**　목의 근육이 긴장하고 숨이 거칠어지며, 한쪽 팔을 펴고 손가락으로 상대방을 향하는 몸짓을 한다. 이러한 몸짓은 여러 사회 집단에서 공통적으로 발견된다.
- **이성적으로 대화를 하는 경우**　몸짓의 사용이 거의 없고 몸이 굳어져 있으며, 입도 거의 움직이지 않는다.
- **흥분하거나 강조할 때의 몸짓**　주먹을 불끈 쥐거나 팔을 뻗는다.
- **자신이 없거나 감정이 가라앉을 때의 몸짓**　고개를 떨구거나 물건을 만지작거리고 있다.
- **긴장이 풀렸음을 나타내는 몸짓**　다리를 의자에 올려놓고 앉기, 상의 풀어놓기, 주머니에 손 집어넣기 등으로, 이러한 행동은 높은 사람들에게서 주로 나타나는 몸짓이다.
- **긴장된 상태를 나타내는 몸짓**　단추를 꼭 잠그거나 몸이 위축되는 것 등으로, 이러한 행동은 상대적으로 낮은 지위의 사람들에게서 나타난다.
- **경쟁 관계에 있거나 의견이 일치하지 않을 때 몸짓**　의자나 책상 위에 걸터 앉는다.
- **방어적인 몸짓**　팔짱을 끼거나 단추를 잠그고 있는 것은 방어적인 몸짓으로, 마음을 개방하거나 심정의 변화를 원하지 않는다는 것을 나타낸다. 즉

혼자 고립되었거나 보호받고 싶다고 느낄 때 자기도 모르게 팔짱을 낀다.

- **경쟁 상태의 몸짓** 발을 포개 놓는 폐쇄된 몸짓은 경쟁 상태를 나타내지만, 한쪽 발목을 다른 쪽 무릎에 얹었다가 다리를 내려놓는 것은 합의점에 도달하였다는 것을 나타낸다.

- **커뮤니케이션 중 손동작의 의미**

  - 손바닥을 비비는 것은 긍정적인 기대를 전달하는 한 방법으로 해석된다.

  - 깍지를 끼는 것은 좌절감이나 적의를 나타내는 것으로 해석된다.

  - 말을 하면서 손으로 입을 가리는 것은 거짓말을 하거나 은폐하는 동작을 나타내는 것으로 해석된다.

  - 손으로 코를 만지는 것은 거짓말하는 것을 세련되게 변형한 형태로 해석된다.

  - 손가락으로 코를 문지르는 것도 거짓말을 숨기려는 동작으로 해석된다.

  - 손가락으로 눈을 문지르는 것도 허위나 거짓말을 숨기려는 동작으로 해석된다.

  - 귀 주변으로 손이 가는 것은 말을 듣기 싫다는 것을 무의식적으로 나타내는 동작으로 본다.

  - 손으로 머리를 받치는 것은 지루함의 표현으로 해석된다.

  - 뺨 위에 손을 대는 것은 관심의 표현으로 해석된다.

  - 턱을 쓰다듬는 것은 청자가 결정을 내리고 있는 중이라는 신호, 팔짱을 끼는 것은 불리한 상황을 피하려는 시도를 나타내는 것으로 해석된다.

음성, 많은 것을 표현

목소리

어떤 사람은 빨리 말하고 어떤 사람은 천천히 말한다. 어떤 사람은 속삭이듯 말하고 어떤 사람은 고래고래 소리 높여 말한다. 잔느 알브론다 히튼은 커뮤니케이션을 할 때 이러한 말하는 방식을 또 다른 문제를 보여주는 지표로 활용할 수 있어야 한다고 지적했다. 그는 작은 음성과 큰 음성에 대한 의미를 설명하였는데, 작고 부드러운 음성은 수줍음, 당황, 자기 노출에 대한 불편함, 조롱받을 것에 대한 두려움 등이 표현된 것이다. 반면에 큰 음성은 청각 장애 혹은 다른 사람에게 위협을 주려는 시도나 강렬한 감정을 반영하는 것일 수 있다.

또한 그는 말하는 스타일은 때로 더 심각한 정신 건강상의 문제를 의미한다고 하였다. 예를 들어 큰 소리로 쉬지 않고 빨리 말하려는 경우는 조증 상태의 신호일 수 있고, 반대로 천천히 낮은 톤으로 산만하게 말하는 경우는 우울증상일 수 있다고 지적하였다. 대화할 때의 목소리는 감정을 나타내는 신호이다.

주제의 흐름

사람은 긴장할 때 불안하거나 말실수가 증가하는 경향이 있다. 또한 자신의 감정을 자극하는 말을 듣거나 할 때 더듬거리거나 머뭇거리는 경향이 있다. 대화를 할 때는 상대방 이야기의 주제에 주목할 필요가 있다. 상대방이 이런저런 주제로 옮겨가며 이야기를 할 때가 있다. 이때 그 사람이 그러는 이유에 대해 깊이 생각해보아야 하는데, 그 이유를 두 가지로 살펴볼 수 있다.

첫째, 마크 냅(Mark. L. Knapp)에 의하면 말하는 주제 중 하나는 고통스러운 감정과 관련된 것일 수 있다. 어떤 사람이 화가 나는 사건에 대해 이야기한다면 그 사건은 다른 유사한 기억을 촉발할 수 있다. 이럴 경우 상대방은 화가 났던 사건들을 이리저리 건너뛰며 얘기할 수 있다.

둘째, 잔느 알브론다 히튼에 의하면 불편한 감정을 피하기 위해 새로운 화제를 끌어내는 경우가 있는데, 이때 상대방은 덜 불편한 주제로 바꿔버린다. 예를 들면 어떤 고통스러운 일에 대해 충고했을 때 낭만적인 주제로 주의를 돌리는 것이다.

웃음

웃음은 무조건 긍정적·호의적인 반응으로 받아들여지곤 하지만 실상 언제나 그런 것은 아니다. 웃음은 재미있거나 우스운 일이 있을 때 나온다. 또한 어색하거나, 쑥스럽거나, 부끄럽거나, 당황스럽거나, 걱정거리를 숨길 때도 웃음이 나온다. 따라서 웃음은 호의적으로만 받아들여지는 것이 아니라, 웃음의 종류에 따라 공격적, 악의적, 경쟁적, 나아가 허탈한 반응의 표시가 될 수도 있는 것이다.

웃음의 유형

웃을 때의 표정과 음색에 따라 그것이 나타내는 반응은 각양각색이다. 웃음이 모두 좋은 반응일 수는 없으므로 대화를 할 때 상대방이 언제, 어떻게 웃는지 주의를 기울여야 한다. 그리고 관찰한 내용을 상대방에게 지적하고 그 의미를 명료하게 설명하여 상대방의 행동에 대한 피드백을 주는 동시에 그의 반응을 설명할 기회를 주는 것이 효과적인 커뮤니케이션이다.

침묵

문화적인 차이는 있겠지만 대부분의 사람은 침묵을 힘들어하며 공백을 메우려고 한다. 많은 사람은 대화에서 침묵보다는 말을 하는 것이 중요하다고 생각한다. 그래서 상대방이 침묵하는 것을 불안해하면서도 그 이유를 충분히 이해하지 않고 바로 개입하려고 한다. 그러나 침묵 역시 자연스러운 커뮤니케이션의 한 양상으로 보아야 한다. 대화를 하는 가운데 침묵한다면 그것은 그 나름대로의 의미를 지니고 있다. 상대방이 말해야 하는 상황인데도 아무 말도 하지 않고 가만히 있을 때는 어떤 의미가 있다고 생각해볼 수 있다. 잔느 알브론다 히튼은 침묵은 다음과 같은 메시지를 담고 있다고 하였다.

- 생각 중이다.
- 감정에 압도되어 있다.
- 심중에 있는 말을 하고 싶지 않다.
- 상대방의 반응을 두려워한다.
- 자신의 이야기가 누설될 것을 걱정한다.
- 다른 사람의 신뢰를 저버리는 말을 해야 한다.
- 적당한 말을 찾지 못했다.
- 마음의 평정을 찾으려 한다.

이렇게 침묵에는 여러 가지 유형이 있고 그 나름대로의 함축된 의미가 있기 때문에, 상대방의 침묵이 무엇을 의미하는가를 이해하려는 노력이 필요하다. 침묵이 발생한 전체적 맥락을 이해하고 관찰함으로써 상대방이 침묵하는 이유를 발견할 수 있다. 그래도 침묵의 의미를 이해하기 어려우면 다음과 같은 질문을 할 수 있다. "무슨 말을 해야 할지 모르는 것처럼 보입니다. 제가 이해한 것이 맞나요?"

지각확인, 이해가 있는 자리

사람은 말보다 생각을 더 빨리 한다. 심리학자 리처드 니콜라스(Richard G. Nicholas)에 따르면 사람은 평균 1분당 125개의 단어를 말하는 데 비해서, 약 130억 개의 세포로 이루어진 두뇌는 1분당 800여 개의 단어를 처리한다. 이는 상대방이 말하는 속도보다 훨씬 더 빠른 속도로 사고할 수 있기 때문에 상당량의 잔류 사고 여유분을 확보할 수 있다는 의미이다.

그러나 대부분의 사람은 이 여분의 시간을 상대방의 말에 집중하기보다는 곁길로 빠져나가 딴 생각을 하는 데 허비해버리고 만다. 반면에 듣기를 잘하는 사람은 이 여분의 시간을 최대한 활용하여 자신의 사고 과정을 조절하면서 상대방의 관점이나 견해를 이해하려고 노력한다. 이 잔류 사고 여유를 활용하는 방법으로는 이제까지 들은 내용을 바탕으로 다음에 이어질 내용 예측하기, 상대방의 말을 중심 내용과 보조적인 내용으로 나누어 요약하기, 상대방 주장의 타당성 검토하기, 의미 추측하기 등을 들 수 있는데, 이러한 방법들은 모두 상대방이 한 말 확인하기의 성패를 좌우하는 매우 중요한 기술이다.

지각확인이란 상대방의 느낌과 경험을 그것들이 일어나는 그 순간에 정확히 이해하고 있는가를 확인해보는 기술이다. 사람들이 주고받는 의사소통의 내용은 세계나 환경에 대한 자신의 지각에 관한 것들이다. 그러나 우리의 지각은 많은 왜곡을 내포하고 있기 때문에 반드시 사건에 대해 확인해볼 필요가 있다. 타인의 경험을 정확히 이해한다는 것은 쉬운 일이 아니다. 자신의 주관적인 느낌에 따라서 상대방의 경험이나 느낌을 지각하기 쉽기 때문이다. 이런 추측은 때때로 매우 불확실해서 의사소통 시 많은 오해를 불러일으킬 수 있다. 따라서 상대방과 효과적인 의사소통을 하기 위해서는 그의 신체적인 동작과 생리적인 변화를 주의 깊게 관찰한 후, 나 자신의 지각이 정확한지 아닌지 확인해보는 것이 좋다.

지각확인은 상대방의 느낌과 경험을 있는 그대로 이해하고 있는지에 대해서만 임시적으로 확인해보려고 하는 선의의 노력으로서, 상대방을 한 인간으로서 있는 그대로 이해하기를 원한다는 사실을 그에게 전달한다. 또한 상대방의 느낌과 경험을 잘못 해석하여 행동함으로써 후회하는 것을 미연에 방지하는 데 도움을 준다.

지각확인 기술은 상대방의 느낌과 경험을 가치판단에 사로잡히지 않고 있는 그대로 정확하게 확인해볼 수 있게 한다. 여러 감각기관을 통해 전달되는 언어와 자극을 보면 말로 표현되는 것은 정말 작은 일부분에 불과하고 나머지 비언어적 요소들이 느낌 지각에서 얼마나 중요한지를 알아야 한다. 또 귀로만 말을 듣는다고 생각하지 말고 온몸의 감각을 다 동원하여 진심으로 상대방의 메시지를 이해해줄 수 있다면 그보다 좋은 것은 없을 것이다.

피터 드러커(Peter Drucker)는 그의 저서 『피터 드러커 미래경영』(2002, 청림)에서 "사물에 보이지 않는 또 다른 차원이 존재한다는 것을 인식하는 것은 매우 어려운 일이다. 즉 우리에게 이미 명백하게 지각된 어떤 것이, 또한 우리의 정서적 경험에 비추어 선명하게 인식된 어떤 것이 '표면'과 '이면'이라는 전적으로 다른 차원을 갖고 있어서 결과적으로 전혀 상이한 지각을 하게 한다는 사실을 깨닫는 것은 너무나 어려운 일이다. 달리 말해, 청자가 무엇을 인식할 수 있고, 왜 그것을 인식할 수 있는지에 대해 알기 전에는 효과적인 커뮤니케이션이 이루어질 가능성은 없는 것이다"라고 하였다. 따라서 커뮤니케이션의 성패는 대부분 우리가 듣고 보는 것을 얼마나 효과적으로 처리하는가에 의해 우선적으로 좌우된다.

어려서부터 우리는 모든 종류의 정보를 거의 의식하지 않은 채 처리해오고 있다. 우리는 자신의 어릴 때 경험, 개인적인 기대나 문제, 관심, 두려움 등의 여과기를 통해 세상을 바라본다. 마찬가지로 우리는 자신이 속한 문화, 성(性), 연령의 영향을 받는다. 우리 중 대부분은 이미 믿고 있는 것을 확증할 만한 것을 찾고, 이것은 다시 우리가 찾고 보는 것에 영향을 미치는 일종의 순환적 관계를 형성한다. 우리는 자신의 경험에 의해 생긴 여과기를 통해 상대방을 지각하고 있다는 것을 알고 있어야 한다.

따라서 효과적인 인간관계를 맺기 위해서는 다른 사람들의 행동을 정확히 지각할 수 있어야 한다. 사람은 잘못된 지각 때문에 인간관계에서 많은 갈등과 어려움을 겪게 된다. 대화를 할 때 상대방의 메시지를 정확히 지각하지 못하는 사람은 상대방이 전하고자 하는 메시지와 감정 그리고 의미까지 놓치게 된다.

제라드 이건은 효과적인 커뮤니케이션 기술은 얼마나 정확하게 지각했는가에 달려 있다고 했다. 상대방의 정서 상태의 긴장 상황

지각 과정

을 누그러뜨리면서 정확하게 지각하면 좋은 대화를 나눌 수 있게 된다. 정확한 지각은 기본적인 지능, 사회적 지능, 경험, 경험에 대한 반성, 지혜, 주의 집중, 상대방이 하는 말에 대한 적극적인 경청, 들은 내용의 객관적 처리에서 나온다. 이러한 지각 능력은 사회 정서적 성숙에 달려 있다. 따라서 커뮤니케이션에서 상대방에게 반응하기 전에 우선 지각할 수 있어야 한다. 즉 상대방이 느끼는 바를 알아내어 그 느낌을 표현할 수 있는 적절한 단어를 생각해야 한다.

지각확인의 공식

효과적인 지각확인은 "저는 당신의 현재 감정과 경험을 정확하게 이해하고 싶습니다"라는 메시지를 전달하는 것이다.

1단계: 비언어적 커뮤니케이션에 초점을 맞춘다

지각확인은 비언어적 커뮤니케이션을 통해 전달하고자 하는 의미를 정확히 알아들으려고 하는 진지한 태도와 열망에서 시작된다. 지각확인의 1단계는 경청의 기술 2단계인 '눈으로 듣는다' 부분에 해당한다.

2단계: 핵심 느낌(경험)을 파악한다

사람은 비언어적 커뮤니케이션을 통해 자신의 마음을 전하는 경향이 있다. 그래서 우리는 대화를 할 때 상대방의 비언어적 커뮤니케이션을 통해 주된 의미를 파악하려고 노력해야 한다. 주된 의미는 비언어적 커뮤니케이션에 묻어 있는 그 사람의 느낌이나 경험을 말한다.

3단계: 파악된 느낌(경험)을 자문한다

"상대방의 느낌이나 경험은 나에게 무엇을 의미하는가?"라고 자문해보아야 한다. 이것은 상대방이 비언어적 커뮤니케이션을 통해 전하고자 하는 메시지를 나의 관점으로 되돌아보는 것을 의미한다.

4단계: 자문한 것을 구체적으로 말한다

지각확인은 구체적이어야 한다. 여기서 구체적이라는 것은 상대방의 비언어적 커뮤니케이션을 그대로 읽어주는 것을 의미한다. 상대방의 비언어적 커뮤니케이션을 그대로 읽어줄 때, 상대방은 우리가 그의 이야기를 잘 듣고 있다는 것을 알 수 있다. 즉 얼굴 표정, 음성, 몸짓, 헤어스타일, 옷차림 등은 상대방의 감정이나 경험을 말해준다.

5단계: 1인칭으로 말한다

지각확인을 할 때는 1인칭으로 해야 한다. 왜냐하면 지각확인은 상대방의 비언어적 커뮤니케이션을 보고 내가 짐작하고 해석한 것이기 때문이다. 자신의 주관적인 지각임을 나타낼 수 있는 것이 바로 1인칭으로 하는 것이다. "내가 보기에…", "내가 듣기에…", "내 생각에는…" 등의 1인칭 문장이다.

6단계: 의문문으로 말한다

진술할 때 의문문으로 해야 상대방은 지각확인에 부담 없이 "예" 또는 "아니요"라고 쉽게 대답할 수 있다. 지각확인에는 맞고 틀림이 없다. 마치 탁구게임처럼 상대방이 자신의 마음을 표현할 수 있도록 질문을 통해 공을 상대방에게 넘겨주면 된다. 그렇게 하면 상대방은 자신의 마음을 표현하게 될 것이다.

지각확인의 문장

지각확인의 기본적인 문장

"제가 보기에 당신의 ① …한 것이 ② …한 것 같은데, 제가 본 것이 맞습니까?"

① ~에 들어갈 내용은 상대방의 비언어적 커뮤니케이션을 구체적으로 읽어준다. ② ~에 들어갈 내용은 상대방의 느낌 또는 경험을 진술해준다. 상대방의 비언어적 커뮤니케이션을 보고 자신이 파악한 상대방의 느낌 또는 경험을 말해주면 된다.

지각확인의 구체적인 문장

"제가 보기에 당신의 ① …한 것이 ② …때문에 ③ …한 것 같은데 제가 이해한 것이 맞습니까?"

① ~에 들어갈 내용은 상대방의 비언어적 커뮤니케이션을 구체적으로 읽어준다. ② ~에 들어갈 내용은 상대방의 과거 경험을 말해 주면 된다. 과거에 상대방이 경험한 사건이나 관계 등을 이야기를 하고 그 경험을 이야기할 때 구체적으로 말해야 한다. ③ ~에 들어갈 내용은 그 경험을 통해 상대방이 느낄 감정을 짐작해 말해주면 된다. 즉 상대방의 현재 감정을 읽어준다.

지각확인의 훈련과 연습

1. 다음의 얼굴 표정을 보고 지각된 것에 대해 서로 이야기해보자.

① ②

> ➡ ①에 대한 지각확인 예문: "제가 보기에 당신이 눈물을 흘리면서 입꼬리를 아래로 내리고 있는 것을 보니 슬픈 일이 있는 것 같은데, 제가 본 것이 맞습니까?"

> ➡ ②에 대한 지각확인 예문: "제가 보기에 당신의 눈썹이 치켜 올라가면서 입술을 꼭 다물고 있는 것을 보니 뭔가 화가 나고 못마땅한 일이 있는 것 같은데, 제가 본 것이 맞습니까?"

2. 손동작과 눈동자를 보고 지각된 것을 이야기해보자.

① 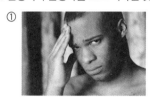 ②

> ➡ ①에 대한 지각확인 예문: "제가 보기에 당신이 손을 이마에 대고 눈은 한곳을 응시하고 있는 것이 어떤 일에 대해 걱정하고 있는 것 같은데, 제가 이해한 것이 맞습니까?"

> ➡ ②에 대한 지각확인 예문: "제가 보기에 손으로 얼굴을 감싸고 있는 것을 보니 힘든 일이 있는 것 같은데, 제가 이해한 것이 맞습니까?"

3. 사건을 통해 지각된 것을 이야기해보자.

[상황 제시] 팀 전략 회의 시 자신과 언쟁을 벌인 팀장이 직장에서 인사도 하지 않고 아는 척도 하지 않는다.

> ➡ 비효과적인 반응: 팀장님, 회의 시에는 상호 간에 의견 대립이 있을 수 있지 않습니까? 그런 걸 갖고 부장님께서 인사를 받아주지 않으시면 다음부터는 의견을 내기가 참 곤란합니다.

> ➡ 효과적인 반응: 팀장님 제가 보기에는 지난 회의 시 저와 의견을 달리 하셨던 일 때문에 섭섭하셔서 저를 모르는 척 하는 것 같은데, 제가 이해한 것이 맞습니까?

<실습 문제>

무엇을 말하고 있는가를 들으면서 숨겨진 감정의 실마리를 알아차리기 위해서는 그 사람의 비언어적인 행위를 조심스럽게 살펴야 한다. 대화에는 듣는 사람의 마음에 상대방이 가득 들어오고, 상대방의 말 한마디, 행동 하나하나에 듣는 사람의 온 관심이 집중되는 상태가 필요하다. 이와 같은 노력을 통해 듣는 사람은 상대방의 마음에 들어가 그가 전하고자 하는 의도를 알 수 있다. 다음의 그림과 사진을 보고 지각확인을 연습해보자.

1. 얼굴 표정을 보고 지각확인을 해보자.

①  ②

실습 01

_____

실습 02

_____

2. 손동작과 눈동자를 보고 지각확인을 해보자.

③  ④  ⑤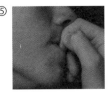

실습 03

_____

실습 04

_____

3. 몸짓과 동작을 보고 지각확인을 해보자.

⑥ ⑦ ⑧

실습 06

실습 07

실습 08

4. 행동을 통해 지각확인을 해보자.

실습 09

(새로 산 넥타이를 매고 나와서 동료에게) "이 넥타이 어때요?"

실습 10

회사에서 사원들이 나를 피해 지나간다.

실습문제 모범답안

실습 01 제가 보기에 당신이 한 곳을 응시하고 있는 것을 보니 중요한 결정을 해야 할 일이 있는 것 같은데, 제가 본 것이 맞습니까?

실습 02 제가 보기에 당신이 환하게 미소를 짓고 있는 것을 보니 반가운 사람을 만난 것 같은데, 제가 본 것이 맞습니까?

실습 03 제가 보기에 당신이 손을 볼에 괴고 앉아 있는 것을 보니 편안한 마음으로 누군가를 만난 것 같은데, 제가 본 것이 맞습니까?

실습 04 제가 보기에 눈을 크게 뜨고 입을 벌리고 있는 것을 보니 무엇을 보고 놀란 것 같은데, 제가 본 것이 맞습니까?

실습 05 제가 보기에 손톱을 물어뜯고 있는 것을 보니 고민과 걱정거리가 있는 것 같은데, 제가 본 것이 맞습니까?

실습 06 내가 보기에 A+받은 시험지를 들고 웃고 있는 것을 보니 시험 잘 친 것을 자랑하고 싶은 것 같은데, 내가 본 것이 맞니?

실습 07 제가 보기에 혼자 강의실 벽에 기대어 앉아 밖을 바라보고 있는 것을 보니 바깥 풍경을 구경하고 있는 것 같은데, 제가 본 것이 맞습니까?

실습 08 제가 보기에 컴퓨터를 보면서 소리를 지르고 있는 것을 보니 충격적인 화면을 본 것 같은데, 제가 본 것이 맞습니까?

실습 09 제가 보기에 당신이 넥타이에 대해 물어보는 것을 보니 넥타이를 새로 사서 잘 어울리는지 궁금한 것 같은데, 제가 이해한 것이 맞습니까?

실습 10 김 대리 내가 보기에 사람들이 나를 피하는 것을 보니 지난 번 회의 때 내가 부정적인 피드백을 하여 섭섭한 것 같은데, 내가 이해한 것이 맞습니까?

① 지각확인의 의미

지각확인은 상대방의 느낌이나 경험을 있는 그대로 이해하고 있는지에 되물어보는 대화 기술이다.

② 몸, 많은 것을 표현

- 외모
- 의복이나 차림새
- 얼굴 표정
- 눈
- 눈물
- 몸짓과 동작

③ 음성, 많은 것을 표현

- 목소리
- 주제의 흐름
- 웃음
- 침묵

대화를 할 때에는 상대방의 몸짓과 음성을 통해 전달되는 메시지를 들을 수 있어야 한다.

④ 지각확인의 공식

1단계 비언어적 커뮤니케이션에 초점을 맞춘다.
2단계 핵심 느낌(경험)을 파악한다.
3단계 파악된 느낌(경험)을 자문한다.
4단계 자문한 느낌(경험)을 구체적으로 말한다.
5단계 1인칭으로 말한다.
6단계 의문문으로 말한다.

⑤ 지각확인의 문장

- 지각확인의 기본적인 문장: "제가 보기에 당신의 …한 것이 …한 것 같은데, 제가 본 것
이 맞습니까?"
- 지각확인의 구체적인 문장: "제가 보기에 당신의 …한 것이 …때문에 …한 것 같은데,
제가 이해한 것이 맞습니까?"

제 **10** 장

자기개방,
내 마음을
열다

가면 뒤에 숨겨진 나

인간관계에서 자신의 생각이나 아이디어를 표현하는 것 못지않게 중요한 것은 자기 자신을 상대방에게 드러내는 것이다. 대화를 한다는 것은 서로의 생각, 감정, 정보를 주고받는 과정이기도 하지만, 동시에 끊임없이 자기 자신이 어떤 사람인가를 드러내는 과정이기도 하다.

대부분의 사람은 대화를 하면서 대화의 내용과 상대방의 감정, 생각에 초점을 맞추면서도 자기 자신을 어떻게 드러내고 있는지에 대해서는 별로 관심이 없다. 그러나 다른 사람과 대화를 하다 보면 의식하지 못한 채 자기 자신을 드러내게 된다. 이처럼 자기를 드러내는 것은 상대방과 관계를 맺는 데 중요한 의미를 지니고 있다.

사람은 여러 가지 모습의 자기를 가지고 있는데, 특히 세 개의 자기를 가지고 살아간다. 즉 개인적 자기와 사회적 자기, 그리고 문화적 자기로 살아간다. 개인적 자기(personal self)는 자신만의 고유한 성격이나 가치관 등 내면 속에 있는 모습이며, 사회적 자기(social self)는 사회적 역할이나 신분을 드러내는 자기이다. 마지막으로 문화적 자기(cultural self)는 과거의 경험을 통해 축적된 모습이다.

이 세 가지 자기를 시드니 주러드(Sidney M. Jourard)는 그의 책 『The Transparent Self』에서 이렇게 말했다. "인간은 두 개의 자기를 가지고 살아간다. 하나는 내면 속에 있는 진정한 자기(real self)이고, 다른 하나는 남에게 보여주기 위한 공적인 자기(public self)이다."

사실 우리는 학교, 직장, 사회 등에서 일반적으로 공적인 자기에 대해서는 이야기하지만 진정한 자기는 잘 드러내지 않는다. 진정한 자기를 드러내면 왠지 부끄럽고 손해를 보는 듯한 느낌이 든다. 그리고 사회적으로도 진정한 자기를 드러내서는 안 될 것 같은 분위기여서 자신의 연약함이나 사적인 자기를 드러내는 것을 꺼린다.

우리는 처음 이 세상에 무엇이든지 하고 싶은 대로 할 수 있는 자유로운 존재로 태어났다. 웃고 싶으면 웃고, 울고 싶으면 울고, 싫으면 싫다고 말하고, 좋으면 좋다고 말하고…. 그러나 그런 행동이 부모와 어른들로부터 무시당하고 처벌을 받거나 혹은 칭찬을 받는 강화의 법칙에 따라, 우리는 진정한 자기를 숨기고 남에게 보여 주기 위한 공적인 자기를 나타내는 방법을 터득하게 되었다. 그 결과 우리는 있는 그대로의 자기 모습을 숨기

진정한 자기, 자기를 사랑하고 받아들이는 것

고 남에게 인정받고 칭찬받기 위한 가식적인 자기를 형성하고 발달시켰다. 그런 의미에서 우리는 가면을 쓰고 살아간다고 할 수 있다.

대화를 할 때 자기를 개방하는 것은 남에게 보여주기 위한 거짓되고 공적인 자기의 가면을 벗고 내면 속에 있는 진정한 자기를 드러내는 것이다. 그런 의미에서 자기개방은 진실되고 정직한 행동이다. 누구보다도 자기 자신에 대해서 그렇다.

커뮤니케이션에서 가장 방해가 되는 것은 자기 자신을 속이는 일이다. 사람들이 자기 자신을 속이는 흔한 형태 중의 하나는 자기에게는 문제가 없다고 하는 것이다. 아픔을 지니고 있으면서도 아프지 않다고 말한다. 그래서 치유 받을 것도 없고 할 이야기도 없다고 한다.

내 마음의 창

다른 사람에게 자기를 개방하는 것은 불필요한 오해를 줄이고, 인간관계와 상호 간의 신뢰를 유지하는 데 도움이 된다. 심리학에 '조해리의 창(Johari Window)'이라는 것이 있다. 이 명칭은 모델을 개발한 조셉 루프트(Joseph Luft)와 해리 잉햄(Harry Ingham)의 이름 첫 자를 딴 것이다. 이 창은 다른 사람과 내가 아는 '열린 나(open self)', 다른 사람은 아는 데 나는 모르는 '눈먼 나(blind self)', 나는 알지만 다른 사람은 모르는 '감춰진 나(hidden self)', 나도 다른 사람도 모르는 '미지의 나(unknown self)'의 네 부분으로 구성되어 있다. 사람마다 각 부분의 크기가 서로 다르고, 숨겨진 내용이나 알려진 부분도 다르다. 다음 도표처럼 조해리의 창은 네 개의 창틀로 되어 있다.

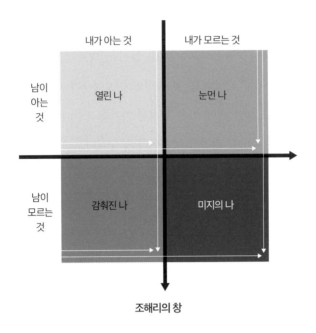

내가 아는 것　　　내가 모르는 것

남이
아는
것

열린 나　　　　눈먼 나

남이
모르는
것

감춰진 나　　　미지의 나

조해리의 창

남이 알고 있는 내 마음: 위쪽의 두 개 창틀

왼쪽 창틀(열린 나)은 개방적으로 자신이나 타인이 모두 알고 있는 마음의 부분이다. 이른바 공개된 성격으로, 즉각적인 피드백이 이루어진다. 오른쪽 창틀(눈먼 나)은 나의 재능이나 단점 등 남은 알고 있으나 나는 은폐하고 싶은 부정적인 내 마음이다. 주로 본인의 행동에 대해 강력한 피드백이 이루어진다. 본인은 자신의 행동을 인식하지 못할 수 있지만, 타인은 그 행동을 과대 또는 축소 해석하거나 그 사람의 성격과 연결지어 생각하게 된다.

　위쪽에 있는 두 개 창틀의 경우, 정확하고 시기적절한 피드백이 없거나 자신이 느끼는 대로 반응하지 않는다면 자신에 대한 평가가 잘못 이루어질 수 있다. 아마 외부에서 평가하는 성격의 80~90%가 이 영역에 해당할 것이다. 또한 직장이나 조직에서 수집되는 자료도 여기에 속한다.

남이 모르는 내 마음: 아래쪽의 두 개 창틀

왼쪽 창틀(감춰진 나)은 나는 알고 있으나 맹목적으로 억제하여 노출하지 않는 내 마음이다. 주로 집에서 표출되는 성격이라고 할 수 있다. 직장에서도 이를 동일하게 표출하는 사람들도 있지만, 대다수의 경우 집과 직장에서 표출되는 성격이 상반된다. 밖에서는 쾌활하고 유머가 있는 사람이 집에 오면 목석이 되거나, 반대로 밖에서는 조용하다가도 집에 오면 쾌활해지는 사람이 있다. 오른쪽 창틀(미지의 나)은 남도 모르지만 나 또한 모르는 무의식 부분이다.

조해리의 창 이론에 의하면, 인간관계가 원만하지 못하고 갈등이 발생하는 것은 내가 모르는 나의 부분과 남이 모르는 나의 부분이 크기 때문이다. 이는 자기개방과 피드백을 통해 열린 자기의 영역을 넓힘으로써 대인 관계 능력이 함양되고 개인 간의 갈등이 줄어들게 된다고 한다.

내 마음속의 나

창속에는 자신의 생각, 감정, 경험, 소망, 기대, 가족 사항, 취미, 종교, 교우 관계, 장단점 등 '자신에 관한 모든 것'이 포함되어 있다. 특히 창을 통해 알 수 있는 것은 우리가 아무리 정확도를 기하더라도 자기 자신이나 다른 사람의 성격에 대해 절반 밖에는 파악할 수 없다는 사실이다. 나머지 절반은 자료와 일치할 수도 있고, 그렇지 않을 수도 있다. 자기 자신이나 타인에 대해 절반만 안다고 하더라도 직장이나 학교에서 사람들과 관계를 맺고 일하는 데는 충분히 효과적이고 도움이 된다.

열린 나(개방형) 자신의 느낌, 생각, 행동 등이 자신이나 타인에게 잘 알려진 영

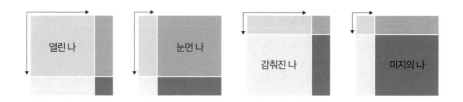

역이다. 효과적인 인간관계를 형성하기 위해서는 개방 영역을 빠른 시간 내에 넓혀가야 한다. 이 영역이 넓은 사람은 원만한 인간관계를 형성한다. 그러나 지나치게 자신의 모든 부분을 노출시키면 오히려 인간관계가 손상될 수 있다.

눈먼 나(자기주장형) 타인에게는 알려져 있으나 자기 자신은 알지 못하는 영역이다. 이 영역이 넓은 사람은 눈치가 없고 둔해서 타인이 보기에는 개선할 점이 많지만 정작 자신은 깨닫지 못한다. 또한 자기주장이 강하나 자기도취적인 사람이거나, 이와는 반대로 자존감이 낮아 자신의 좋은 점을 인식하지 못하고 있는 사람이다. 이 영역은 타인으로부터 얼마나 피드백을 받느냐에 따라 달라질 수 있다. 따라서 이 영역을 축소시키기 위해서는 타인의 조언이나 생각을 진지하게 받아들이는 자세가 중요하다.

감춰진 나(신중형) 자신에 대해 스스로는 알고 있으나 타인은 알지 못하는 영역이다. 이 영역이 넓은 사람은 신중하다고 볼 수 있으나 자기표현을 잘 하지 않는다. 따라서 타인은 그가 어떤 생각, 느낌을 갖고 있는지 알 수 없어 쉽게 접근하지 못한다. 이러한 현상은 자신을 수용하지 못하는 데서 기인하기 때문에 자기를 은폐하고 드러내지 않으려 하며, 자기개방이 두려워 불안해하고 긴장한다. 이 영역을 축소시키기 위해서는 자기개방이 필요하다.

미지의 나(고립형) 나도 모르고 타인도 모르는 영역이다. 이 영역은 심층적인 무의식 세계로, 자신에게 알려져 있지 않은 부분이다. 그러나 자신에 대해서 지속적으로 관심을 갖고 통찰을 하면 이러한 부분을 알게 된다. 이 영역이 넓은 사람은 고립되어 있고 심리적으로 고민이 많으며 부적응적인 삶을 살아간다.

내 마음의 개방 수준

이 테스트는 다른 사람과의 관계에서 얼마나 자신을 개방하고 있는지 평가하는데 그 목적이 있다. 점수는 0~10점까지 있다. 가장 낮은 점수가 0점이며 가장 높은 점수가 10점이다. 다음에 나오는 문제를 읽고 전혀 그렇지 않으면 0점을, 매우 그렇다면 10점을 기록한다. 정직하게 대답해야 한다.

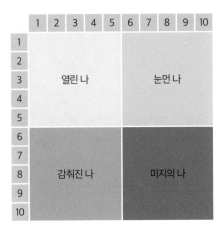

0점(전혀 그렇지 않다)~10점(매우 그렇다)

1. 나의 일에 대해 다른 사람(상사, 동료, 부하)으로부터 이런저런 잔소리를 들으면 기분이 나쁘다.

2. 자기 일을 다른 사람에게 이것저것 말하는 것은 속이 얕다고 생각한다.

3. 남의 말을 듣고 있는 중에 지루해지면 "요컨대 이런 말이지?"라고 말허리를 자르는 일이 많다.

4. '신비하다'라고 언급될 만큼 자신의 정체를 보이지 않는 것이 좋다.

5. 다른 사람(상사, 동료, 부하)이 뭐라고 말하건 구애받을 필요가 없다.

6. 하고 싶은 말이 있어도 꾹 참고 속으로 혼자 처리하는 경우가 많다.

7. 다른 사람(상사, 동료, 부하)으로부터 여러 가지 상담을 제안 받는 일이 거의 없다.

8. 타인의 일이나 의견에 대하여 의논하거나 자신의 생각을 말해주지 않는다.

9. 타인으로부터 주의를 받거나 비판을 받으면 무의식적으로 반론하고 싶어진다.

10. 자신의 기분이나 생각을 정직하게 이야기하기보다는 애매모호하게 흐리는 경우가 있다.

【 점수 계산 】

- 10 - (홀수 번호 답의 합계 ÷ 5) = X축

- 10 - (짝수 번호 답의 합계 ÷ 5) = Y축

점수를 계산하여 X축과 Y축의 점수에 의해 진단하며, 구분된 영역에서 가장 큰 면적이 자신의 자기개방 형태이다. 예를 들어 X축 = 8점, Y축 = 8점이면 오른쪽의 그

림과 같이 영역이 구분되어 개방형이 된다.

자기개방의 의미

우리는 '열린 나'의 영역을 확장해나가야 한다. 이 영역이 확장된 사람은 정서적으로 건강하다. 자기개방(self-disclosure)은 타인에 대한 개방성 차원이면서 동시에 커뮤니케이션 형태 중에서 중요한 역할을 수행한다. 자기개방이란 개인이 의식적으로 언어적·비언어적 수단을 통해 자신의 생각, 감정, 경험 등 자신에 관한 정보를 타인에게 알려주는 것을 의미한다. 사람은 종종 일상적인 말이나 타인에게 자신을 설명하는 방식으로 자기 자신을 무의식적으로 나타내곤 한다. 개방하기를 두려워하는 사람은 자신이 타인에게 개방되는 것을 위협으로 생각하기 때문에 실제적인 자신의 요구를 억누르게 된다. 커뮤니케이션 유형 중에서 자기보호형이나 자기부정형의 사람들이 이런 성격 유형을 대표한다.

함인희는 『여자들에게 고함』(2001, 황금가지)에서 자기개방은 자신의 긍정적인 면은 물론이고 부정적인 면까지도 상대방에게 보여주고 공유하는 것을 의미한다고 하였다. 사람은 누구나 타인에게 감추고 싶은 부분이 있으며 열등감도 많다. 자신의 잘못은 아니지만 숨기고 싶은 부끄러운 이야기도 있다. 그리고 누구나 자신의 삶에 상처가 있게 마련이다. 예를 들어 부모님 가운데 한 분이 안 계시다거나 재혼을 하셨다든가 하는 것은 부끄러운 이야기도 아니요, 숨겨야 할 잘못도 아니지만, 아무나와 쉽게 나눌 수 있는 것 또한 아니다. 상대방에게 자신의 부정적인 면, 부끄러운 면을 보여주었을 때 정말 중요한 순간은 그다음부터이다. 자기개방을 용감하게 시도했는데 왠지 꺼림칙하다든가, 후회가 된다든가, 상대방이 나를 피하는 것 같다든가 싶으면 그 관계는 바람직하다고 보기 어렵다. 이 문제는 서로가 서로를 얼마나 존중하고 신뢰하느냐를 가늠 할 수 있는 중요한 척도이기 때문이다. 만일 자기개방을 한 이후에 상대방을 대하는 것이 더 편안해지고 한층 더 친밀감을 느끼게 되었다면 그 관계는 성공적이라고 할 수 있으며, 평생 서로 의지할 수 있는 동반자를 만났다고 해도 지나치지 않을 것이다.

사람 간의 건전한 개방성은 공감대 형성을 촉진시킬 수 있다. 그러나 무조건적인 자기개방은 바람직하지 않으며 적절한 수준의 자기개방이 바람직하다. 건전한 자기개방은 균형 잡힌 자기개방이며, 이는 자기개방의 적절한 시간과 내용, 대상을 잘 선택해야 함을 의미한다.

이와 같이 자기개방은 자신의 인간적·개인적·사적인 면을 드러내는 것으로, 있는 그대로의 자신의 모습을 나타내는 것이다. 자기개방의 내용은 두 가지로 나누어 볼 수 있다. 첫째, 자신의 생각이나 감정, 기분, 경험, 정보 등을 개방하는 것이다. 예를 들면 "오늘 룸메이트와 싸우고 나와서 그런지 영 공부할 기분이 안 나요"와 같은 것이다. 둘째, 상대방과 공통된 생각, 감정, 기분, 경험, 정보 등을 털어놓는 것이다. 예를 들면 "나도 술을 잘 못 마시는데 그래서 그런지 술자리를 할 때마다 신경이 많이 쓰여요"와 같은 것이다.

자기개방의 가치

사람은 누구나 남들에게 좋게 비쳐지기를 원한다. 사람은 자기가 잘못한 일, 결점 같은 것을 이야기하기를 꺼린다. 자기의 잘못이나 결점을 이야기하면 어떤 때는 그로 인해 힘들어질 수가 있기 때문에 자기개방을 잘 하지 않는다. 그러나 로버트 카커프와 시드니 주러드는 자기개방이 커뮤니케이션 기술의 가장 중요

한 요소 중 하나임을 강조한
다. 전통적으로 친밀한 사람
끼리의 자기개방은 바람직한
것으로 받아들여져 왔다. 너
와 나 사이의 투명성이 친밀
한 정도와 비례한다고 생각
한 것이다. 그러나 조심성 없
이 하는 자기개방은 현명하
지 않다.

자기개방
감정을 드러내는 것은 자신의 진정한 자아를 드러내는 위험을
무릅쓰는 것이다.

톰 행크스가 주연한 영화 〈라이언 일병 구하기〉에서는 라이언 일병을 구하기
위해 특공대가 파견되고, 그 와중에 특공대의 대장인 존 밀러 대위와 대원들 간
에 포로 석방을 둘러싸고 갈등이 발생한다. 그런데 냉혹한 이미지의 밀러 대위
가 뜻밖에도 사랑하는 아내에게 빨리 돌아가고 싶은 희망을 간직하고 있는 평
범한 시골 교사 출신임을 대원들에게 고백하면서 갈등이 해소되기 시작한다. 이
렇게 타인에게 자기를 개방하는 것은 불필요한 오해를 줄이고, 상호 간의 신뢰
와 우호적인 관계를 유지하는데 도움이 된다.

동료 간에 갈등을 줄이고 효과적인 팀워크를 구축하기 위해서는 기본적으로
자기개방과 피드백을 위한 대화를 자주 갖는 것이 바람직하다. 정기적으로 만남
과 대화의 시간을 가진다거나, 회식을 한다거나, 새로 온 동료를 환영하는 일 등
은 '열린 나'의 영역을 넓히려는 노력의 일환으로 볼 수 있다.

특히 갈등 해소와 팀워크를 다지고자 하는 사람은 먼저 남이 모르는 자신의
부분을 알리는 자기개방에 시간과 노력을 투자해야 한다. 자기에 대해 알리는
노력을 진지하게 하면 상호 신뢰가 형성되면서, 자신이 모르는 개선점에 대한
진심 어린 피드백을 들을 수 있는 기회도 많아지게 된다.

내가 회사나 공공 단체에서 여러 사람들을 대상으로 커뮤니케이션 과정을 강의하는 중에 특히 팀장급 이상의 사람들이 가장 힘들어하는 부분이 바로 자기개방이었다. 그들이 팀원들에게 자기개방을 하였을 때, 관계가 좋을 때는 상관없지만 관계가 나쁠 때 자신의 정보를 불리하게 활용하지는 않을까 걱정을 많이 하는 것을 보았다. 이때 나는 참으로 안타까움을 느꼈다.

팀장이 팀원들과 관계를 맺고 대화를 할 때 자기개방을 하면, 팀원은 특정 문제와 그 문제 해결에 사용될 수 있는 자원에 정확하게 초점을 맞출 수 있게 된다. 따라서 팀장이 팀원으로 하여금 감정적 응어리를 풀도록 도우려면 팀장 자신이 자기개방을 효과적으로 해야 한다. 팀원은 자기가 모르는 사람에게 사적인 감정을 말할 수는 없기 때문에 팀장이 솔선하여 자신을 열어 보일 필요가 있다.

그러므로 대화에서 자기개방은 상대방으로 하여금 나를 이해하게 하고 나에게 가까이 오게 하는 방법이며, 상대방과 내가 신뢰와 사랑의 관계를 발전시키는 아주 좋은 방법이다. 그리고 상호 간에 솔직한 자기개방을 하면 자기 자신을 더욱 깊이 있게 이해하게 된다. 이렇게 되면 보다 바람직한 인간관계를 유지할 수 있고, 보다 아름다운 관계를 맺을 수 있다.

자기개방의 특징

자기개방은 언어적·비언어적 커뮤니케이션을 포함한다. 자기개방은 보통 두 사람 간의 관계에서 나타나며 상호적인 경향이 있다. 스티븐 리틀존(Stephen W. Littlejohn)은 자기개방에 대해서 다음과 같이 구체적으로 설명하고 있다.

- 자기개방이 증가하면서 관계의 친밀감도 커진다.
- 자기개방은 역동적인 상호 작용이다.
- 여성은 남성보다 자기개방을 더 잘하는 경향이 있다.
- 여성은 자기가 좋아하는 사람에게 더 개방하는 반면, 남성은 신뢰하는 사람에게 더 개방한다.
- 긍정적 개방은 친밀하지 않거나 중간 정도의 친밀한 관계에서 나타나는 경향이 있다.
- 부정적 개방은 매우 친밀한 관계에서 더 자주 일어난다.

자기개방 수준이 높아질수록 관계에 대한 만족이 증가하지만, 자기개방이 일정 수준 이상으로 높아질 경우 오히려 관계에 대한 만족이 감소한다. 그 이유는, 일반적으로 자기개방이 많아지면 부정적인 자기개방도 증가하게 되기 때문이다. 따라서 자기개방은 적정선까지만 해야 하고, 무조건 개방한다고 관계 증진에 도움이 되는 것은 아니다. 오히려 자기개방과 만족의 관계는 위로 볼록한

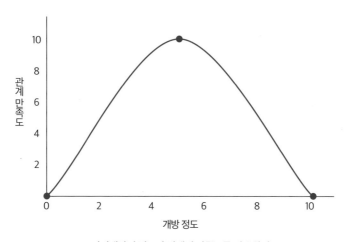

자기개방의 정도가 관계의 만족도를 좌우한다

포물선 형태여서 중간 수준에서 최고점을 형성하고, 자기개방을 하지 않은 상태나 모든 것을 개방한 상태에서는 만족도가 가장 낮은 것으로 나타났다.

이와 같이 대인 관계에서 너무 부정적이거나 지나치게 개인적인 자기개방을 하지 않는 것이 도움이 된다. 관계는 점진적인 것이기 때문에 관계가 더 친밀해지면서 자기개방을 할 수 있는 자연스러운 기회가 만들어지기 때문이다. 또한 자기개방은 반드시 상호적이어야 한다. 대인 관계에서 자기개방은 긍정적인 것과 너무 사적이지 않은 것으로 제한하는 것이 좋다.

듣는 사람의 자기개방 의미와 원칙

듣는 사람의 자기개방은 상대방의 이야기를 듣고 그와 유사한 자신의 경험을 개방하는 것을 의미한다. 따라서 대화에서 듣는 사람의 자기개방은 상대방의 문제와 관련하여 도움이 될 만한 자신의 비슷한 경험을 상대방에게 말하는 것이다. 일반적으로 직장, 가정, 학교에서 자신이 잘못한 부분, 부끄러운 부분을 말해야 하는 경우가 있는데, 이때 대부분은 많이 위축되어 있다. 특히 사람은 자신의 단점을 드러내는 것을 좋아하지 않는다. 사람은 자신의 단점이 드러나게 되면 숨기려고 한다. 이런 경우 이야기를 듣는 사람이 자기 자신도 완벽하지 않으며 한 인간으로서 비슷한 경험과 잘못을 했다는 것을 말해준다면, 상대방은 거리낌 없이 이야기를 할 수 있을 것이다. 이러한 자기개방은 상대방과 더 깊은 관계를 맺고 상대방으로 하여금 속마음이나 경험을 더욱 깊이 있게 개방하도록 촉진할 수 있다. 또한 상대방은 자신의 이야기를 들어주는 사람도 역시 완벽하지 않고 자기와 비슷한 고민과 걱정을 하고 있는 한 인간으로 여기게 되어 더욱 친밀감을 느끼게 될 것이다.

듣는 사람의 자기개방은 무엇보다도 상대방의 자기개방을 촉진하고 그로 하여금 감정의 응어리를 풀 수 있게 할 뿐만 아니라 카타르시스, 즉 감정의 정화 작용을 도와주기 때문에 대단히 중요하다. 그리고 상대방의 솔직한 자기개방이 특히 필요한 시점에서 크게 활용될 수 있다. 예를 들어 자기 자신에 대해 부정적인 자기개념과 열등의식을 가진 사람과 대화를 할 때, 청자는 자기개방을 통해서 상대방과의 신뢰 관계를 형성해나갈 수 있다.

학생   "저는 꼭 이런 가을이 되면 헤어진 여자 친구가 생각나서 힘들곤 해요. 벌써 몇 년이 지났는데 말입니다. 다른 계절에는 그런대로 잊고 지내는데 요즘음 같은 가을이 되면 유난히 생각이 많이 나서 힘이 들어요. 사실 그때 단풍놀이를 함께 갔다가 사소한 오해 때문에 다투어 결국은 헤어졌거든요. 제가 조금 더 이해하고 참았어야 했는데 말입니다. 참 허탈하더군요."

선생님   "누구나 그와 비슷한 경험을 할 수 있어요. 특히 특정한 시기나 장소와 관련한 기억이나 추억을 말입니다. 그것이 좋은 것이든 나쁜 것이든 말이죠. 사실 나도 그런 기억이 있어요. 나는 특히 첫눈이 내릴 때만 되면 고통스런 기억 때문에 좀 힘이 들어요. 왜냐하면 몇 년 전 첫눈 오는 날 아버님이 돌아가셨거든요. 그해는 초겨울부터 유난히 추웠는데 심한 감기 몸살로 앓아누워 계시다 대수롭지 않게 여겼던 감기 몸살이 합병증으로 발전하는 바람에 첫눈이 펑펑 오는 날 돌아가셨어요. 어찌나 울었던지… 그 후부터 첫눈 오는 날에는 그냥 눈물이 나오더군요. 조금만 더 관심을 갖고 아버님을 살폈으면 돌아가시지 않았을지도…."

학생   "제가 괜한 말씀을 드린 것 같네요. 그래도 선생님의 인간적인 모습을 보는 것 같아서 좋은데요. 선생님은 근엄하신 모습만 보여주셔서 왠지 어렵게 느껴졌는데 오늘은 아니에요."

선생님   "나도 알고 보면 부드러운 남자예요."

학생   "원 선생님도. 하여간 선생님이 훨씬 가깝게 느껴지니까 이제 더 편하게 제 이야기를 할 수 있을 것 같아요. 그리고 저도 저의 보다 깊은 면들을 자유롭게 털어놓을 수 있을 것 같아요."

출처: 『본성실현상담』(2003, 학지사)

이와 같이 자기개방을 통해 상대방이 개인적으로 중요한 이야기를 털어놓을 수 있게 되고 서로 간의 신뢰가 깊어진다. 또한 상대방이 사적인 이야기와 감정을 더 잘 털어놓게 되고 상대방으로 하여금 새로운 행동의 설정과 실행에 필요한 새로운 시각과 조망을 갖게 한다.

듣는 사람의 자기개방이 적절한 커뮤니케이션 기법으로 사용되기 위해서는 몇 가지 원칙을 명심해야 한다. 듣는 사람의 자기개방 원칙은 다음과 같다.

첫째, 상대방이 말한 내용에 초점을 맞추어야 한다. 상대방의 말을 들으면서 자신의 경험 중 어느 것이 상대로 하여금 문제 상황을 더 구체적으로 이해할 수 있게 하는지를 생각하여 선택적으로 자기개방을 해야 한다. 이러한 자기개방을 통해 상대방은 자신의 문제 상황을 잘 탐색할 수 있게 된다.

둘째, 상대방의 수준에 초점을 맞추어야 한다. 자기개방을 할 때는 상대방과 비슷한 나의 경험과 느낌에 초점을 맞추어야 한다. 혹시 비슷한 경험이 없다면 형제, 친구, 소설, 드라마를 통한 간접 경험을 말해주거나, 만약 그러한 경우라면 어떤 느낌일지를 말해주는 방식으로 가정법을 사용하면 된다. 그리고 그 자료가 상대의 문제 해결에 도움이 되는 것인지를 파악해야 한다. 도움이 안 되는 경험을 말하거나 자기 자랑을 하면 곤란하다. 상대방이 자신의 실패 경험에 대해 이야기를 하면 우리는 실패에 초점을 맞추어야 한다.

셋째, 상대방에게 부담을 주지 말아야 한다. 상대는 자신의 열등감과 실패감에 대해 이야기를 하는데, 듣는 사람은 자신의 실패를 이야기하면서 더 나아가 성공했던 방법과 경험을 이야기하면 상대에게 부담을 주게 된다. 자기개방을 할 때는 상대방에게 부담이 되지 않아야 하므로 개방할 시기와 정도를 잘 고려해야 한다.

넷째, 자주 사용하지 말아야 한다. 자기개방을 자주 하게 되면 오히려 상대방의 탐색을 방해하고, 상대방의 주의가 우리 자신에게 옮겨진다. 또한 자기개방을 자주 하면 상대방은 우리를 이상하게 생각하며, 혹 다른 목적이 있는 것은 아닌가 하고 의심을 하게 된다.

듣는 사람의 자기개방 시 유의할 점

이형득은 『본성실현상담』(2003, 학지사)에서 자기개방에 대한 가치를 다음과 같이 설명하고 있다. "듣는 사람은 자기개방을 통해 상대방에게 유사성과 친근감을 전달할 수 있고, 또 두 사람 간의 보다 깊은 이해를 발달시킬 수 있다. 그리고 스스로의 자기개방을 통해 상대방에게 보다 철저하고 깊이 있는 자기 탐색의 모범을 보여주게 된다. 리더는 상대방의 흥미와 관심에 적합한 개성을 가진 하나의 인간 존재로 상대방 앞에 나타날 수 있게 된다. 그러나 듣는 사람의 자기개방은 반드시 쉬운 일이 아닐 수도 있다. 왜냐하면 우리는 때때로 자기개방을 하는 과정에서 자신의 단점이나 부족한 점 그리고 숨기고 싶은 부분을 개방해야 할 수도 있기 때문이다. 그러므로 솔직한 자기개방을 위해서는 적절한 모험심과 용기가 필요하다." 따라서 듣는 사람의 입장에서 자기개방을 할 때에는 다음과 같은 사항을 유의해야 한다.

첫째, 상대방과 신뢰로운 관계가 형성된 후에 자기개방을 해야 한다. 상대방과 신뢰 관계가 맺어지지 않은 상태에서 하는 자기개방은 아무런 소용이 없고, 때에 따라서는 역효과가 나타날 수 있다.

둘째, 자기개방을 하기 위해서는 모험을 감행해야 한다. 자기만이 알고 있는 것, 그리고 다른 사람에게 이야기하지 않았던 자신의 경험을 상대방에게 진솔하게 이야기해주면 상대방은 더욱 친근감을 느끼게 되어 신뢰 관계가 촉진된다.

셋째, 자기개방을 할 때는 자신이 경험한 사건이나 감정을 표현해야 한다. 즉

"당신의 …한 행동을 보니 나의 …이 …하다"와 같이 이야기 내용의 초점이 자기 자신에게 있어야 한다.

넷째, 상대방이 관심을 가지고 있는 문제에 대한 자기개방을 해야 한다. 상대방이 관심을 갖고 있지 않은 문제에 대해서는 아무리 깊은 자기개방이라 할지라도 아무 소용이 없다.

다섯째, 어떤 사실의 개방일지라도 그 당시 자신이 느꼈던 감정을 결부시켜 개방하면 더욱 더 의사소통을 촉진할 수 있다.

자기개방의 공식

듣는 사람의 자기개방은 상대방의 느낌, 생각, 경험과 유사한 것이 있을 때 그것에 맞추어 자신을 개방하는 것이다.

1단계: 핵심 메시지를 파악한다

자기개방을 하기 위해서는 먼저 상대가 전하고자 하는 핵심 메시지를 파악해야 한다. 핵심 메시지를 파악한다는 것은 상대방의 이야기 내용과 그 내용에 담겨 있는 감정을 감지하는 것을 의미한다.

이 단계는 경청 공식의 3단계인 '가슴으로 듣고-의도를 파악한다'에 해당한다. 경청 공식의 1단계와 2단계를 거치면 되는데, 즉 상대방이 말한 내용＋감정＋의도를 경청하려고 노력하는 것이 자기개방 공식의 1단계인 핵심 메시지를 파악하는 것이다.

2단계: 파악한 메시지와 유사한 자신의 경험을 찾는다

이 단계는 상대방의 말을 들으면서 자신의 삶을 조망해보고 상대방의 이야기와 유사한 자신의 사건과 경험 그리고 그때 느꼈던 감정을 찾는다. 이렇게 하기 위해 필요한 것은 자기 자신에 대한 민감성이다.

3단계: 상대방의 현재 상황에 초점을 맞춘다

자신의 경험과 느낌을 찾을 때 가능한 한 상대방의 현재 상황에 초점을 맞추어야 한다. 이는 곧 상대방이 지금 이야기하고 있는 내용과 감정의 수준에 맞추는 것이다. 스트레스의 강도가 가장 낮은 수준이 1이고 가장 높은 수준이 10이라고 가정해보자. 상대방의 현재 상황에 초점을 맞춘다는 것은 상대방이 이야기하면서 4수준의 스트레스를 개방했다면 이 이야기를 들은 우리도 4수준의 스트레스로 개방해야 한다는 것이다.

예를 들어 대학 입시에 낙방하여 실의에 빠져 있는 학생이 자신의 삶에 대해 이야기를 하고 있다. 이 학생의 현재 상황은 낙방으로 인한 낙심과 좌절이다. 이때 자기개방을 위해 학생의 실패와 낙심에 초점을 맞추어 자신의 삶 속에서 실패한 경험과 느낌을 찾아야 한다. '상대방이 가는 곳까지 가고, 상대가 멈추는 곳에서 멈추라'는 것이 자기개방의 기본 원칙이다.

4단계: 자신의 경험을 구체적으로 말한다

자신의 경험을 구체적으로 말한다는 것은 두 가지 의미가 있다. 첫 번째 의미는 상대방의 말을 듣고 파악한 핵심 메시지를 진술하는 것이다. 이와 함께 자신이 경험한 내용을 구체적으로 말하는 것이다. 두 번째 의미는 자신의 경험을 말할 때 언제, 어디서, 무엇을, 어떻게 등을 구체적으로 말해야 한다. 특히, 자신이 그 사건을 경험한 시간적 배경을 말하는 것이다. 예를 들면 "나도 옛날에…"라는 식으로 표현하는 것이 아니라 "내가 고등학교 3학년 때…"라는 식으로 그 사건을 경험한 시기와 함께 경험한 내용도 구체적으로 밝혀주는 것이다.

5단계: (그 당시 느꼈던)자신의 감정을 말한다

자신의 경험을 통해 그 당시 자신이 느꼈던 감정을 말로 표현해주어야 한다. 이렇게 자신의 경험과 함께 감정까지도 표현해줄 때, 상대방은 심리적으로 동일시를 느끼고 마음의 문을 열게 된다.

6단계: 상대방의 감정을 반영한다

상대방의 감정을 반영한다는 것은 그가 말한 핵심 내용을 듣고 그의 감정을 알아주는 것이다. 자기개방에서 이 단계는 표현해도 되고 표현하지 않아도 된다.

자기개방의 문장

"당신의 ① …한 것을 듣고 보니 나도 ② …한 것이 ③ …하다. 그래서 당신도 …한 것 같네요."

① …에는 자기개방 공식의 1단계인 파악된 핵심 메시지를 말하면 된다.

② …에는 자기개방 공식의 2, 3, 4단계인 상대방의 경험과 유사한 자신의 경험을 말하면 된다.

③ …에는 자기개방 공식의 5단계인 그 경험을 통해 자신이 느꼈던 감정을 말하면 된다.

④ …에는 자기개방 공식의 6단계인 상대방의 감정을 읽어주면 된다.

자기개방의 훈련과 연습

자기개방을 할 때는 개방할 자료가 상대방의 문제 해결에 도움이 되는지를 잘 파악해야 한다. 도움이 안 되는 경험을 말하거나 자기 자랑을 하면 곤란하며, 개방할 시기와 정도(수준)를 잘 고려해야 하고, 초기부터 너무 개방을 하면 자신과 상대방의 입장이 바뀔 우려가 있다. 이제부터 자기개방의 수준과 그 반응에 대해서 알아보자.

1수준의 자기개방

상대방과 심리적인 관계가 멀고, 자기 자신에 대해서는 아무것도 나타내지 않는 수준이다. 즉 자신의 감정이나 성격에 관하여 전혀 개방하지 않는 것이다. 자신을 개방했다 하더라도 상대방과는 전반적으로 조화를 이루지 못한다. 이러한 자기개방은 부적합하고, 상대방의 기분을 상하게 한다. 예를 들어 딸과 아빠의 대화 장면을 들여다보자.

> 딸 "아빠, 애들이 저보고 뚱뚱하다고 놀려요."
>
> 아빠 "글쎄, 누구나 놀림을 당할 수는 있단다. 그럴 수도 있지 뭐."

➡ 자기 자신에 관한 상대방의 질문에 초점을 두지 않고 다른 데로 주의를 돌리려고 시도하는 경우이다. 설사 자기를 개방하였다 하더라도 상대방의 기분을 상하게 하는 것이어서 결국 신뢰감을 상실하게 된다. 자기개방을 하는 경우라도 단지 자신의 욕구 때문이고 상대방의 기대와는 무관하다.

2수준의 자기개방

질문에 대한 답은 하지만 개인적인 정보는 자진해서 주지 않는 수준이다. 따라서 상대가 자기와 비슷한 경험을 했는지에 대해서도 모를 뿐 아니라, 자기 문제에 대한 상대의 반응이 어떤지도 알 수 없다.

> 딸 "아빠, 애들이 저보고 뚱뚱하다고 놀려요."
>
> 아빠 "앞으로는 편식하지 말도록 해. 나도 옛날엔 좋아하는 음식만 먹어서 뚱뚱했잖아. 그런데 요즈음 나는 싫어도 야채 중심으로 식사를 하니까 몸의 균형이 잡히더군. 자, 어때?"

➡ 지나친 자기개방이 상대방을 압도하여 더욱 위축시킬 수 있다. 특히 이 경우는 자기 자랑이므로 매우 좋지 않다.

3수준의 자기개방

상대방의 관심과 일치하는 자신에 관한 개인적인 정보를 일반적인 방법으로 자진해서 제공하는 수준이다. 이 경우 제공된 정보는 상대방의 문제와 관련이 되며 문제 해결의 실마리가 될 수 있다. 그러나 이러한 정보는 때때로 모호하여 자신의 특성을 별로 나타내지 않는다.

딸　"아빠, 애들이 저보고 뚱뚱하다고 놀려요."

아빠　"나 역시도 살이 쪘다고 놀림을 받았지. 그래도 난 그런 말에 개의치 않았어. 뚱뚱하든 말랐든 그건 별로 중요한 일이 아니야. 사람은 마음씨가 중요한거야. 걱정하지 말고 공부나 열심히 해."

➡ 이와 같은 반응은 조언·충고이므로 적절한 자기개방이 아니다.

4수준의 자기개방

상대방의 관심, 흥미와 일치되는 자신의 개인적인 생각, 태도 및 경험에 관한 정보를 자연스럽게 자발적으로 전달하는 수준이다.

딸　"아빠, 애들이 저보고 뚱뚱하다고 놀려요."

아빠　"아빠는 고등학교 때 살이 너무 쪄서 애들이 나부 ㄱ 찐빵이라고 불렀단다. 난 신체적인 열등감 때문에 고등학교 시절을 우울하게 보냈지. 다른 애들은 장난삼아 별명을 불렀지만 난 정말 죽고 싶을 정도였어. 그때 참 힘들었단다."

➡ 아빠는 자기 자신을 구체적으로 딸에게 개방하였다. 아빠는 자신이 딸과 같은 경험을 했다는 사실을 개방했으며, 그것은 곧 딸의 문제와도 관련이 된다는 것을 딸에게 인식시켰다.

[상황 제시] (학생이 따돌림을 받는 상황을 이야기하고 있을 때, 선생님의 자기개방 반응)

학생 "선생님, 아이들이 저를 놀이에 끼워주지 않아요. 저와 노는 것이 재미없다고 생각해요. 그래서 참 속상해요. 저는 같이 놀고 싶은데, 애들이 잘 대해주지 않아요."

1수준 "글쎄, 누구나 따돌림을 받는 경우가 있단다."

➡ 선생님은 자신의 개인적인 경험과 관련되는 정보를 주기를 거절했다.

2수준 "너 누구한테 노는 법을 좀 배워야겠구나. 그러면 더 잘 놀 수 있겠지. 아마 아빠가 너에게 도움이 되실 거야."

➡ 선생님은 학생의 질문에 대답은 했지만 자신의 개인적인 정보 제공은 회피하고 있다. 그러므로 학생은 선생님이 자신과 비슷한 경험을 해보았는지, 또 자신의 문제에 대한 개인적인 반응이 어떤지 알 수 없다.

3수준 "나도 학교 다닐 적에 한때 따돌림을 당한 경험이 있지. 그때 나에게 도움이 되었던 문제 해결 방식이 너에게도 도움이 될지 모르겠구나. 그러니 좀 더 그 문제에 대해서 이야기해주면 좋겠구나."

➡ 선생님은 자발적으로 자신의 사적인 경험과 정보에 대해서 일반적인 용어로 기꺼이 개방하고 있다. 선생님이 개방한 자신의 경험 내용은 학생의 문제와 관련되는 것이며, 그 결과 상담 관계의 초점이 내담자에게 모이게 된다.

4수준 "네 이야기를 듣고 보니, 나도 중학교 2학년 때 아무도 야구 시합에 끼워주지 않아 쓸쓸하고 풀이 죽어 있었던 게 생각나네. 내가 네 나이 때 겪었던 실망감을 지금 너도 느끼고 있는 것 같구나."

➡ 선생님은 무엇에도 구애받지 않고 자유로이 자신을 드러내고 있다. 선생님이 구체적이고 일상적인 용어로 자기 자신을 개방했기 때문에 학생은 그를 고유한 개성을 지닌 한 사람으로 볼 수 있다. 선생님은 자신도 학생과 똑같은 경험을 했다는 사실을 인정하였고, 또한 인간적 관심권 밖으로 학생을 몰아내지 않으면서 자신의 독특한 경험 내용을 전달하였다.

<실습 문제>

실습 01

[상황 제시] (취업 준비를 하고 있는 대학생이)

대학생 "선생님, 요즘 저는 자꾸 불안하고 잡념이 들어 공부에 집중할 수가 없어요. 취직은 해야 되는데 그 압박감이 나를 짓눌러요."

[당신의 반응]

_____

_____

실습 02

[상황 제시] (심적으로 힘든 지인이)

김 씨 "요즈음은 참 많이 힘드네. 지쳤어. 그래서 어디론가 훌쩍 여행을 떠나고 싶은데 그것도 마음대로 잘 안 되네."

[당신의 반응]

_____

_____

실습 03

[상황 제시] (인터넷 게임 중독인 자녀를 걱정하는 어머니)

어머니 "선생님, 아들이 인터넷 게임 중독에 빠져 있는 것 같아요. 어떻게 하면 좋아요. 정말 걱정이 되고 가슴이 답답해요."

[당신의 반응]

_____

_____

실습 04

[상황 제시] (3년차 직장인 박 대리)

박 대리 "남들이 뭐라 하든 개의치 않고 열심히 일해야겠다고 생각하다가 점심시간에 밥 먹으러 갈 사람이 없어 혼자 있으면 이렇게 살아야 하나 싶은 생각이 들어요. 밥 맛도 없어 점심을 거르는 경우가 대부분이에요."

_____

_____

실습 05

[상황 제시] (회사에 갓 입사한 여직원)

여직원 "회사 내 직원들의 연령대가 높습니다. 저는 아직 나이가 어려 그분들과의 대화
에 공감대를 형성할 만한 것이 전혀 없으니 참 답답합니다. 저도 그분들과 그저
자연스럽게 대화하고 잘 지내고 싶은데, 직장 상사들이랑 대화가 참 힘드네요."

[당신의 반응]

_____

_____

_____

실습문제 모범답안

실습 01 "네가 공부가 되지 않아 힘들어하는 것을 보니, 나도 일주일 전에 책은 머리에 들어오지 않고, 중
요하지도 않은 사소한 것들이 자꾸 떠올라 연구에 집중이 되지 않아서 답답했던 게 생각나네.
너도 지금 답답하고 힘들겠구나?"

실습 02 "김 씨가 힘들어하는 것을 보니, 나도 이번 학기 동안 강의, 연구, 집필 그리고 상담 등 많은 일들
때문에 정신없이 살다 보니 '내가 왜 이렇게 사는가?'라는 생각이 들면서 참 처량했던 게 생각나
네. 그때 나의 심정이 지금 자네의 기분이 아니겠나 싶네."

실습 03 "어머니가 자녀의 인터넷 중독 때문에 걱정하는 것을 보니, 저도 남동생이 고등학교 때 본드를
한다는 것을 알고 정말 걱정을 했던 게 생각나요. 지금 어머니가 많이 힘드시겠어요."

실습 04 "직장에서 점심을 같이 먹을 사람이 없다는 이야기를 듣고 보니, 나도 군대에서 사람들이 나를
무능하고 열정도 없는 사람으로 취급하여 정말 괴롭고 힘들고 외로웠던 게 생각나. 지금 박 대리
의 심정이 이해가 되네."

실습 05 "회사 생활의 어려움을 듣고 보니, 저도 어릴 때부터 지금까지 남자 어른들을 만나면 무슨 말을
어떻게 해야 할지 잘 몰라 답답하고 절박한 심정이었던 게 생각나요. 직장 내에서 관계를 잘 맺
고 싶은데 그렇게 되지 않아 답답하시겠어요."

요약

① 자기개방의 의미

자기개방은 개인이 의식적으로 언어적, 비언어적 수단을 통해 자신의 생각, 감정, 경험 등 자신에 관한 정보를 다른 사람들에게 알려주는 것이다.

② 듣는 사람의 자기개방 의미

듣는 사람의 자기개방은 상대방의 이야기를 듣고, 그와 유사한 자신의 경험을 드러내는 것이다.

③ 듣는 사람의 자기개방 원칙

- 상대방이 말한 내용에 초점을 맞추어야 한다
- 상대방의 수준에 초점을 맞추어야 한다
- 상대방에게 부담을 주지 말아야 한다
- 너무 자주 사용하지 말아야 한다

④ 자기개방의 공식

1단계   핵심 메시지를 파악한다
2단계   파악한 메시지와 유사한 자신의 경험을 찾는다
3단계   상대방의 현재 상황에 초점을 맞춘다
4단계   자신의 경험을 구체적으로 말한다
5단계   (그 당시 느꼈던) 자신의 감정을 말한다
6단계   상대방의 감정을 반영한다

⑤ 자기개방의 문장

"당신의 …한 것을 듣고 보니 나도 …한 것이 …하다. 그래서 당신도 … 한 것 같네요."

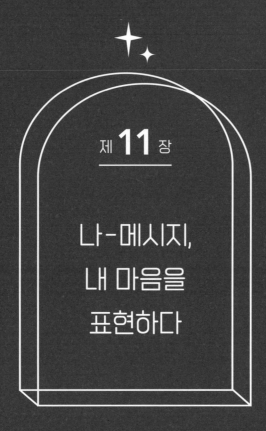

제 **11** 장

나-메시지,
내 마음을
표현하다

감정에 골이 생김

내가 상담했던 한 직장 여성은 다른 사람들로부터 상처를 받아 직장 생활이나 친구들과의 관계에서 어려움이 많다고 하였다. 그녀는 자신의 대인 관계에 문제가 있을 뿐만 아니라 성격에도 문제가 있다고 말하였다. "너는 왜 항상 징징대니?", "너는 왜 남자 선배들한테 애교를 부리니? 네가 그렇게 하니까 남자들이 오해를 하잖아." 그녀는 친구들에게 이런 말을 듣곤 했다.

직장을 다닐 때도 그녀는 묵묵히 일만 했는데, 어느 날 팀장이 무턱대고 "너는 일을 이렇게 밖에 못하니? 그렇게 일해 가지고 어떻게 하겠니?"라고 하는 말에 상처를 많이 받았다고 한다. 그래서 그녀는 요즈음 자신감이 없어지고 직장 생활에 대한 두려움이 생겼다고 했다.

이와 같이 우리는 가정이나 직장, 학교에서 주변 사람들과 크고 작은 갈등을 경험하게 된다. 이러한 갈등이 증폭될 것인가 완화될 것인가 하는 것은 우리가 말을 어떻게 하느냐에 따라 달라진다. 우리나라에 "말 한마디로 천 냥 빚을 갚는다"라는 속담이 있고, "말 한마디가 가슴에 비수를 꽂는다"라는 말도 있다. 대인 관계에서 천 냥 빚도 말 한마디로 갚을 수가 있으며, 말 한마디 잘못하여 다른 사람에게 영원히 잊혀지지 않는 상처를 주기도 한다는 것이다.

특히 우리는 너무나 쉽게 상대방을 비판하고 충고하고 설득하려고 한다. 그런데 비판이나 충고를 들은 사람은 상처를 받기 쉽다. 게다가 비판이나 충고는 방어기제를 본능적으로 작동시키기 때문에 우리가 의도하는 목적을 달성하기란 대단히 어렵다.

그래서 대부분 커뮤니케이션 전문가들은 대화를 할 때 피드백을 활용하라고 강조한다. 피드백이란 대화 과정에서 실제로 주고받은 내용을 비춰주는 것이다. 즉 내 눈에 비친 상대의 태도와 행동을 보여주는 것이다. 그러기 위해서는 두 가지 방법, 즉 나-메시지와 너-메시지를 사용할 수 있다. 나-메시지는 상대방에게 내 입장을 설명하는 것이 주안점이며, 너-메시지는 어떤 결과에 대하여 상대방에게 책임을 돌리는 것을 말한다.

나-메시지는 부모 효율성 훈련(Parent Effectiveness Training)의 창시자인 토머스 고든이 만든 용어로서 놀라운 효과가 있는 커뮤니케이션 방법이다. 자녀에

행복한 가족
부모 효율성 훈련의 내용은 대부분 대화로 구성되어 있다.

대해 '네가 잘못했다'라는 관점의 전통적인 방법을 지양하고, 그 대신 부모인 '내가 어떻게 느끼는가'를 말함으로써 초점을 바꾸어주기 때문에 '나-메시지'라고 불린다. 일상생활에서 상대방에게 어떻게 말하느냐에 따라 그 결과와 상대방의 대응 정도가 크게 달라진다. 인간관계에서 상대방에게 핑계를 돌리기보다는 오히려 자신의 입장을 충분히 설명하여 양해를 구하는 나-메시지를 사용하는 것이 훨씬 호감을 주는 커뮤니케이션 방법이다.

일반적으로 상대의 행동에 영향을 미치려고 할 때는 주로 너 중심의 표현이 사용된다. 그러나 상대에게 동기부여를 하는 리더가 되기 위해서는 너 중심의 표현에서 나 중심의 표현으로 바꾸어야 한다.

소통을 가로막는 걸림돌, '너는'

대부분 대화를 가로막는 걸림돌은 주어가 '나'가 아니라 '너'로 시작하는 '너-메시지'이다. 특히 우리는 자신의 생각이나 감정을 표현할 때 '나' 대신에 '너'를 주어로 사용하는 경우가 많다.

우리는 언제 너-메시지를 사용할까? 그것은 아마도 상대방이 가진 문제의 크기보다는 나에게 오는 피해의 강도에 달린 것 같다. 상대방이 어떤 큰 문제를 가지고 있다고 해도 그것이 나에게 전혀 피해를 주지 않는다면, 우리는 너-메시지를 사용하지 않는다. 이러한 경우 우리는 상대에 대하여 기분 나쁘게 너-메시지를 사용할 필요도 없고, 또한 상대의 문제에 대해서 내 감정이 다칠 이유도 없다.

그러나 우리는 자기중심적인 본능에 의해 상대의 문제가 나에게도 영향을 미치고 그 영향이 긍정적이 아니라 부정적일 경우, 서슴없이 너-메시지를 발사하

소통을 가로 막는 언어

려고 준비한다. 그리고 상대가 가장 큰 피해를 입을 최적의 타이밍을 기가 막히게 찾아내어 크게 한 방 먹이고 만다. 상대의 문제가 나에게 큰 피해를 입히지 않을 경우, 우리는 조용히 타이르거나 감정적인 대응을 하지 않는다. 왜냐하면 너-메시지의 부작용을 익히 알고 있기 때문이다. 그러나 너-메시지가 발사될 때, 우리는 마치 다른 사람이 된 것 같다.

어떤 사람의 잘못된 점을 바꾸기란 참으로 어려운 일이다. 특히 한 마디의 말로 바꾸려고 한다면 더더욱 그렇다. 러시아의 대문호 표도르 도스토옙스키는 "잔소리보다 듣기 싫은 말도 없으며, 잔소리만큼 사람을 무기력하게 하는 것도 없다"고 말했다. 그러나 대부분의 부모는 자녀의 잘못된 행동을 개선하고 보다 잘되기를 바라는 마음에서 자녀에게 훈계하고 잔소리한다. 하지만 부모의 말을 듣는 자녀의 입장에서는 부모의 마음을 읽기보다는 오히려, '엄마 또 잔소리하시네'라는 생각이 먼저 들면서 마음으로는 엄마의 말을 들으려 하지 않을 것이다. 그리고 더욱 엄마의 잔소리에 대한 반발심만 갖게 되어 자신의 잘못을 인정하지 않으려 할 것이다.

사람을 꾸중하고 훈계하는 방법으로 자신이 원하는 바를 얻어낼 수 있는 것은 드물다. 그 순간에는 상대방이 나의 말을 듣는 것 같지만 실제로는 그렇지 않다. 말로는 "네, 알겠습니다. 미안합니다. 고치겠습니다. 다음부터는 그러지 않겠습니다"라고 하지만, 이미 마음의 문이 닫혀 있는 상태라 잘못을 인정하기보다는 오히려 반감을 불러일으킬 것이다. 이는 관계를 실패로 만드는 지름길이 된다.

따라서 우리는 상대방의 잘못을 지적할 때 주의를 기울여야 한다. 상대방의 잘못을 지적하고 가르칠 때, 너-메시지로 하면 상대의 존재와 체면을 손상시키게 된다. 이러한 너-메시지는 오히려 역효과만 불러올 뿐이다. 사람은 어떤 일을 하라고 명령이나 위협을 받을 경우, 자신의 행동을 바꾸는 것에 대해 저항감을 갖게 된다. 사람은 도덕적 훈계나 설교, 강의, 지시를 하는 사람과는 대화가 통하지 않는다고 생각한다. 또한 너-메시지는 힘 있는 사람의 강압 때문에 상대방의 선택 기회를 없어지게 하고 반발적인 행위를 유발시킨다.

대화를 하는 동안 우리는 상대방의 마음을 상처 입히거나 힘들게 하는 경우가 종종 있다. 그리고 상대방으로 하여금 '내가 괜히 이 사람에게 이야기를 하고 있구나'라는 생각이 들도록 만드는 잘못된 커뮤니케이션 습관을 가지고 있다.

"학교에서 공부하는 것이 아무 도움도 되지 않는 것 같아요. 학교에 가면 정말 짜증이 나요. 대학에 꼭 가야 하나요? 이 세상에는 대학을 졸업하지 않아도 성공할 수 있는 많은 방법이 있잖아요. 나는 정말 학교 가기 싫어요."

자녀가 이러한 말을 하였다면 당신은 어떻게 반응할지 생각하면서 자신의 언어적 표현을 기록해보라.

_____

_____

_____

직장에서 팀원에게 현장에 다녀오라고 했더니 그 팀원이 당신에게 말대꾸하는 상황을 보자.

"제가 왜 현장에 다녀와야 합니까? 저는 지금 해야 할 일이 산더미처럼 쌓여 있습니다. 현장 가는 일은 제 일이 아니라 다른 팀에서 해야 할 일이 아닙니까? 우리 팀에서는 그런 일을 하는 게 아니잖아요."

이런 신경질적인 팀원의 메시지에 대해 팀장으로서 당신은 어떻게 반응할 것인가? 당신의 언어적 반응을 구체적으로 써보라.

_____

_____

_____

일반적으로 대부분의 사람들은 화를 낼 것이다. 아이가 "학교에 가기 싫다"는 말에 화가 나서 아이의 마음을 알려고 노력도 하지 않고 화부터 낼 것이다. 또한 부하 직원의 "왜?"라는 말에 화부터 낼 것이다.

이와 같이 너-메시지는 상대방의 잘못에 초점을 맞추고 있으므로 상대방에게도 우리에 대한 부정적 이미지를 심어 줄 수 있을 뿐 아니라, 우리 자신도 상대방에게 무언가 잘못했다는 죄책감을 가질 수 있다. 그 결과 상대방과의 관계에 벽이 만들어지고 거리감이 생길 수 있다.

너-메시지는 상대뿐 아니라 자신에게도 나쁜 영향을 준다. 한 번 내뱉은 말은 주워 담을 수 없다. 너-메시지가 발사되고 나면 뒤에는 돌이킬 수 없는 찜찜함과 후회가 남는다. 좋은 감정으로 덮을 수 없는 감정, 익숙하지 않고 행동을 위축되게 만드는 이질적인 감정이 남는다. 그리고 그 감정의 앙금은 어색함으로 남고, 그것이 쌓이고 쌓이면 관계의 단절로 이어진다. 그러면 상대의 문제가 나에게 영향을 미칠 통로가 없어지기 때문에 속이 시원할 것 같지만 그 뒤에는 외로움이 남는다. 왜냐하면 인간은 혼자 살아갈 수 없는 존재이기 때문이다.

'나는', 그 단순한 언어로

누군가와 아무리 좋은 사이라고 해도 갈등은 존재한다. 특히 아무리 사이가 좋은 부부라 하더라도 살다보면 서로에게 화가 날 때도 있고, 섭섭할 때도 있으며, 언쟁이 일어날 때도 있기 마련이다. 그뿐 아니라 부모-자녀 관계, 형제 관계, 친구 관계, 사제 관계, 직장에서의 대인 관계 등에서도 갈등이 존재한다. 이렇게 사람과 갈등이 있을 때 화해하는 방법으로 틱낫한(Thich Nhat Hanh)은 다음과 같은 문제 해결 방법을 제시하고 있다.

> 처음에 우리는 서로에게 이렇게 말한다. "난 당신 없이는 살 수 없어. 당신 없이는 행복해질 수 없어." 그러나 화가 났을 때 우리는 전혀 다른 말을 한다. "필요 없어! 내 곁에 오지도 마! 내 몸에 손도 대지 마!" 그리고 자기 방으로 가서 문을 잠가버린다. 타인이 필요 없다는 것을 보여주려고 최선을 다한다. 이것은 지혜롭지 못한 태도다. 행복은 절대로 혼자서 만드는 것이 아니다. 어떠한 관계이건 그 관계 속에서 어느 하나가 행복하지 못하면 다른 쪽도 행복해질 수가 없다.
> 우리가 기쁨과 좋은 감정을 사랑하는 사람과 함께 나누는 것은 당연한 일이다. 마찬가지로 고통을 당하고 있을 때도 그 사실을 알려주어야 한다. 자신의 감정을 그대로 표현해야 한다. 그럴 권리가 있고, 그것이 참사랑이다. "당신 때문에 화가 났어. 고통스러워!"라고 최선을 다해서 차분하게 말해야 한다. 목소리에 슬픈 기색이 조금 있으면 더욱 좋을 것이다. 비난하거나 응징하는 투로해서는 안 된다. "나 화났어. 고통스러워. 당신의 도움이 필요해." 이것이 사랑의 말이다. 부부로서, 남편과 아내로서 서로가 서로를 돕겠다고 이미 맹세했기 때문이다. 아버지와 아들, 어머니와 딸 사이도 마찬가지다.
>
> (뒤에서)

아내나 남편 중에서 어느 한쪽이 다른 쪽 때문에 고통을 받고 있을 때는 그 사실을 말해주는 것이 의무다. 행복할 때는 그 행복을 나눈다. 고통스러울 때도 당연히 고통을 나눠야 한다. 내 화가 상대방 때문에 일어난 것이라고 생각되더라도 처음에 다짐했던 사랑을 잊어서는 안 된다. 차분하고 침착하게 상대에게 말해야 한다. 사랑의 말로 자신의 감정을 알려야 한다. 이것이 사랑의 유일한 조건이다.

출처: 『화』(2002, 명진출판사)

　행복한 부부 관계를 유지하기 위해서는 행복을 나누듯이 고통을 나누고 화난 마음을 풀어야 한다. 대인 관계에서도 갈등이 있을 때 자신의 감정을 솔직하게 표현하는 것이 중요하다. 이것이 나–메시지이다. 다른 사람이 내 감정을 알 수 있는 유일한 방법은 내가 직접 말하는 것을 듣는 것이다. 상대방의 문제로 내 감정이 상해 있는 상황에서 서로에게 최소한의 피해를 주면서 관계를 단절시키지 않는 방법, 이것이 바로 나–메시지이다.

　나–메시지는 상대의 행동을 읽고, 상대의 행동이 내게 미친 영향과 나의 감정을 말로 표현하는 것이다. 나–메시지는 일인칭 주어 '나'로 시작하는 문장으로 풀어내는 대화 방법을 말한다. "네가 잘못했어!"가 아니라 "너의 행동이 나에게 이러한 영향을 미치고 있고 나의 감정은 이렇다"라고 이야기하는 것이다. 이와 같이 나–메시지는 상대방을 공격하는 무기가 아니라 현재 나의 상황과 기분에 대해 이야기하는 통로가 된다.

　나–메시지를 제대로 사용하기 위해서는 나–메시지 기법에 익숙해져야 한다. 너–메시지에 익숙한 자신의 습성을 인식하고 커뮤니케이션의 패러다임을 바꾸는 노력이 필요하다.

새로운 시스템, 나-메시지

나-메시지의 개념

나-메시지는 커뮤니케이션에서 다양하게 활용될 수 있다. 나-메시지는 어떤 감정을 가지게 된 책임이 상대방에게 있지 않고 나에게 있다는 것을 전제로 하면서 자신의 감정을 표현하는 것이다. 이와 같이 나-메시지는 자신과 직접 관련된 커뮤니케이션 방법이다. 다른 사람이 어떻게 나를 평가하고 해석하느냐가 아니라 나 자신이 느끼는 감정과 경험을 표현하는 것이다.

마음이 서로 닿는다

나-메시지의 활용은 상대방에게 나를 잘 이해시키고, 나를 더 잘 알릴 수 있도록 도와주며, 궁극적으로 상대방이 마음을 정직하게 개방하도록 용기를 준다. 예를 들 어, 나-메시지는 "당신이 사무실에 들어올 때 나는 기분이 좋았어"와 같이 매우 긍정적이기도 한 반면에, "당신이 사무실에 들어올 때 내 마음이 상하고 기분이 나빴어. 당신을 피하고 싶고 다시는 보고 싶지 않아"와 같이 매우 부정적일 수도 있다. 또한 "당신이 사무실에 들어올 때 나는 아무런 느낌이 없었어"와 같이 중간적인 입장일 수도 있다.

이와 같이 너-메시지는 부정적인 '…해라' 등 지시어의 사용이 많은 반면에,

나-메시지는 '너의 행동으로 인한 나의 느낌을 네가 잘 들어주길 바란다'는 의미이다. 나-메시지는 '너에게 문제가 있다' 또는 '네가 틀렸다'는 내용이 아니고, '나에게 문제가 있으니 나를 좀 도와줘'라는 표현이다. 따라서 상대방은 편한 마음으로 우리의 말을 듣게 되고, 도움을 주고 싶은 생각이 자발적으로 생겨 저항감, 반발을 줄이는 요소가 된다. 다시 말하면, 나-메시지란 상대방의 행동을 그대로 서술하고 우리 자신의 느낌을 솔직히 말하는 것이다.

나-메시지의 종류

나-메시지에는 능동적인 나-메시지와 긍정적인 나-메시지, 그리고 예방적인 나-메시지가 있다.

나-메시지의 종류

능동적인 나-메시지

능동적인 나-메시지는 "당신은 기획을 잘하는군"이라고 말하는 대신에 "당신이 낸 참신한 기획안이 나는 아주 좋았어"라고 말하는 것처럼 다른 사람을 평가하지 않고 긍정적으로 지지할 수 있으며, 또는 "그 제품은 잘못 선택했어"라고 말하는 대신에 "나는 그 제품이 마음에 들지 않아"라고 말하는 것처럼 다른 사람을 비하하지 않고 자신의 싫은 감정을 전달할 수 있다.

긍정적인 나-메시지

긍정적인 나-메시지는 "당신이 …했을 때, 나는 참 좋았어"라고 구체적인 행위에 대한 느낌을 전달한다. 긍정적인 나-메시지는 상대방의 행동을 막연한 평가로 칭찬하는 것이 아니고, 구체적으로 확인시키면서 그 행동으로 인해 나 자신이 갖게 되는 긍정적인 마음을 전달하게 되므로 서로 관심을 갖고 사랑하는 관계가 될 뿐 아니라, 특히 상대방의 바람직한 행동을 강화하는 커뮤니케이션 기술이다.

예방적인 나-메시지

예방적인 나-메시지는 상대방의 예측되는 문제 행동을 수정할 수 있도록 기회를 주는 표현 방법이다. 예를 들어 엄마는 저녁에 손님이 오기로 되어 있어 청소를 하고 음식 준비를 바쁘게 한다. 그런데 자녀가 보통 때처럼 친구들을 데리고 와서 집을 어지럽히면 엄마는 힘들고 더 바빠질 것이다. 이때 엄마는 아침에 자녀에게 이렇게 말할 수 있다. "저녁에 손님이 오실 건데, 엄마가 청소를 다 한 후에 네가 친구들을 데리고 오면 화가 날지도 몰라." 이것은 미리 문제를 막는 예방적인 나-메시지로 말한 것이다. 여기서 어떤 부모들은 의문을 제기하거나 덜 만족스러운 부분이 있을 수도 있다. 나-메시지가 가진 의미가 혹시 너무 약하지 않을까 싶어서 확실한 해결책을 주어야 한다고 생각할 수도 있다.

나-메시지의 원리

나-메시지의 원리는 너-메시지와 비교해보면 이해하기 쉽다. 직장 상사가 "왜 자네는 항상 그렇게 일을 깔끔하게 처리하지 못하나, 그래 가지고 되겠어?" 하는 말에 직원이 "팀장님! 그런 말은 너무 심한 것 아닙니까? 팀장님은 모든 일을 실수 없이 하십니까?"라고 대답했다. 여기에서 주어는 말하는 자신이 아니라 상대방인 '너'인데, 이렇듯 표현의 주어가 상대방인 경우를 너-메시지라고 한다.

생각해보면 우리가 갈등 상황에서 하는 말의 대부분은 주어가 '너'라는 것을 알 수 있다. "얘들아, 왜 너희들은 이렇게 방을 어지럽히니?", "여보, 당신은 왜 나와 아무런 상의도 없이 당신 생각대로만 처리해요?" 이러한 너-메시지는 말을 듣는 상대방으로 하여금 '잠깐만 참고 견디자', '어휴, 직급이 낮은 게 죄지' 등으로 마음의 벽을 쌓고 심리적으로 방어 자세를 취하게 만든다.

앞의 상황을 나-메시지로 바꾸면 전혀 새로운 형태의 표현이 가능하다. 이 방법의 핵심 원리는 비난하고 싶은 상대방의 행동으로 인하여 '나'에게 어려움이 있다는 것을 전달하는 것이다.

너-메시지	"자네는 항상 왜 그렇게 일을 깔끔하게 처리하지 못하나, 그래 가지고 일이 되겠어?"
나-메시지	"자네가 그 일을 제대로 처리하지 못하니까 내가 윗사람 보기에 입장이 난처하다네."

너-메시지	"팀장님! 그런 말은 너무 심한 것 아닙니까? 팀장님은 모든 일을 실수 없이 하십니까?"
나-메시지	"팀장님이 제 말은 들어보시지도 않은 채 화를 내고 저를 무시하는 것 같아 어찌해야 할지 모르겠습니다."

나-메시지 원리를 좀 더 자세히 설명하면, 상대방을 감정적으로나 인격적으로 비난하지 않고 상대방의 객관적 행위나 사실을 설명하고 그것으로 인하여 내가 스트레스가 쌓인다는 식의 표현 방법이다. 이를 다시 정리하면 나의 눈에 비친 상대방의 객관적 상황(행동, 사실)을 설명하고, 그것에 대한 나 자신의 입장

을 표현하는 것이다.

앞의 나-메시지 예시에서 객관적 상황의 설명 부분은 '자네가 그 일을 제대로 처리하지 못하니까' 또는 '팀장님이 제 말은 들어보시지도 않은 채 화를 내고 저를 무시하는 것 같아'이며, 자신의 입장 표현은 '내 입장이 난처하네', '어찌해야 할지 모르겠습니다'이다.

가족 간의 대화에서도 너-메시지를 나-메시지로 바꿀 수 있다.

"얘들아, 왜 너희들은 이렇게 방을 어지럽히니?" (너-메시지)

> 나-메시지　"얘들아, 지난번에 앞으로는 방을 잘 정리 정돈하겠다고 약속했는데, 또 이렇게 방을 어지럽혀 놓으니(상황 설명) 엄마는 매우 화가 나는구나(감정 표현)."

나-메시지는 자신이 화가 나면 왜 화가 나는지 객관적 사실을 언급하고, 자신이 화가 난다고 해서 실제로 화를 내는 것이 아니라 화가 난다는 마음을 표현하는 것이다. 이러한 나-메시지는 효과적인 자기표현의 실천 기법으로 어떤 상황에서도 매우 유용하게 사용할 수 있다. 나-메시지는 갈등 상황에서 그저 참는 것으로 인한 스트레스를 방지하고, 비난하는 공격적인 자기주장으로 인한 갈등 악화를 예방할 수 있다.

따라서 나-메시지의 기본 원리는 상대방의 행동 자체를 문제 삼고 거기에 따른 책임을 상대방에게 넘기는 대신에, 그의 행동에 대한 나의 반응을 판단이나 평가 없이 알려줌으로써 반응에 대한 책임을 지는 것이다. 그러나 나-메시지가 효과적인 커뮤니케이션의 방법이더라도 적절하게 잘 사용되지 않으면 도움이 되지 않는다. 아무리 좋은 말이라도 목소리, 표정, 자세 등이 나-메시지와 일치되어 전달되지 않으면 실제적인 효과를 거두기 어렵다.

나 – 메시지의 유익

커뮤니케이션 강의에서 만난 한 학생은 커뮤니케이션 기술에 대해 많은 관심을 갖고 있었다. 어느 날 그는 나에게 다음과 같은 쪽지를 보내왔다.

친하게 지내던 친구가 다른 사람에게 나에 대해 험담하는 소리를 들었습니다. 좋은 관계를 유지하고 있었고 수업도 같이 듣는 친구가 그런 이야기를 했다는 것을 우연찮게 듣게 되었을 때 그 충격이란 이루 말할 수 없었습니다. 그때 나는 화나고 분노가 치밀기보다는 당황스럽고 섭섭함이 애잔하게 밀려들었습니다. 직접 이야기하면 너무 힘들 것 같아서 쪽지로 나의 마음을 전했습니다. "나는 네가 나에 대해 뒤에서 이야기한 걸 들어버렸어. 그 이야기를 듣고 나서 우리가 친밀하다고 생각했던 것이 흔들리려고 하더라. 본의가 아니라고 생각하지만 내 마음이 많이 아프고 섭섭했어. 단점이나 고칠 부분이 있으면 나에게 직접 이야기해주면 고칠 수 있지 않겠니? 우리에게는 그렇게 말할 수 있는 신뢰가 있다고 생각해. 나에게 직접 말해주겠니?" 그 친구가 나에게 어떤 대답을 보낸 것은 아니지만 나의 마음이 좀 시원해졌고, 상대도 나의 쪽지에 당황하거나 거부감을 느끼는 눈치는 아닌 것 같았습니다. 앞으로 어떻게 관계가 형성될지 모르지만 나-메시지가 너-메시지보다 부드럽고, 관계를 유지하는 좋은 방법임을 경험하게 되었습니다.

이 학생의 쪽지와 같이 나 – 메시지는 마음을 시원하게 해줄 뿐 아니라 상대방과도 부드러운 관계를 유지할 수 있게 한다. 나 – 메시지는 다음과 같은 유익한 점이 있다.

- **방어 심리 감소** 나 – 메시지는 상대방을 비난·평가·판단하지 않고 상대방의 행동에 대해서 느낀 바를 단지 표현하기 때문에 상대방은 방어 심리가 감소하고 훨씬 편안하게 자신의 생각이나 감정을 이야기할 수 있게 된다.
- **신뢰감** 나 – 메시지는 위협적으로 말하지 않기 때문에 상대방은 나의 이야기를 훨씬 더 잘 경청하게 된다. 상대방과 신뢰감이 형성된다.

- **솔직성** 나-메시지는 나의 입장과 감정을 솔직하게 전달하는 기능을 한다. 누구든 솔직한 이야기를 들으면 함께 솔직해지기 쉽고 훨씬 진지하게 대화에 임할 수 있다. 특히 나-메시지는 상대방의 행동으로 자신이 느끼게 된 감정을 상대방이 분명히 알게 한다.
- **이해심** 나-메시지는 상대방의 행동을 변화시키라고 강조할 뿐이지, 상대방의 성격과 존재를 지적하지는 않는다. 우리 자신이 원하는 행동이 무엇인가에 대해서 상대방에게 분명한 정보를 제공해준다.
- **완전성** 나-메시지는 완전한 메시지를 전달한다. 너-메시지처럼 단순히 "…하다"라고만 단정적으로 말하는 것이 아니라, 전후 사정과 그것에 대한 나의 입장까지 알려주는 것이기 때문에 나-메시지는 완전한 메시지라고 할 수 있다.

나-메시지를 사용하는 시기

나-메시지는 나 자신에게 문제가 있을 때 효과적이다. 정중히 요구하여 상대방의 행동을 수용할 수 없을 때 사용할 수 있는 방법이 나-메시지이다. 만일 나-메시지를 사용한 뒤에도 여전히 문제가 해결되지 않은 채로 남아 있으면 자신의 주장을 논리적으로 설명하면 된다.

나-메시지는 조용하나 단호한 목소리로 표현할 때 가장 효과적이다. 자신이 화가 났을 때는 나-메시지를 피하는 것이 효과적이다. 우선 마음을 가라앉히고 자제력을 회복하는 시간이 필요하다. 자신이 화가 난 상태에서 나-메시지를 사용하면 상대방의 반항심을 불러일으킨다. 그래서 감정을 진정시키고 난 후 사소한 것이라도 칭찬을 먼저 해줄 것을 권하고 싶다. 그때라야 효과가 100% 나타날 것이다.

다음과 같은 경우에 다른 사람들에게 사실과 정보를 제공하는 것은 그 사람의 행동 변화에 효과가 없으며 오히려 행동 변화를 방해한다.

- **상대방이 감정적으로 흥분된 상태에 있을 경우**   논리, 사실, 정보를 소화해낼 준비가 되어 있지 않다.
- **상대방이 사실을 이미 알고 있는 경우**   다시 듣는 데 반감을 가질 수 있다.
- **종종 무엇이 정말 문제인지를 알기도 전에 사실과 정보를 제공하는 경우**   우리가 발견한 사실과 정보는 문제와 관계가 없는 것이거나 부적절한 것이 될 수 있다.

훈계나 가르침은 상대방으로 하여금 온실 속의 화초처럼 보호받고 있다는 느낌을 갖게 만든다. 물론 가르침이 필요한 경우에는 훈계, 충고, 설득, 조언 등을 할 수 있다. 그러나 유의할 점은 성급하게 서두르지 말고 서로 부딪힌 문제에서 해방된 다음, 즉 불편한 마음과 갈등이 사라진 다음에 이러한 표현을 해야 한다. 그러면 자신도 감정적으로 대하지 않고, 상대방은 피드백을 거부하지 않을 것이다.

나 – 메시지의 구성 요소
'나 – 메시지'에는 상황 – 결과 – 느낌이라는 세 가지 구성 요소가 필요하다.

나-메시지의 구성 요소

- **상황(상대방의 행동)** 문제를 유발하는 상대방의 행동은 무엇인가?
- **결과(나에게 미친 영향)** 그 행동이 나에게 어떤 영향을 미치고 있는가?
- **느낌(나의 감정)** 그 결과로 인해 나에게 일어나는 감정은 무엇인가?

상황에 따라 앞에서 제시한 세 가지 요소가 다 포함되지 않을 수도 있다. 물론 나-메시지를 하는 순서가 바뀌어도 크게 문제가 되지 않는다. 다만 나-메시지의 기본 정신에 입각하여 진실되고 진지한 표현을 하는 것이 중요하다.

나-메시지의 공식

1단계: 상황 - 상대방의 행동

상황은 나 자신에게 문제가 되는 상대방의 말이나 행동을 의미한다. 1단계에서는 나에게 문제가 되는 상대방의 행동을 아무런 비난 없이 묘사해주면 된다. 상황을 말할 때는 상대를 비난하거나 가치 판단적인 용어를 사용하지 않고, 내가 직접 보고 들은 것을 있는 그대로 표현해야 한다.

2단계: 결과 - 나에게 미친 영향

결과는 상대방의 말이나 행동이 나에게 미친 긍정적 혹은 부정적 영향을 찾아 전달하는 것이다. 즉 상대방의 행동이 나에게 끼친 구체적인 영향을 표현하는 것이다. 이때 상대방의 행동으로 인한 자신의 생각도 말할 수 있다. 자신의 생각을 말할 때에는 '… 라는 생각이 들어서'라는 문장을 사용하면 효과적이다.

3단계: 느낌 - 나의 감정

감정은 상대방의 행동이나 말 때문에 자신이 느끼는 감정을 표현하는 것이다. 이때 느낌은 부사나 부사구를 사용하여 정확한 감정 단어로 표현하는 것이 좋다. 나-메시지 공식의 2단계인, 상대방의 행동이 나에게 미친 영향만을 말하면 상대방이 자신이 비난받고 있다는 오해를 하기 쉽다. 결과와 함께 그 결과로 인한 자신의 감정을 표현해준다면 상대방은 우리의 이야기를 편안하게 받아들일 수 있을 것이다.

4단계: 원함 - 나의 바람

마지막 단계에서 상대방의 행동 변화에 대한 자신의 바람을 표현한다. 어떤 사람은 원함을 들었을 때 부담을 느끼는 경우도 있다. 그러므로 자신의 바람은 말해도 되고 하지 않아도 된다. 원함은 상대방의 상황에 따라 선택적으로 할 수 있다. 그러나 자신의 바람을 표현할 때는 정중하고 확고하게 하는 것이 효과적이다.

나-메시지의 문장

"네가 ① …하니 내가 ② …해서 ③ …하단다. 그래서 나는 네가 ④ …해주기를 원해."

①에는 나-메시지 공식의 1단계인 '상황'을 말하면 된다.
②에는 나-메시지 공식의 2단계인 '결과'을 말하면 된다.
③에는 나-메시지 공식의 3단계인 '느낌'을 말하면 된다.
④에는 나-메시지 공식의 4단계인 '원함'을 말하면 된다.

나-메시지의 훈련과 연습

너-메시지와 나-메시지의 전달 과정

[예시 1] 친한 친구가 카메라를 빌려 달라고 하는 경우

너-메시지

나   "너는 빌려가면 제때 돌려준 적이 없잖아."

친구의 느낌   '빌려 주기 싫은 모양이구먼.'

나-메시지

나   "내가 오늘 급하게 사진을 찍어야 하는데. 안 그러면 내일까지 서류를 완성하지 못하
     게 돼. 그런데 오늘 네가 빌려 달라고 하니 참 난처하고 오히려 미안하다."

친구의 느낌   '그래, 급한 일이 있는 모양이구나.'

[예시 2] 친구가 연락 없이 약속 시간보다 30분 늦게 나타났을 때

너-메시지   "야! 연락을 해야 될 거 아냐. 지금 시간이 몇 시야! 항상 이렇게 늦으면 어떡
            해! 다음부터 늦기만 해! 콱!"

나-메시지   "늦으면 늦는다고 미리 연락을 해주지. 네가 연락을 안 해줘서 걱정했잖아. 날
            씨도 춥고 해서 괜히 더 짜증도 나는 거 같고. 다음에는 미리 연락해줘."

[예시 3] 엄마가 내 이야기를 듣지 않고 꾸중하실 때

너-메시지 "엄마는 왜 항상 이런 식으로 말해요! 제 말을 좀 듣고 말하면 안 돼요? 맨날 엄마 생각, 의견만 늘어놓고 제 말을 안 들으면 저는 어떡해요."

나-메시지 "엄마, 엄마가 제 마음, 제 상황에 대해서는 들어주지 않고 화를 내시니까 속 상하고 마음이 참 안 좋아요. 다음에는 화내시기 전에 제 사정부터 좀 들어주 시면 좋겠어요."

나-메시지의 요령과 실제

[예시 1] 아이가 책상 위에 너저분하게 늘어놓은 책과 공책 등을 치우지 않고 있다.

상황   나에게 문제점으로 다가오는 행동이나 상황을 그대로 말한다.
        "나는 네가 책상 위의 물건들을 치우지 않고 그대로 두니까 힘들단다."

결과   이유를 진술한다.
        "내가 일일이 네 뒤를 따라다니며 치우느라고 힘이 들기 때문이야."

느낌   그 상황에 대해서 내가 느끼는 감정을 말한다.
        "네가 어지럽힐 때 엄마는 화가 나고 짜증이 난단다."

원함   내가 원하는 바를 구체적으로 말한다.
        "나(엄마)는 네가 방에서 공부를 하고 난 후에 책상 위의 물건들은 치우고 책상을 깨끗이 정리해주었으면 좋겠다."

이것을 나-메시지로 풀어서 쓰면 다음과 같이 될 것이다.

"네가 공부를 하고 난 후에 책상 위에 물건들을 치우지 않고 그대로 두는 것이 문제란다. 내가 너를 따라다니며 책상을 치우려니 시간도 걸리고 피곤하기 때문에 나는 너희들에 게 혹사당하는 것 같아 힘이 들고 화가 난단다. 엄마는 네가 공부를 하고 난 후에 책상을 깨끗이 정리해주었으면 좋겠다."

[예시 2] 아빠가 뉴스를 보고 있는데, 아이들이 떠들어서 뉴스에 집중할 수 없는 상황이다.

"아빠가 뉴스를 보고 있는데 너희들이 떠들면(상황) 뉴스를 제대로 들을 수 없어서 (결과) 나는 짜증이 난단다(느낌). 그래서 너희들이 좀 조용히 해주었으면 좋겠단다(원함)."

[예시 3] 여자 친구가 약속 시간보다 30분 정도 늦게 도착했다.

"한나야, 약속 시간이 되었는데도 아무런 연락이 없으니까(상황), 혹시 너에게 무슨 일이 있는 것은 아닌가 하는 생각이 들어(결과) 무척 걱정이 되었어(느낌)."

[예시 4] 친구가 직장에서 있었던 억울한 일을 이야기하면서 울기 시작한다.

"네가 우는 것을 보니(상황) 내가 어떻게 도와야 할지 몰라서(결과) 무척 당황스럽구나(느낌)."

[예시 5] 엄마가 아파 누워 있는데, 초등학교 6학년 딸이 청소와 설거지를 하고 있다.

"예진아 엄마가 이렇게 아픈데 네가 청소와 설거지를 도와주니(상황), 엄마가 좀 더 쉴 수 있어(결과) 고맙고 참 행복하구나(느낌)."

이와 같이 나-메시지는 매우 다양하게 활용할 수 있다. 중요한 것은 상황-결과-느낌의 순서로 이야기한다는 것이다. 물론 순서가 바뀌어도 큰 문제는 없으며, 경우에 따라서는 세 요소 중 두 가지 요소만 사용해도 무난하다.

<실습 문제>

실습 01

[상황 제시] (딸이 학교에 가야 할 시간인데도 일어나지 않고 있다.)
엄마로서 딸에게 어떻 게 말할 것인가?
[당신의 반응]

_____

_____

[상황 제시] (대화를 하다 아무런 말을 하지 않고 가만히 앉아 있다.)

상대방에게 어떻게 말할 것인가?

[당신의 반응]

_____

_____

실습 03

[상황 제시] (출근할 때 딸이 열쇠와 핸드폰을 챙겨준다.)

아빠로서 딸에게 어떻게 말할 것 인가?

[당신의 반응]

_____

_____

실습 04

[상황 제시] (수진은 나와 함께 있으면서 다른 사람과 20분 이상 전화 통화를 하고 있다.)

수진에게 어떻게 말할 것인가?

[당신의 반응]

_____

_____

실습 05

[상황 제시] (마트에 갔다 오니까 딸이 청소를 깨끗이 해놓았다.)

엄마로서 딸에게 어떻게 말할 것인가?

[당신의 반응]

_____

_____

실습 06

[상황 제시] (팀 회의 시간에 김 대리는 오늘도 지각을 했다.)

팀장으로서 김 대리에게 어떻게 말할 것인가?

[당신의 반응]

_____

_____

실습 07

[상황 제시] (직원에게 내일 프레젠테이션 할 수 있도록 준비하라고 지시했는데, 오늘 오후까지 일의 결과가 나오지 않았다.) 상사로서 직원에게 어떻게 말할 것인가?

[당신의 반응]

_____

_____

만화를 통한 나 - 메시지 실습
※ 다음에 소개된 만화를 보면서 '너 - 메시지'를 '나 - 메시지'로 바꾸어보라.

실습 01

친구가 약속 시간에 세 번씩이나 늦게 와서 화가 났다.

[당신의 반응]

_____

_____

친구들과 무엇을 할까 의논 중인데 한 친구가 계속 나의 말을 중단시킨다.

[당신의 반응]

_____

_____

동생이 너무 시끄럽게 굴어서 친구와 전화 통화를 할 수가 없다.

[당신의 반응]

_____

_____

친구가 비밀을 지키기로 한 약속을 어기고 다른 사람에게 말하고 다녔다.

[당신의 반응]

_____

_____

친구가 물어보지도 않고 체육복을 빌려간 뒤 깨끗이 돌려주지 않아서 화가 난 상태이다.

[당신의 반응]

_____

_____

나 - 메시지 실습문제 모범답안

실습 01 "예리야, 오늘도 일찍 일어나지 않고, 침대에서 뒹구는 것을 보니(상황), 지각을 해서 선생님께 꾸지람을 들을 것 같아서(결과) 엄마는 걱정이 되는구나(느낌)."

실습 02 "이야기를 하다가 아무 말도 하지 않고 가만히 있으니(상황), 제가 어떻게 해야 할지를 몰라(결과) 당황스럽군요(느낌)."

실습 03 "세은아, 네가 아빠의 핸드폰과 차 열쇠를 챙겨주니(상황), 오늘 하루 종일 일이 잘될 것 같아서(결과) 기분이 매우 좋구나(느낌)."

실습 04 "수진아 나와 함께 있으면서 다른 사람과 통화를 오래하고 있으니(상황), 나는 너에게 소중한 사람이 아닌 것 같은 생각이 들어서(결과) 섭섭하고 서운하구나(느낌)."

실습 05 "예진아, 네가 집안을 깨끗하게 청소를 해놓으니(상황), 우리 딸이 엄마를 무척 위해 준다는 생각에(결과) 마음이 뿌듯하고 참 행복하구나(느낌)."

실습 06 "김 대리가 회의 시간에 늦으니까(상황), 우리 모두 회의를 못하고 기다려야 해서(결과) 속상하고 화가 나더군(느낌)."

실습 07 "내가 자네에게 지시한 프레젠테이션 결과물이 지금까지 나오지 않으니(상황), 프레젠테이션 내용을 숙지하지 못하고 발표할 것 같아서(결과) 몹시 당황스럽고 답답하군(느낌)."

만화를 통한 나 - 메시지 실습문제 모범답안

실습 01 "정민아, 네가 세 번씩이나 약속 시간에 늦게 나오니(상황), 네가 나와의 약속을 소중하게 생각하지 않는 것 같아서(결과) 섭섭하고 속상해(느낌). 다음부터는 약속 시간을 지켜주었으면 좋겠어(원함)."

실습 02 "수민아, 친구랑 이야기를 하고 있는데, 네가 이야기 중간에 끼어드니까(상황) 이야기가 이어지지 않아(결과) 답답해 (느낌). 수민아, 우리 이야기가 끝난 다음에 말을 하면 좋겠어(원함)."

실습 03 "정수야, 누나가 친구와 통화를 하고 있는데, 네가 옆에서 시끄럽게 떠드니까(상황) 친구가 무슨 말을 하는지 잘 알아들을 수가 없어서(결과) 짜증이 나는구나(느낌). 그래서 누나가 통화하는 동안 조용히 해주었으면 좋겠어(원함)."

실습 04 "상훈아, 내가 너에게 믿고 한 말을 네가 다른 사람에게 이야기를 해서(상황) 부끄럽고 속상해(느낌)."

실습 05 "지수야 네가 말없이 내 체육복을 빌려 간 후 그대로 갔다 주니(상황), 오늘 그 체육복을 당장 입어야 하는데 더러워서 입을 수 없게 되어(결과) 속상하고 화가 나(느낌). 다음부터는 그렇게 하지 않았으면 좋겠어(원함)."

① 나-메시지의 의미

나-메시지는 상대방의 행동이 나에게 어떤 영향을 미치고 있는가에 대해서 그에게 말로 전달하는 것이다.

② 나-메시지의 종류

- 능동적인 나-메시지
- 긍정적인 나-메시지
- 예방적인 나-메시지

③ 나-메시지의 구성 요소

- 상황
- 결과
- 느낌

④ 나-메시지의 공식

1단계 상황-상대방의 행동

  : 나 자신에게 문제가 되는 구체적인 상대방의 행동을 묘사한다.

2단계 결과-나에게 미친 영향

  : 상대방의 행동이 나에게 미치는 영향을 표현한다.

3단계 느낌-자신의 감정

  : 그 상황에 대한 자신의 감정을 표현한다.

4단계 자신의 바람

  : 자신이 원하는 것을 정중하면서 확고하게 표현한다.

⑤ 나-메시지의 문장

"네가 …하니 내가 …해서 …하단다. 그래서 나는 네가 …해 주기를 원해."

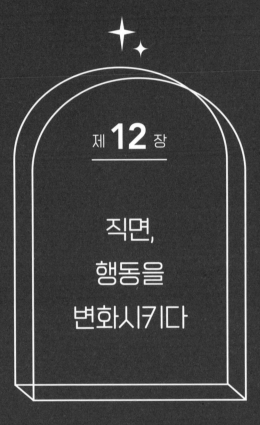

제 **12** 장

직면,
행동을
변화시키다

직면, 내 눈에 비친 너

사람의 눈은 외부만 볼 수 있기 때문에 타인이라고 하는 '거울'의 도움을 받지 않고서는 자신의 모습을 알아볼 수 없다. 그러므로 상대의 행동을 어떻게 경험하고 있는지를 직접적으로 그에게 말해줄 때, 상대방은 자신의 행동이 어떤 결과를 초래하는지 알 수 있게 될 뿐만 아니라, 원하는 경우 그 행동을 개선할 수 있는 기회를 제공하게 된다.

직면의 뜻은 '얼굴과 얼굴을 맞대는 것'이다. 대화에서의 직면은 상대와 얼굴과 얼굴을 맞대고 어떤 문제를 해결하려고 노력하는 것이다. 따라서 직면은 상대와의 관계를 개선하려는 선의의 마음에서 해야 한다. 그렇지 않고 직면을 단순히 상대방을 징벌하거나 혹은 적대심을 표현하기 위하여 사용하게 되면 상대에게 상처를 주게

직면은 거울처럼 상대의 비효과적인 행동 패턴을 보여주는 것이다.

된다. 이렇게 직면을 잘못 사용하게 되면 서로의 관계가 파괴적이 될 수 있다. 따라서 직면을 할 때는 선의의 마음에서 해야 하며, 상대방과의 관계 개선을 하고자 하는 마음에서 해야 한다.

직면의 내용에는 두 가지 측면이 있는데, 하나는 긍정적인 직면이고 다른 하나는 부정적인 직면이다. 긍정적인 직면은 상대가 잘하는 것을 더욱더 잘하게 하는 정적강화를 하는 것이고, 부정적인 직면은 상대가 부정적인 것들을 하지 못하게 하는 부적강화를 하는 것이다. 따라서 상대방이 현재하고 있는 효과적인 행동을 계속 발전시키기 위해서는 긍정적인 직면이 필요하고, 상대방의 비효과적인 행동을 개선하기 위해서는 부정적인 직면이 필요하다.

그러므로 우리는 상대방의 행동에 대해 정적강화와 부적강화를 통해 효과적인 방향으로 갈 수 있도록 도와줄 수 있다. 직면을 어떻게 할 것이며, 또한 어떻게 직면을 받을 것인가에 대한 방법을 터득하면 사람을 이끌어가는데 훨씬 좋을 것이다.

직면을 하는데 고려해야 할 기본적인 네 가지 요소가 있다. 그것은 비강요성, 진술성, 즉시성, 가변성 등이다.

직면의 네 가지 요소

비강요성

비강요성은 직면을 할 때 상대방에게 변화를 강요해서는 안 된다는 뜻이다. 직면할 때 '가끔', '아마도', '때때로', '어쩌다가'와 같은 말들을 사용하면 상대에게 변화를 강요하지 않게 된다. 이러한 부사구를 사용해서 직면을 하게 되면, 직면을 받는 사람에게 빠져나갈 공간을 만들어주는 것이 된다. 이러한 부사나 부사구를 사용하여 직면을 하면 상대는 비난받거나 판단받는다는 느낌이 들지 않게 된다.

진술성

진술성은 상대방의 비효과적인 말이나 행동 패턴을 객관적인 입장에서 말해주는 것이다. 진술성은 지금 이 사람이 하고 있는 말이나 행동을 객관적으로 읽어주는 것을 의미한다. 직면은 상대의 말이나 행동들이 비효과적이라는 것을 알려주기 위해서 하는 것이므로 다른 사람으로부터 들은 정보에 의한 것이 아니라 내가 직접 듣고 느낀 그 사람의 말이나 행동을 근거로 해야 한다. 우리가 높은 수준의 진술성을 사용하면 상대는 우리가 말한 내용의 정확성 여부를 이해할 수 있게 된다.

즉시성

직면을 할 때는 비효과적인 행동이나 말이 일어난 직후에 해야 한다. 따라서 즉시성은 시간적으로 최근의 주제에 초점을 맞춘다. 이미 오래전에 일어난 사건보다는 가장 최근에 일어난 행동에 초점을 두는 것이 효과적이다.

특히 직면은 개인적인 것에 초점을 둔다. 우리들이 직면을 할 때는 일반적인 사실이나 사람들에 대해서가 아니라 지금 이 자리에 있는 상대에 대해서 이야기하고 있다는 사실을 분명히 해주어야 한다.

가변성

가변성은 변화 가능한 것을 의미한다. 직면은 변화 불가능한 것에 대해 하는 것이 아니라 변화 가능한 것에 해야 한다. 또한 상대방의 인격이나 존재에 대해 하는 것이 아니라 상대방의 구체적 행동이나 말에 초점을 두어야 한다. 만약 상대방이 한 말의 내용에만 관심을 갖고 직면을 한다면, 상대방은 오히려 쉽게 발뺌을 하거나 변명을 하기 쉽다. 따라서 직면은 그 사람이 직접 행한 행동이나 말 등 변화 가능한 것에 초점을 두어야 한다.

직면, 외과적 수술

직면은 상대가 잘못하고 있는 경우, 그에게 무엇인가 불일치하거나 모순되는 점이 있을 때 그것을 지적해주는 것이다. 또한 직면은 상대방의 말과 행동 사이의 불일치를 지적해주는 것이다. 다시 말해 직면은 상대방의 비효과적인 행동 패턴을 말로 지적해주는 것이다.

정보와 직면의 서비스

따라서 직면은 받는 사람이나 하는 사람이나 썩 기분 좋은 것은 아니다. 왜냐하면 직면을 받는 사람은 자신의 잘못된 점을 지적받게 되고, 직면을 하는 사람도 상대에게 상처를 주지 않으면서 전달하기 위해 고민을 하기 때문이다. 하지만 우리가 사람과 관계를 맺고 지내다보면, 특히 친밀한 관계에 있는 사람들에게 직면을 하거나 받게 되는 경우가 있다. 우리가 어떤 사람에게 직면을 해야 할 경우 그 사람과의 관계가 어색해질 수도 있다는 생각에 두렵기도 하여 그의 문제를 회피해버리곤 한다. 그 사람이 이것만 고치면 도움이 될 것이라는 것을 뻔히 알고 있지만 말을 해주지 않는 것은 자칫 상대에게 상처를 주거나 그의 반발을 초래할 수도 있기 때문이다. 그러므로 효과적인 직면의 기술을 활용하기 위해서는 상대가 그것을 인정하고 수용할 수 있을 정도의 충분한 신뢰 관계가 형성되어 있어야 한다. 신뢰 관계가 형성되지 못한 상황에서 직면을 한다면 상대는 분명 상처를 입을 것이다. 그리고 그로 인해 나 자신도 마음이 불편하고 상처를 받게 될 것이다.

특히 나 자신이 화가 나 있거나 흥분된 상태에서의 직면은 금물이다. 화가 나 있는 상태에서 다른 사람에게 직면을 한다는 것은 정말 어렵다. 왜냐하면 일반적으로 상대방의 계속적인 잘못된 행동으로 인해 이미 나는 감정이 상해 있기 때문이다. 이것은 의사가 환자를 치료할 때 화가 나거나 흥분한 상태라면 수술을 잘할 수 없는 것과 같다.

직면은 외과적 수술과 같은데, 의사는 수술에 앞서 '진정 의사의 역할을 할 수 있는가?'에 대한 고민이 필요하다. 무조건 수술용 칼을 댔다가는 위험해질 수도 있다. 그러므로 우리는 '내가 왜 이 사람에게 직면을 하려고 하는가?'에 대해 생각해보아야 한다. 내가 지금 직면을 하려고 하는 것이 진정 상대를 위한

직면, 사람의 마음을 수술하는 것

것인지 아니면 내 만족을 위한 보복의 수단인지 깊이 생각해야 한다. 왜냐하면 직면은 사람의 마음을 대상으로 하는 수술이기 때문이다. 외과적 수술과 같은 직면을 일상생활에서는 적용하기란 쉽지 않은 것 같아서 많은 사람들이 직면하기를 두려워한다. 따라서 직면은 쉽게 활용할 수 있는 커뮤니케이션 기술이 아니다. 직면은 그 사람에 대한 사랑과 관심이 있을 때 가능한 것이다.

서먹해져버린 친구에게 시도한 직면의 한 예를 소개하고자 한다.

나   친구야. 난 모든 일을 알아야만 직성이 풀리고, 그 문제들을 다른 사람들에게 가볍게 말하는 네 성격 때문에 친구들이 더 이상 너를 신뢰하지 않을 것 같아 걱정스럽고 염려가 돼.

친구   모든 일을 알아야 하는 건 정말 나도 어쩔 수가 없더라. 내 원래 성격인가 봐. 그리고 난 별로 가볍게 이야기한 적이 없었던 것 같은데.

나   □일, ◇일, ☆일 모두 난 너에게만 믿고 말했는데 결국엔 모든 사람들이 알고 있더라.

친구   미안…. 그러려는 의도는 아니었는데…. 누가 그런 말을 해?

나   그게 중요한 건 아니잖아. 난 이런 일들로 인해서 나와 다른 사람들이 너를 믿지 않을 것 같아서 너무 걱정돼. 너의 행동에 대해서 한 번쯤 깊이 생각해봤으면 해.

친구   이렇게 이야기해줘서 고마워. 물론 지금은 혼란스럽지만, 생각해볼게.

그러나 직면과 잘 분별해야 할 것은 지적하는 태도이다. 후배와 이야기를 하면서 느낀 점이다.

나   내가 자료를 모아 달라고 한 것이 언젠데 아직 안 되어 있는 거야? 오늘까지 해주기로 했잖아. 넌 매번 말로만 알겠다고 하는 것 같아. 언제까지 하겠다고 하고선 매번 이렇게 사람을 골탕 먹여서야 되겠니?

후배   알겠어요! 지금 다 해서 주면 되잖아요(많이 흥분해 있었다).

직면, 타이밍이 중요

이스라엘 지혜의 왕 솔로몬이 쓴 전도서에는 모든 일에는 때가 있다고 한다. "모든 일에는 다 때가 있다. 세상에서 일어나는 일마다 알맞은 때가 있다. 태어날 때가 있고, 죽을 때가 있다. 죽일 때가 있고, 살릴 때가 있다. 심을 때가 있고, 뽑을 때가 있다. 허물 때가 있고, 세울 때가 있다. 울 때가 있고, 웃을 때가 있다. 통곡할 때가 있고, 기뻐 춤 출 때가 있다. 찾아나설 때가 있고, 포기할 때가 있다. 간직할 때가 있고, 버릴 때가 있다. 사랑할 때가 있고, 미워할 때가 있다."

이와 같이 모든 일에는 때가 있다. 직면도 마찬가지이다. 직면을 해야 할 때가 있고, 기다려야 할 때가 있다. 직면은 수술과 같은 것이므로 시기와 장소에 대해 신중해야 한다. 직면을 할 때는 상대방이 받아들일 수 있는 심력(心力)이 있는지를 확인해야 한다. 또한 말투와 표정, 손짓 등 모든 부분을 신경 써서 해야 한다. 이와 같이 직면은 나와 상대방 모두가 준비되어 있고 받아들일 수 있는 마음과 환경의 상태, 즉 대화의 분위기를 어떻게 만드느냐에 따라 그 결과가 달라질 수 있다.

직면을 할 때는 그 사람의 일시적인 행동이나 말을 보고 하는 것이 아니다. 직면은 상대방의 말이나 행동이 지속적으로 자기 자신이나 타인에게 상처를 주거나 대인 관계에 어려움을 겪게 하는 사실에 근거해야 한다. 직면은 다음과 같은 불일치한 내용들에 대해 할 수 있다. 반복

선택의 시간, 몇 번이고 …

해서 말하지만 하나의 불일치가 아니라 여러 번 반복되는 불일치가 일어날 때 하는 것이다. 다시 말해 인간관계에서 비효과적인 행동 패턴이 있을 때 주의를 기울일 수 있도록 직면을 사용한다.

- 상대가 앞에서 한 말과 뒤에서 한 말이 다를 때
- 상대가 한 말과 행동이 다를 때
- 상대가 한 말과 생각이 다를 때
- 상대가 한 말과 감정이 다를 때
- 상대가 스스로 인식하는 내용이 타인들이 인식하는 것과 다를 때, 다시 말해 개인적 가치관과 사회적 가치관이 일치하지 않을 때
- 상대가 평소의 언행이 일반적으로 기대되는 방향과 다를 때, 예컨대 도덕, 윤리, 규칙 등

직면, 변화의 꽃 틔움

직면의 가치는 상대방이 자신을 평가하는 과정에서 고려할 수 있는 또 다른 견해를 제공해준다는데 있다. 상대방이 사신의 문제에 대해 직면받기를 꺼려한다 하더라도, 직면은 상대방으로 하여금 자신에 대한 새로운 시각으로 태도와 행동을 변화시키게 한다. 직면은 상대방을 비판하거나 꾸짖기 위한 것이 아니라 변화를 적극적으로 추구하려는 목적을 가지고 있다. 따라서 우리는 상대방의 문제에 대해 그보다 더 정확하게 인식할 수 있어야 한다. 직면의 가치는 다음과 같다.

- 직면은 상대방으로 하여 금 자신의 구체적인 모순점을 바라볼 수 있도록 도와준다. 즉 말에서, 행동에서, 말과 행동 사이에서 불일치한 것을 볼 수 있게 해준다. 사람은 효과

직면, 변화의 꽃이 피다

적인 직면을 통해 종종 자신의 문제를 더 명확히 이해하여 건설적으로 변화할 수 있다.

- 직면을 효과적으로 하는 사람은 솔직한 커뮤니케이션의 본보기가 된다. 상대가 상처를 입을까봐 혹은 두 사람의 관계가 깨질까봐 직면을 피해서는 안 된다. 특히 자신의 분노를 표현하거나, 상대에게 벌을 주거나 앙갚음을 하기 위해 직면을 사용해서는 안 된다.

- 직면은 직면을 받는 사람으로 하여금 자신의 비효과적인 행동 패턴을 돌아보게 하고, 그 결과 지금까지 써보지 않았던 새로운 행동 양식을 활용해보게 한다. 따라서 직면을 할 때는 행동과 말의 모순점에 대한 피드백을 주면서 그 모순점을 살펴볼 수 있도록 도와주어야 한다.

- 직면은 사전에 충분한 신뢰 관계를 형성하여 상대방이 어떠한 지적도 감수할 수 있는 분위기가 조성되어 있어야 한다. 왜냐하면 직면은 종종 상대방이 고통스러워하는 내용에 초점을 두기 때문이다. 기억해야 할 것은 직면을 받는 사람은 괴로워하거나 혼란스러워할 수 있다는 사실이다. 따라서 직면은 상대방과 충분한 신뢰 관계가 형성된 상태라야 도움이 된다.

- 사람은 의문문이면서 판단적이지 않은 직면을 더 잘 받아들인다. "즉 … 일까요?" 혹은 "…라고 말씀하시는 것 같은데요. 제가 이해한 것이 맞습니

까?"와 같은 표현이다.

- 직면을 할 때는 그 사람의 감정에 신경을 써야 한다. 언급한 모순을 직시할 때 힘들어하는 상대방의 감정을 반영하는 것도 종종 효과적인 직면에 포함된다. 그러므로 직면을 할 때는 감정 단어를 사용하는 것이 효과적이다.
- 직면은 구체적인 증거를 바탕으로 해야 한다. 직면은 상대가 한 말이나 행동에 근거해야지 추측한 정보에 근거해서는 안 된다. 직면 내용에 비난, 평가 또는 문제 해결책이 들어가서는 안 된다.
- 직면은 일단 시작했으면 가능한 끝까지 마무리해야 한다. 상대방이 처음 또는 순간적으로 다소 반발을 보이더라도 소신껏 마무리 지어야 한다. 그리고 어떤 경우 직면을 받는 사람은 그 말을 안 믿으려 하거나, 반론을 제기하거나, 혹은 받아들이는 척할 수 있다. 이런 경우에는 먼저 공감을 하고 신뢰감을 형성한 후 직면을 하는 것이 효과적이다.
- 직면은 상대방에게 큰 영향을 미치기 때문에 늘 상황을 보면서 직면을 하고 절대로 과도하게 사용해서는 안 된다.
- 자신이나 다른 사람의 삶에 위협적인 행동을 하는 위기 상황 때 종종 직면을 사용할 필요가 있다.
- 직면은 상대의 결점과 한계뿐 아니라 장점과 능력에 관련된 모순점도 지적할 수 있다.
- 직면은 언제 직면을 하는 게 좋을지 아는 것이 중요하다.
- 직면은 비현실적인 목표를 가진 사람에게도 직면을 통해 실현 가능한 목표를 찾을 수 있도록 도울 수 있다.

따라서 직면을 할 때는 구체적인 증거를 바탕으로 해야 한다. 변화를 강요해서는 안 된다. 사전에 충분한 신뢰 관계를 형성하여 상대방이 어떠한 지적도 감수할 수 있는 분위기가 조성되어 있어야 한다. 일단 시작했으면 가능한 끝까지 마무리 지어야 한다. 가능하면 부정적인 평가를 내리지 않는 범위 내에서 해야 한다. 직면은 상대방에게 큰 영향을 미치기 때문에 늘 상황을 보면서 직면을 하고 과도하게 사용해서는 안 된다.

직면의 공식

1단계: 비효과적인 행동 패턴에 초점을 맞춘다

직면은 상대방의 비효과적인 행동 하나를 보고 하는 것이 아니다. 관계를 맺어가면서 상대가 비효과적인 행동을 계속적으로 할 때 하는 것이다. 그러므로 직면은 제삼자에게서 들은 내용에 입각하여 하는 것이 아니라 자신이 바라보고 관찰한 행동에 대해 해야 한다. 특히 상대의 행동에 초점을 맞추어야 한다. 이 단계에서 기억해야 할 것은 내 눈에 비친 상대방의 행동이다.

2단계: 그 행동이 일어난 직후에 한다

직면은 가능하면 비효과적인 행동이 일어난 직후에 구체적으로 하는 것이 효과적이다. 구체적으로 한다는 것은 두 가지 의미가 있다.

첫째, 직면할 때 지금-여기에서 일어난 그 사람의 비효과적인 행동을 먼저 말해주고, 그다음에 이전부터 그가 계속적으로 해왔던 비효과적인 행동에 대해서 구체적으로 말해주어야 한다. 이렇게 하면 상대방에게 자신의 행동을 되돌아볼 수 있는 기회를 제공해주게 된다. 단지 한 번의 비효과적인 행동만으로 직면을 한다면 상대방은 오해를 받고 비난을 받았다는 느낌을 가질 수 있다. 그러므로 직면을 할 때는 지금-여기에서의 상대방의 행동과 함께 지금까지 해왔던 비효과적인 행동들을 구체적으로 말해준 다.

둘째, 직면할 때 비효과적인 행동과 함께 그 행동이 일어난 때에 대해서 말해주어야 한다. 즉 비효과적인 행동 패턴의 내용과 함께 그 행동이 일어난 시간을 구체적으로 말해야 한다.

3단계: (그 행동을 통해)차후에 일어나게 될 부정적인 결과에 대해서 말한다

직면의 목표는 상대방의 주의와 인식을 바꾸어 비효과적인 행동 패턴을 변화시키는 데 있다. 그러므로 상대방이 그 행동의 미래 결과에 대해 인식하지 않고 있거나, 인식을 하고 있으면서도 습관화되어 그 행동을 반복적으로 하는 경우도 있다. 따라서 그 행동으로 인한 미래의 부정적인 결과를 말해주어 그에게 자신의 행동에 대해 깊이 생각할 기회를 제공해주는 것이다. 그의 비효과적인 행동 패턴으로 말미암아 미래에 일어나게 될 부정적인 결과는 나의 짐작이지 확신은 아니다.

4단계: 결과에 대한 자신의 느낌(걱정)을 말한다

상대의 비효과적인 행동으로 인해 미래에 일어나게 될 부정적인 결과만 말한다면 상대방은 판단을 받았다고 생각할 수 있다. 그러면 상대방은 속으로 '네가 나에 대해서 무엇을 안다고 그런 소리를 하는 거야?', '나를 그렇게 보다니 건방지군', '웃기는 소리 하고 있어. 나를 언제 보았다고 말이야' 등 여러 형태로 오해할 수 있다. 이러한 오해를 방지할 수 있는 것이 그 문제점을 바라보았을 때의 내 마음을 전달하는 것이다. '너를 미워하거나 비난하기 위한 것이 아니라 진정 너를 사랑하고 돕고자 하는 마음'임을 전달해야 한다. 상대방을 사랑하고 아끼는 마음을 전달하는 방법은 바로 그의 행동의 결과를 바라보았을 때 걱정이 되는 자신의 마음을 전하는 것이다. 여기서 걱정은 그 행동으로 말미암아 일어난 결과에 대한 것이며, 걱정을 말할 때 부사나 부사구와 함께 사용하면 효과적이다. 이렇게 했을 때 상대방은 오해를 하지 않고 우리의 마음을 있는 그대로 받아들 수 있을 것이다.

5단계: 생각해보라고 권한다

상대방에게 생각해보라고 권하는 이유는 이 직면이 내가 본 관점이기 때문이다. 내가 본 관점은 맞을 수도 있고 틀릴 수도 있다. 내가 본 상대의 행동과 말을 보여줄 뿐이지 강압적으로 고치라고 강요해서는 안 된다. 단지 그 선택권을 상대방에게 주어야 한다. 상대방은 내 이야기를 듣고 자신의 행동이나 말을 생각해보고 내 권유가 옳은 것 같으면 그때부터 고치려고 노력할 것이다.

커뮤니케이션에서 무엇보다 중요한 것은 상대방을 한 존재로서 존중해주는 것이다. 그 존중은 우리의 말과 태도로써 전달된다.

직면의 문장

"당신의 ① …한 행동을 보니 앞으로 ② …할 것 같아서 걱정이 됩니다. 이 점에 대해 생각해보시기 바랍니다."

① ~에는 직면 공식의 1단계와 3단계의 비효과적인 행동 패턴을 말하면 된다. 지금-여기의 비효과적인 행동부터 시작하여 이전의 비효과적인 행동까지 구체적으로 기술하면 된다.

② ~에는 직면 공식의 3단계가 포함된다. 비효과적인 행동 패턴으로 인해 미래에 일어나게 될 부정적인 결과에 대해서 말하면 된다.

직면을 효과적으로 받아들이는 방법

직면을 효과적으로 받아들이는 방법은 우리가 다른 사람에게 충고와 지적을 받았을 때 효과적으로 반응하는 방법과 같다. 다른 사람으로부터 자신의 행동과 말에 대한 지적을 받았을 때, 대부분의 사람은 고개를 숙이고 있거나, 부루퉁하게 있거나, 아무런 반응을 보이지 않고 가만히 있는 경우가 있다. 그러나 입장을 바꿔 생각해보면 이것은 효과적인 행동이 아니라는 것을 알 수 있다. 다른 사람의 비효과적인 행동이나 말에 대해 직면을 하였을 때 상대방이 이렇게 반응을 한다면 우리는 매우 당황스러울 것이다. 그러므로 다른 사람으로부터 이런 직면을 받았을 때 다음과 같은 단계로 반응을 한다면 그 사람은 우리를 인격자라고 말할 것이다.

직면을 받아들이는 공식

1단계: 상대방의 관점을 인정한다

아직도 나의 가슴에 남아 있는 말이 있다. 나의 영원한 상담자이자 은사이신 고(故) 이형득 교수님의 말씀이다. "상담에서 직면을 하는 사람이나 직면을 받는 사람은 모두 '개똥철학'을 가지고 있어야 한다." 이 '개똥철학'은 개 눈에는 똥밖에 안 보인다는 의미로 말씀하신 것이다. 직면을 하는 사람도 자기가 본 그 사람의 행동이나 말이 곧 자신의 주관적인 경험 안에서 인식된 것임을 자각해야 하고, 또한 직면을 받는 사람도 상대방의 직면이 진정한 자기의 모습이 아니라 상대방이 바라본 나의 모습임을 인식해야 한다. 그 모습은 진정한 나가 아니라 제삼자가 바라본 나의 모습이기 때문이다. 그러나 그것이 맞고 틀림을 떠나 일단은 그가 바라본 나의 모습에 대해 인정을 해주는 것이 중요하다. 이것의 언어적 표현은 "나의 행동(말)을 그렇게 보셨습니까?"이다.

상대의 관점을 나의 말로 인정하는 것이 커뮤니케이션에서는 매우 중요하다. 직면을 받았을 때 아무런 말을 하지 않고 가만히 있으면 직면을 한 사람은 '내가 괜한 소리를 했나? 내 말을 듣고 저 사람이 속상한 것이 아닌가? 내가 말한 의도가 잘못 전달되었나? 다시는 그런 소리를 하지 말아야겠다'라고 오해를 할 수 있다. 그러면 다음부터는 도움이 되는 말을 해주지 않을 것이다. 직면을 받고 그 사람이 바라본 나의 행동과 말을 그대로 말로 인정해준다면 그는 '아! 저 사람은 내가 참 어렵게 이야기했는데 내 마음을 알아주는구나'라고 생각하면서 안심을 하게 된다.

2단계: 진솔하게 말해준 것에 대해 감사한다

상대방이 나의 비효과적인 행동 패턴을 보고 말해주는 것은 그 사람이 나에게 관심이 있고 나를 사랑하기 때문이다. 나에게 아무런 관심이 없다면 나의 비효과적인 행동 패턴에 대해 말해주지 않을 것이다. 성경에 "진주를 돼지 앞에 던지지 마라"는 말씀이 있다. 진주가 값지고 귀한 것이라도 진주의 귀함을 모르는 돼지에게는 아무런 쓸모가 없는 것이다. 그러나 진주의 가치를 아는 사람에게 주었을 때 그것은 귀하게 다루어질 것이다.

다른 사람으로부터 직면을 받았을 때, 일단은 그 사람이 나에게 관심이 있기 때문에 그런 말을 한다는 것을 마음에 담고 있어야 한다. 그 사람이 한 말이 맞고 틀림을 떠나서 나를 향한 그 사람의 마음을 받는 것이 중요하다. 그리고 어렵게 비효과적인 행동 패턴을 말해준 것에 대해 감사하는 마음을 갖고 이 마음을 상대방에게 말로 표현해주어야 한다. 이것의 언어적 표현은 "당신이 나를 사랑하고 잘되기를 바라는 마음에서 말씀해주신 줄 압니다. 솔직히 말해주셔서 감사합니다"이다.

이렇게 말했을 때, 상대방은 마음이 편안해질 뿐만 아니라 나에 대해 긍정적인 이미지를 갖게 될 것이다. 그리고 나의 부족한 부분이나 고쳐야 할 부분에 대해 비판적이고 부정적으로 말하는 것이 아니라, 진정 창조적인 방향에서 지적해주게 될 것이고 인격적으로 대해줄 것이다. 이처럼 좋은 인간관계를 맺기 위해서는 비효과적인 행동이나 말에 대한 직면을 받았을 때 그것을 어떻게 받는가 하는 것도 매우 중요하다.

3단계: 생각해보겠다고 말한다

우리는 흔히 누군가로부터 행동이나 말에 대해 고쳐야 할 점을 지적받았을 때 그 자리에서 "그 점을 고치겠습니다"라고 말한다. 이렇게 말하는 것이 상대방에 대한 예의라고 생각한다. 그러나 가만히 이 말에 대해 생각해보면 모순점이 있다. "고치겠습니다"라고 말하는 순간 우리는 그 행동을 고쳐야 한다. 만약 상대방이 지적한 말이나 행동을 고치지 못하면 우리는 신뢰성이 없는 사람이 되어버린다. 그리고 우리 자신도 그 점에 대해 죄책감을 가지게 될 뿐만 아니라 그 사람을 볼 때마다 미안한 마음에 당당하지 못할 수도 있다.

그러므로 다른 사람의 지적에 대해 무조건적으로 "고치겠습니다"라고 말할 것이 아니라, "그 점에 대해 생각해보겠습니다"라고 말하는 것이 효과적이다. 누군가가 말한 나의 행동이나 말은 그 사람이 바라본 나의 모습이지 실제 나의 모습이 아닐 수도 있기 때문이다. 따라서 그가 말한 것에 대해 생각해보고, 그 말이 사실이고 나에게 도움이 될 것 같으면 그때 가서 변화시키면 되는 것이다. 생각해보고 도움이 되면 받아들이고, 그렇지 않으면 상대방의 마음만 받아들이면 된다. 이것의 언어적 표현은 "그 부분에 대해서 생각해보겠습니다"이다.

직면을 받아들이는 문장

"저의 행동을 그렇게 보셨습니까? 솔직히 말씀해주시니 감사합니다. 그 점에 대해서 생각해 보겠습니다."

내가 어느 교회에서 대학부 지도자로 봉사하고 있을 때, 목사님과 이야기를 나누던 중 지적을 받게 되었다. 이때 나는 목사님을 가만히 바라보면서 정말 나에게 하시고자 하는 말씀이 무엇인지를 들으려고 노력하였다. 목사님의 말씀을 귀 기울여 들으니 그 분의 의도는 나를 사랑하기 때문이었다.

그래서 나는 앞의 순서대로 표현하였다. "목사님, 저의 행동을 그렇게 보셨습니까? 그렇게 말씀해주시니 감사합니다. 목사님께서는 저를 위해서, 제가 잘되기를 바라서 그렇게 말씀하시는 것이 아닙니까? 그 점에 대해서 생각해보겠습니다. 목사님, 감사합니다." 이렇게 말하니 목사님은 "박 선생님, 그런 뜻이 아니라네" 하시면서 내 손을 잡아주셨다.

대학생의 직면 시도

아침에 일어나기 힘들어하는 순희는 친구와 2인 1조로 과제를 하기로 했는데, 서로 시간표가 달라 만나기 힘든 상황이어서 어쩔 수 없이 아침 시간에 만나기로 약속했다.

친구 순희야, 과제를 함께 해야 하니 약속 시간에 정확히 나와주었으면 좋겠어.

순희 알았어. 그때 보자.

친구는 걱정이 되었다. 왜냐하면 순희는 약속 시간에 항상 늦었고, 그때마다 핑계를 댔기 때문이다. 친구는 걱정이 되었지만 과제가 촉박했기 때문에 이번에는 순희가 늦지 않을 것이라 여겼다. 만나기로 한 날 친구는 약속 장소에서 순희를 기다렸다. 하지만 순희는 10분이 지나도록 연락도 없이 나타나지 않았다. 친구는 순희에게 전화를 했다.

친구 너 어디야?

(뒤에서)

순희　차가 너무 밀려서 움직이질 않아. 이제 거의 다 왔어. 조금만 기다려.

친구는 약속 장소에서 5분을 더 기다렸고, 드디어 순희가 도착했다.

순희　미안해. 빨리 오고 싶었는데 버스가 기어가잖아.

친구　순희야, 네가 의도한 것은 아니었지만 네가 늦게 오는 바람에 시간이 부족해서 오늘 과제를 낼 수 없을지도 몰라. 그리고 오늘 일은 그렇다 치더라도, 다른 사람들과의 모임 때도 네가 늦는다면 다른 사람들이 너에 대해 나쁘게 이야기할까봐 염려가 돼. 그러니 너의 행동을 한번 깊이 생각해봤으면 좋겠어.

순희　길이 막혀서….

직면의 훈련과 연습

[상황 제시]

대학생(여, 22세)이 교수에게 "저는 전공 공부를 포기하려고 합니다. 저는 도대체 전공 공부를 잘할 수가 없을 것 같아요. 나름대로 열심히 노력했지만 제 뜻대로 그리 잘되지 않습니다. A학점을 받는 것만이 중요하다고 생각하지 않습니다. 저는 솔직히 학교를 졸업한 후에라도 써먹을 수 있는 과목을 배우고 싶은데 제 전공으로는 그렇게 될 수가 없을 것 같아요."

직면의 반응 수준

- **1수준** "학생은 그만큼이라도 하는 게 잘하는 것이란 사실을 모르는 것 같군요. 지금 점수에 만족하지 못한다면 차라리 학교를 그만두는 것이 좋겠어요."

  ➡ 불일치에 대해서 섣불리 지적하고 있으며, 또한 징계조의 방법으로 직면하고 있다.

- **2수준** "학생의 성적이 곧 학생의 실력을 말해주는데 전공 탓을 하는군요. 자신의 낮은 성적에 불만이 많군요."

  ➡ 학생의 갈등이나 불일치를 충분히 그리고 정확하게 지적하지 못했다. 교수는 학생의 성적과 관심사 간에 관계가 있다고 보고 불일치를 지적하지만 정확하게 주의를 기울이지 않고 있다.

- **3수준** "비록 다른 사람의 기준으로 봤을 때는 잘하고 있다고 하더라도, 학생은 자신이 실패하고 있지 않을까 걱정하고 있는 듯하군요."

  ➡ 학생의 말에 대한 잠정적인 진술을 하되, 그가 움직일 수 있는 방향에 대한 지시는 없다.

- **4수준** "학생은 장래에 대해 관심을 갖고 걱정은 많이 하면서도, 오히려 지금 학과 공부는 등한시하고 회피하는 것 같군요. 혹시 그러다가 성적이 낮게 나와 진학이나 취직에 걸림돌이 되지 않을까 걱정됩니다. 한번 생각해보기를 바랍니다."

  ➡ 학생의 문제에 대해 구체적 행동 패턴을 취급하고 있다. 교수는 학생에게 그의 현재 행동으로 인해 앞으로 일어날 부정적인 결과를 지적하면서 자신의 느낌을 전달하였다. 또한 학생 스스로 행동 수정의 책임을 지고 결단을 하도록 권했다.

직면의 반응 훈련

아래의 가상 시나리오를 읽고, 직면하기의 수준을 체크해보세요(1, 2, 3, 4 수준).

[상황 제시 1]

학생(여, 18세)이 선생님에게 "저는 이 학교에 전학 온 뒤로 친구를 사귈 수가 없어요. 저는 다른 아이들에게 잘 대해 주려고 노력하지만 마음이 편치 않고 만사는 뒤틀려만 갑니다. 그러면 저는 '에라 모르겠다. 인간은 원래 악하고 모두들 자신만을 위해 살아가니 나는 친구가 필요 없다'라고 생각하게 됩니다."

반응

_____ ① "너는 참 곤란한 지경에 빠져 있구나. 그리고 친구를 사귀고 싶지만 원하는 바를 성취하지 못할 때 자신을 변명하고 있다는 사실을 알고 있구나."

_____ ② "친구를 못 사귀는 것 자체에 무슨 잘못이 있는 것은 아니야. 많은 사람은 서로 격리된 삶을 살아가기를 배운단다."

_____ ③ "너는 지금까지 친구를 사귈 수 없었기 때문에 신경을 쓰고 있구나."

_____ ④ "너는 친구를 사귀려 애쓰다가 많이 지쳤구나. 그런데 몇 번 노력해보다가 쉽게 포기해버리는 것 같은데, 그런 방식으로 사람을 대하다가 나중에 정말 중요한 사람과의 관계도 쉽게 포기해 버릴까봐 은근히 걱정된다. 한번 생각해보렴."

_____ ⑤ "네가 친구를 사귀기 위해 무슨 일을 했는지 이야기해줄 수 있겠니?"

_____ ⑥ "내가 다니는 교회에 같이 가볼래? 그곳에는 너만 한 애들의 모임이 있는데 아마도 너를 환영할 거야. 그러면 그곳에서 많은 친구를 사귈 수도 있고 즐거운 시간을 보낼 수 있어."

_____ ⑦ "네가 스스로 '에라 모르겠다. 저 사람은 나쁜 사람이다'라고 생각하면 내심 너욱 화가 솟구치겠구나."

[상황 제시 2]

주부(여, 40세)가 선생님에 대해 불평한다 "우리 아이가 만들어간 과제물에 담임 선생님이 왜 80점밖에 안 주셨는지 이해가 안 돼요. 저는 꼬박 한 달 동안 아이와 같이 그것을 만들었어요. 그런데 우리 아이의 짝에게는 95점을 주었더라고요. 선생님을 한번 찾아가봐야겠어요. 아무리 생각해봐도 이것은 불공정한 것 같습니다."

반응

_____ ① "아드님이 받은 80점이 공정하지 않다고 생각하시는군요."

_____ ② "아드님의 짝보다 훨씬 잘된 과제물인데도 80점밖에 못 받아 화가 나셨군요. 왜 그런 점수를 받았다고 생각하세요?"

_____ ③ "아드님과 노력을 많이 했는데도 점수를 제대로 못 받아 정말 화가 난 것 같군 요. 우선 배점 기준을 확인해보고, 아드님에게 혹시 점수를 잘못 준 건 아닌지 알 아보세요."

_____ ④ "어머님이 화낼 이유가 없을 것 같군요. 80점도 아드님에게 좋은 점수지요."

_____ ⑤ "선생님의 평가가 불공평하다고 느끼시는군요. 그런데 어머님께서 아드님의 과 제를 도와주어 좋은 점수를 받게 하려다 아드님이 엄마에게 의존하게 될까봐 걱 정되는군요. 한번 생각해보세요."

_____ ⑥ "아드님은 다음번 과제에 더 좋은 점수를 받을 수 있을 겁니다."

_____ ⑦ "아드님의 짝이 훨씬 못한 과제를 내고도 높은 점수를 받았다는 사실이 어머님 을 정말 화나게 했군요."

실습문제 모범답안

[상황 제시 1] ① 3수준 ② 1수준 ③ 2수준 ④ 4수준 ⑤ 3수준 ⑥ 1수준 ⑦ 3수준

[상황 제시 2] ① 2수준 ② 3수준 ③ 3수준 ④ 1수준 ⑤ 4수준 ⑥ 2수준 ⑦ 2수준

<실습 문제>

[상황 제시 1]

아주머니 (방금 전 비싼 옷을 샀다는 말을 했다) "집세를 내려면 돈이 필요해요. 집세를 어떻게 낼 지 정말 걱정이네요."

[효과적인 반응]

[상황 제시 2]

남편 (고개를 숙인 채 낮고 단조로운 목소리로 말한다.) "저 진짜 행복해요. 여기 왜 와서 앉아 있는지 저도 모르겠어요. 다 잘 되어가고 있는데 말이에요."

[효과적인 반응]

_____

_____

[상황 제시 3]

친한 동생 그는 대학교 2학년으로 사람들과도 잘 어울리고 어떤 일이 주어지면 열심히 하려고 하는 적극적인 성격이다. 그런데 이번 학기에는 학점을 잘 받고 싶다고 한 동생은 요즘 부쩍 컴퓨터 게임에 시간을 지나치게 많이 투자하고 있다.

[효과적인 반응]

_____

_____

[상황 제시 4]

취업 준비생 취업 준비 중인 대학생이 열심히 하지 않으면서 잘 되지 않을 것이라 좌절하고 있다.

[효과적인 반응]

_____

_____

실습문제 모범답안

1. "아주머니, 조금 전에는 비싼 옷을 샀다고 하시더니 지금은 집세 내는 것을 걱정하시는 것을 보니, 혹시 다음에도 돈을 규모 없게 사용할까봐 걱정이 됩니다. 이 점에 대해 한번 생각해보시기 바랍니다."

2. "김 선생님은 말로는 행복하다고 하면서 표정과 어조는 그렇지 않은 것을 보니, 혹시 사람들이 김 선생님의 진짜 마음을 몰 라줄까봐 걱정이 됩니다. 이 점에 대해 생각해보시기 바랍니다."

3. "철호야, 이번 학기에는 학점을 잘 받고 싶다고 말한 네가 컴퓨터 게임을 하는데 많은 시간을 보내고 있는 것을 보니, 네가 목표한 걸 이루지 못할까봐 걱정돼. 이 점에 대해 한번 생각해보기 바란다."

4. "취업을 해야 한다고 하면서 열심히 준비하지 않는 것을 보니, 불안함으로 그냥 시간을 보내게 되어 앞으로 후회하게 될까봐 심히 걱정이 됩니다. 이 점에 대해 생각해보시기 바랍니다."

① 직면의 의미

직면은 상대방의 비효과적인 행동 패턴을 지적해 주는 것이다.

② 직면의 구성 요소

- 비강요성
- 진술성
- 즉시성
- 가변성

③ 직면의 공식

1단계   비효과적인 행동 패턴에 초점을 맞춘다.

2단계   그 행동이 일어난 직후에 한다.

3단계   (그 행동을 통해)차후에 일어날 부정적인 결과에 대해 말한다.

4단계   결과에 대한 자신의 느낌(걱정)을 말한다.

5단계   생각해보라고 권한다.

④ 직면의 문장

"당신의 …한 행동을 보니 앞으로 …할 것 같아서 걱정이 됩니다. 이 점에 대해 생각해 보시기 바랍니다."

⑤ 직면을 받아들이는 공식

1단계   상대방의 관점을 인정한다.

2단계   진솔하게 말해준 것에 대해 감사한다.

3단계   생각해보겠다고 말한다.

⑥ 직면을 받아들이는 문장

"저의 행동을 그렇게 보셨습니까? 솔직히 말해주시니 감사합니다. 그 점에 대해서 생객해 보겠습니다."

부록

대화를 할 때 어려움을 겪는 이유 중 하나가 상대방의 감정을 읽고 그 감정을 표현할 어휘의 부족해서이다. 감정과 관련된 어휘를 많이 알고 있으면 그만큼 대화가 풍성해질 것이다. 따라서 나는 우리나라 사람들이 가장 잘 사용하는 감정 단어를 아홉 개 범주로 나누어 제시한다. 서울대 심리학과 민경환 교수 팀의 연구에 따르면 사랑, 행복, 기쁨처럼 '쾌(快)'를 표현하는 단어는 전체의 30%도 안 되고 참담함, 염려, 근심 등 '불쾌(不快)'를 나타내는 단어가 70%를 넘는다고 하였다. 그래서 감정 단어 목록 아홉 가지 범주 중 두 가지는 긍정적인 감정인 반면, 일곱 가지는 부정적인 감정으로 구성하였다.

기쁘고 행복한

감개무량한	감격스러운	감동적인	감미로운
감탄한	경탄한	괜찮은	기쁜
끝내주는	날아갈 듯한	느긋한	따사로운
만족한	명랑한	뭉클한	반가운
벅찬	뿌듯한	산뜻한	시원한
신나는	신명난	신바람 나는	안심되는

안전한	야릇한	여유로운	유쾌한
자유로운	재미있는	정겨운	정다운
좋은	즐거운	짜릿한	찡한
쿨(cool)한	태평스러운	통쾌한	편안한
평온한	평화로운	행복한	홀가분한
화사한	활기찬	황홀한	후련한
흐뭇한	흡족한	흥겨운	흥분되는

사랑스럽고 다정한

가까운	감격스러운	감미로운	감사한
고마운	관대한	관심이 가는	그리운
다정다감한	다정한	따뜻한	마음에 와 닿는
마음이 끌리는	마음이 쓰이는	매혹적인	반가운
반한	사랑하는	상냥한	상큼한
설레는	순한	쌈박한	애틋한
애정 있는	야릇한	연모한	온유한
온화한	이타적인	인정받는	자비로운
존경받는	짝사랑한	성한	착한
측은한	행복한	황홀한	후한

화나고 적대적인

가슴에 맺힌	격노한	격분한	골치 아픈
괘씸한	구역질 나는	귀찮은	끔찍한
답답한	무서운	발끈한	배신감

부아가 나는	분개한	분노한	불쾌한
뾰로통한	살벌한	섬뜩한	성난
성질나는	소름 끼치는	속 끓는	속상한
숨 막히는	신경질 나는	싫은	아픈
안 좋은	약 오른	억울한	억하심정의
역겨운	열 받는	울분한	울화가 치미는
조바심 나는	증오하는	지겨운	지긋지긋한
진노한	진절머리 나는	질색한	짜증스러운
치가 떨리는	토라진	토할 것 같은	핏대 서는
한스러운	한이 맺힌	화난	흥분한

슬프고 우울한

가슴에 맺힌	가슴이 시린	가슴이 아리는	가슴이 아픈
가슴이 저미는	가슴이 찢어지는	가여운	걱정스러운
공허한	괴로운	낙담한	낙심한
눈물겨운	딱한	막막한	불쌍한
불안한	불행한	비참한	비통한
상실한	상심한	샐쭉한	서글픈
서러운	서운한	섭섭한	슬픈
시무룩한	시원섭섭한	시큰둥한	실망한
심란한	쓸쓸한	씁쓸한	안타까운
암담한	애끓는	애달픈	애석한
애잔한	애절한	애처로운	애타는
애통한	애틋한	언짢은	외로운

우울한	울적한	위축된	위화감이 드는
의기소침한	절망적인	절박한	좌절한
착잡한	참담한	처량한	처참한
초조한	측은한	침울한	침통한
캄캄한	탄식하는	풀이 죽은	한스러운
허전한	허탈한		

부럽고 욕심내는

간절한	긴장된	뉘우치는	마음 졸이는
마음에 걸리는	번뇌하는	번민하는	부끄러운
부러운	부족한	불편한	샘나는
속 타는	아쉬운	애끓는	애태우는
욕심나는	원하는	조급한	질투하는
찝찝한	허무한	허전한	호기심에 찬
후회스러운			

비난받고 당황스러운

곤혹스러운	난감한	난처한	담담한
답답한	당혹스러운	당황한	덤덤한
뒤숭숭한	마음이 상한	막막한	머쓱한
멋쩍은	멍해진	모욕적인	무안한
미궁에 빠진	미운	민망한	생소한
서먹한	시무룩한	시큰둥한	실의한
심드렁한	심란한	싱숭생숭한	아니꼬운

아득한	아리송한	암담한	애통한
어리둥절한	어이없는	어처구니없는	억울한
원통한	위축된	위화감이 드는	의심스러운
의아한	자신 없는	자책하는	절망적인
조마조마한	조심스러운	주저하는	측은한
침울한	침통한	캄캄한	토라진
피곤한	피로한	한스러운	한심한
혼란스러운	황당한	힘이 없는	

긴장되고 불안한

가혹한	걱정하는	겁나는	겁먹은
경악한	공포	기겁한	기진맥진한
꺼림칙한	끔찍한	냉담한	놀라운
두려운	떨리는 마음	죄게 하는	망연자실한
멍한	무서운	무자비한	무정한
불안한	살벌한	소름 끼치는	신경질적인
아찔한	염려하는	위압감	전율
조마조마한	조바심	지루한	진절머리가 나는
초조한	피곤한		

수치스럽고 죄책감을 느끼는

굴욕적인	난처한	뉘우치는	모멸감
미안한	무안한	부끄러운	상실감
수치스러운	쑥스러운	자기혐오	자책하는

조롱받는	죄스러운	죄의식	죄책감
착잡한	창피한	초조한	한심한

힘없고 자신만만한

가소로운	가치 없는	감 잡은	강력한
겁 많은	공허한	기운이 없는	낙관적인
낙담한	능력 있는	담대한	대담한
든든한	들뜬	만족한	맥이 풀린
명랑한	모험심	무능한	무력한
미약한	발랄한	변변찮은	보람찬
보잘것없는	뿌듯한	사소한	살맛 나는
상실감	상심한	성공한	시시한
시큰둥한	실의	실패한	심란한
쓸모없는	압도당한	약한	연약한
열등한	열렬한	열정적인	영향력 있는
용감한	용기 있는	우스운	위축감
유능한	자괴감	자신감	자신만만한
자포자기의	절박감	정열석인	주눅 드는
죽고 싶은	중요한	지루한	지친
지혜로운	질린	참담한	처연한
체념한	쾌활한	패기 있는	피곤한
피로한	하찮은	한결같은	한스러운
허무한	허약한	허전한	확고한
확신 있는	활기찬	활동적인	흡족한
힘 있는			

이 테스트는 커뮤니케이션 이론이나 방법을 얼마나 알고 있는지 따져보려는 것이 아니다. 매일 반복되는 업무 환경 속에서 자신이 얼마나 효율적으로 커뮤니케이션을 하고 있는지 평가하는 데 그 목적이 있다. 문제를 읽어나가다 보면 대충 '그렇다'는 대답을 떠올리기가 쉽다. 그러나 무조건 '그렇다'고 대답하는 것이 좋은 건 아니다. 정직하게 대답해야 한다. 이 테스트는 절대 시험이 아니고, 오직 당신 자신을 파악하는 데 그 목적이 있을 뿐이다.

Part 1. 다음 문항을 읽고 대답하시오.

문항	O	×
1. 나는 효과적으로 커뮤니케이션을 한다.		
2. 사람들은 내 말에 진심으로 귀를 기울인다.		
3. 사람들은 나와 이야기하는 것을 좋아한다.		
4. 의도한 대로 대화를 이끌어가는 편이다.		
5. 사람들은 내가 하는 말을 믿는다.		
6. 사람들은 내 의견을 소중하게 여긴다.		
7. 자신감 있게 말한다.		

문항	O	×
8. 말할 때 기분이 좋아진다.		
9. 내 목소리를 좋아한다.		
10. 내가 의도한 바를 표현하느라 곤란을 겪지 않는다.		
11. 설득력이 있는 편이다.		
12. 어휘력이 풍부한 편이다.		
13. 말하면서 상대방의 눈을 응시한다.		
14. 상대방과 따뜻하게 악수를 나눈다.		
15. 새로 만난 사람과 대화하는 것을 좋아한다.		
16. 수다 떠는 것을 좋아한다.		
17. 이야기할 때 편안한 표정이 된다.		
18. 이야기할 때 편안한 기분이 든다.		
19. 솜씨 좋은 협상가이다.		
20. 돈에 대해 이야기하는 것을 좋아한다.		
21. 입씨름하는 것을 좋아한다.		
22. 상대방이 기분이 상하지 않게 입씨름을 할 줄 안다.		
23. 보통 좋은 거래 조건을 끌어내는 편이다.		
24. 보통 공정하게 거래하는 편이다.		
1~24번 합계(○은 1점, ×는 0점):		
25. 내 목소리는 톤이 너무 높다.		
26. 내 목소리는 너무 힘이 없다.		
27. 이야기할 때 신경이 날카로워진다.		
28. 이야기할 때 조바심을 낸다.		
29. 이야기할 때 상대방의 얼굴을 마주 보는 것이 힘들다.		
30. 악수하는 것을 좋아하지 않는다.		
31. 이야기할 때 손을 입에 갖다 대는 버릇이 있다.		
32. 이야기할 때 머리카락을 만지작거리곤 한다.		

33. 말하면서 목덜미를 문지를 때가 있다.		
34. 말하면서 팔짱을 끼곤 한다.		
35. 이야기하면서 손을 뒤로 감출 때가 있다.		
36. 때때로 주먹을 꽉 움켜쥐곤 한다.		
37. 화를 잘 낸다.		
38. 쉽게 고집을 꺾지 않는다.		
39. 내 목소리는 성난 것처럼 들린다.		
40. 성질이 나면 나도 모르게 입술을 깨문다.		
25~40번 합계(○은 1점, ×는 0점):		

Part 2. 자신이 좋아하는 어휘를 고르시오.

문항	O	×	문항	O	×
41. 분석			64. 팀원		
42. 해답			65. 팀 단합		
43. 브레인스토밍			66. 고맙다		
44. 협력			67. 함께		
45. 협력적인			68. 함께 일하다		
46. 의논			69. 비용 효율		
47. 제어			70. 효율적이다		
48. 협동			71. 명백해지다		
49. 힘을 합치다			72. 평가하다		
50. 말을 잘 들어주는 사람			73. 추진하다		
51. 지도			74. 경험		
52. 듣다			75. 실현 가능하다		
53. 유용하다			76. 개선하다		
54. 토론 7			77. 증대시키다		
55. 아이디어			78. 생산적이다		
56. 배우다			79. 유익하다		
57. 경청하다			80. 적응하다		
58. 관리			81. 현명하다		
59. 제안			82. 성공적이다		
60. 오픈 마인드			83. 귀중하다		
61. 해결			84. 가치		
62. 시너지			85. 적극적이다		
63. 팀					
41~85번 합계(O은 1점, ×는 0점):					

Part 3. 자신이 평소 직장에서 잘 쓰는 어휘를 고르시오.

문항	O	×	문항	O	×
86. 내 것			111. 불가능하다		
87. 너			112. 비현실적이다		
88. 네 것			113. 부적절하다		
89. 두렵다			114. 고집		
90. 운이 없다			115. 낙오자		
91. 비난			116. 손해		
92. 할 수 없다			117. 분실		
93. 배신			118. 임시변통		
94. 처지			119. 해야 한다		
95. 궁지			120. 소심하다		
96. 위기			121. 노(no)		
97. 연기			122. 융통성 없다		
98. 태만			123. 임시		
99. 요구			124. 부담		
100. 재난			125. 낭패		
101. 변명			126. 늘어지다		
102. 시도			127. 미안하다		
103. 실패			128. 어긋나다		
104. 실수			129. 어리석다		
105. 공포			130. 피곤하다		
106. 최후			131. 부주의하다		
107. 깜빡하다			132. 불공평하다		
108. 좌절			133. 부당하다		
109. 짐작			134. 낭비		
110. 가망 없다					
86~134번 합계(O은 1점, ×는 0점):					

출처: 『나의 몸값을 10배 높이는 대화의 기술』(2001, 잭 그리핀)

Part 1. 1~24번 합계에서 25~40번 합계를 뺀다.

Part 2. 41~85번 합계를 낸다.

Part 3. 총합계를 낸다.

Part 1, Part 2의 총점을 더한 뒤 Part 3의 점수를 뺀 것이 당신의 커뮤니케이션 점수이다.

- 50점 이상: 매우 효율적으로 커뮤니케이션을 하는 사람이다.
- 49~35점: 대체적으로 효율적인 커뮤니케이션을 할 수 있는 사람이다.
- 34~20점: 때에 따라 효율적인 커뮤니케이션을 하는 사람이다.
- 19~1점: 대체적으로 비효율적인 커뮤니케이션을 하는 사람이다.
- 0점 이하: 효율적인 커뮤니케이션이 거의 불가능한 사람이다

참고문헌

강미은. 매력적인 말하기. 서울: 원앤원북스, 2005.

고영인. 상담연습 워크북 : 개인상담과 집단상담을 위한. 서울: 문음사, 2005.

구현정. 대화의 기법. 서울: 경진문화사, 2000.

김승규. 말로 성공하기를 원하십니까. 서울: 아이디북, 2003.

김우룡·장소원. 비언어적 커뮤니케이션론. 서울: 나남출판사, 2004.

김평욱. 대화의 기법 110의 법칙. 서울: 경영자료사, 2000.

김현태. 내 영혼의 쉼표 하나. 서울: 미래지식, 2004.

김형수. 대화의 심리전략. 서울: 삼한문화사, 1976.

나가사키 가즈노리. 대화로 성공하는 인간관계, 김은혜 역. 서울: 오상, 1991.

나가지마 타카시. 성공하는 사람들의 언어습관, 양영철 역. 서울: 거름, 2005.

다이앤 애커먼. 감각의 박물학, 백영미 역. 서울: 작가정신, 2004.

다카시마 유키히로. 나를 바꾸는 말습관, 이상혁 역. 서울: 유레카북스, 2005.

데니스 맥퀘일·스벤 윈달. 커뮤니케이션 모델 : 매스 커뮤니케이션의 이해, 임상원·유종원
　　공역. 서울: 나남출판사, 2001.

데보라 태넌. 남자를 토라지게 하는 말 여자를 화나게 하는 말, 정명진 역. 서울: 한언, 2001.

데보라 태넌. 말 잘하는 남자? 말 통하는 여자!, 정우인 역. 서울: 풀빛, 1993.

데일 카네기. 효과적인 대화와 인간관계, 정성호 역. 서울: 삼일서적, 1996.

데일 카네기. 사람을 움직이는 기술, 이경남 역. 서울: 도서출판문장, 2009.

래니 어래돈도. 커뮤니케이션의 기술, 하지현 역. 서울: 지식공작소, 2003.

래리 킹. 래리 킹, 대화의 법칙, 강서일 역. 서울: 청년정신, 2001.

로만 브라운. 말의 힘, 염정용 역. 서울: 이지앤, 2003.

마고트 레셔. 공감연습, 박만엽 역. 서울: 자유사상사, 1994.

마이어스 G. E. · 마이어스 M. T. 대인 관계와 의사소통, 임칠성 역. 서울: 집문당, 1995.

마이클 니콜스. 대화의 심리학, 정지현 역. 서울: 씨앗을뿌리는사람, 2006.

말린 캐로셸리. 리더십의 기술, 조경순 역. 서울: 지식공작소, 2004.

박성희. 공감, 공감적 이해. 서울: 원미사, 1994.

박성희 · 이동열. 상담의 실제. 서울: 학지사, 2003.

박성희 · 임용우. "상담대화." 청주교육대학교 교육대학원 논문집 2 (2000) : 167-220.

박시사. 대인 관계기법. 서울: 자유출판사, 1999.

박연호. 현대 인간관계론-새 시대의 인간관계. 서울: 박영사, 2000.

박연호. 현대 인간관계론. 서울: 박연사, 2002.

박재호. 자신의 브랜드 가치를 높이는 커뮤니케이션 심리학. 대구: 영남대학교 출판부, 2003.

사이토 미즈코. 듣기 이론, 원훈의 역. 서울: 도서출판박이정, 1999.

사쿠라이 히데노리. 쉼표를 찍는 여자 마침표를 찍는 남자, 지경훈 역. 서울: 무한, 2003.

스즈키 요시유키. 대화가 살아야 내가 산다, 이은희 역. 서울: D&C미디어, 2004.

스티븐 코비. 성공하는 사람들의 7가지 습관, 김경섭 역. 서울: 김영사, 2003.

시부야 쇼조. 당신의 이미지를 바꾸는 말 한마디, 안소현 역. 서울: 가야넷, 2004.

심형섭 외. 의사소통장애의 이해. 서울: 학지사, 2005.

아베 마사이. 코칭 : 내 아이를 변화시키는 최고의 대화 기술, 주혜란 역. 서울: 대교출판,
    2006.

야마자키 다쿠미. 내 주머니 속의 성공수첩, 김하경 역. 서울: 에이지21, 2005.

안기수. 대화의 원리와 기법. 서울: 보고사, 2005.

앨런 피스. 바디랭귀지, 정현숙 역. 서울: 을지서적, 1992.

연문희. 참만남을 위한 한 쌍의 대화. 서울: 학지사, 2004.

우종민. "인사관리자가 알아야 할 커뮤니케이션 기법 ABC" KSHRM, HR Professional Vol.

5, 2003년 9월. http://www.kshrm.net/pro/?act=list&magnum=5, 2007년 4월 10일 검색.

웨인 웨이튼. 심리학 : 생활적응을 위한, 김시업 역. 서울: 문음사, 1998.

윌리엄 제임스. 심리학의 원리, 정양은 역. 서울: 아카넷, 2005.

유재화·김석준. 재미있게 말하는 사람이 성공한다. 서울: 책이있는마을, 2007.

이규태. 한국인의 의식구조 1-한국인은 누구인가?. 서울: 신원문화사, 1995.

이동연. 상대의 마음을 사로잡는 대화의 연금술. 서울: 평단문화사, 2006.

이수도. 인간관계론. 서울: 형설출판사, 1999.

이유빈. 말, 듣기에 강한 사람이 인간관계에서 성공한다. 서울: 느낌이있는나무, 2001.

이은정. 공감. 서울: 랜덤하우스중앙, 2006.

이정자·한종구. 대화와 화술. 서울: 국학자료원, 2003.

이종주. 사람을 읽으면 인생이 즐겁다. 서울: 스마트비지니스, 2005.

이창덕 외. 삶과 화법. 서울: 도서출판 박이정, 2007.

이현수. 대화의 기법 131 법칙. 서울: 경영자료사, 1986.

이형득. 본성 실현 상담. 서울: 학지사, 2003.

임창희·홍용기·채수경. 비즈니스 커뮤니케이션. 서울: 한울, 2001.

임태섭. 스피치 커뮤니케이션. 서울: 커뮤니케이션북스, 2003.

장영희. 문학의 숲을 거닐다. 서울: 샘터, 2007.

잭 그리핀. 나의 몸값을 10배 높이는 대화의 기술, 남문희 역. 서울: 거름, 2003.

제드 메디파인드·에릭 로케스모. 화술의 달인 예수, 김수련 역. 서울: 리더북스, 2005.

제라드 이건. 상담기술 연습서, 서미진 역. 서울: 시그마프레스, 2005.

제라드 이건. 유능한 상담자, 제석봉·유계식·박은영 역. 서울: 학지사, 2001.

조지 M. 가즈다. 인간관계 발전, 신완수 역. 대구: 이문출판사, 1987.

존 A. 샌포드. 만남, 대화 그리고 치유, 김중원 역. 서울: 하나의학사, 1994.

존 포웰. 왜 나를 두려워하는가, 박성희 역. 서울: 자유문학사, 1998.

잔느 알브론다 히튼. 상담 및 심리치료의 기본 기법, 김창대 역. 서울: 학지사, 2006.

최광선. 몸짓을 읽으면 사람이 재미있다. 서울: 일빛, 2000.

최승희·김수욱. 인간관계를 위한 심리학. 서울: 박영사, 2004.

케빈 호건·메리 리 라베이. 호감의 심리학, 이수정 역. 서울: 북라인, 2004.

크리스 라반·주디 윌리엄스. 심리학의 즐거움, 김문성 역. 서울: 휘닉스, 2004.

클라라 힐·카렌 오브리언. 상담의 기술, 주은선 역. 서울: 학지사, 2001.

클라우스 균터. 대화이론과 법, 이상돈 역. 서울: 법문사, 2003.

테리 피어스. 커뮤니케이션 리더십, 정성묵 역. 서울: 예문, 2006.

틱낫한. 화, 최수민 역. 서울: 명진출판, 2003.

폴렛 데일. 대화의 기술, 조영희 역. 서울: 푸른숲, 2001.

폴 에크먼. 얼굴의 심리학, 이민아 역. 서울: 바다출판사, 2006.

폴 제롬. 성공 커뮤니케이션과 동기부여, 이상욱 역. 서울: 21세기북스, 1997.

하우석. 뜨거운 관심. 서울: 다산북스, 2006.

함인희. 여자들에게 고함. 서울: 황금가지, 2001.

홍경자. 대인 관계의 심리학. 서울: 학지사, 2007.

후쿠다 다케시. 듣는 기술 말하는 기술, 이홍재 역. 서울: 오늘의책, 2003.

휴 맥케이. 대화와 설득의 기술, 김석원 역. 서울: 멘토, 2003.

Berko, Wolvin, & Wolvin. *Communicating: A Social and Career Focus*. Hougton Mifflin Company, 1998.

Bradley, B. *Fundamentals of Speech Communication: The Credibility of Ideals*. Dubuque, Iowa: Wm. C. Brown Publishers, 1991.

Cash, R. W., D. S. Scherba, & S. S. Mills. *Human Resources Development: A Competency Based Training Program* (Trainer's Mannual), Long Beach, Calif. Authors, 1975.

Coke, J. S., Baston, C. D. & McDavis, K. Empathic Mediation of Helping: A Two Stage Model. *Journal of Personality and Social Psychology 36* (1978) : 752-766.

Cragan, John F. & Wright, David W. *Communication in small group discussions: a case study approach*. St. Paul: West, 1980.

Devito, Joseph A. *Essentials of Human Communication*, 5th ed. Boston: Allyn and

Bacon, 2005.

Gurffin, J. *How to Say It Best: Choice Words, Phrases & Model Speeches for Every Occasion*. Prentice Hall, Direct 1994.

Keefe, T. Empathy. "The Critical Skill. " *Social Work 21* (1976) : 10-14.

Knapp, Mark L. & Vangelisti, Anita L. *International Communication and Human Relationships*, 5th ed. Boston: Allyn and Bacon, 2005.

Lehman, C. M. & D. D. DuFrence. *Business Communication*. South-Western: Thomson Learning, 2002.

Littlejohn, S. An overview of contributions to human communication theory from other disciplines, Dance, F. (ed.) *Human communication theory*. New York: Haper and Law, 1982.

Littlejohn, S. *Theories of Human Communication*. Belmont. California: Wadsworth Publishing Company, 1993.

Mehrabian, A. *Silent Messages*. Belmont, CA: Wadsworth, 1971.

Murphy, K. C. & Strong, S. R. "Some Effects of Similarity Self-Disclosure." *Journal of Counseling Psychology* (1972) : 121-125.

Peace, Allan. *Everything Men Know About Women*. Sydney: Camel Publishing Company, 1986.

Preston, Paul. *Communication for managers*. N.J.: Prentice-Hall, 1979.

Reiff, Rosanne. *Communication skills for the processing of words*. Cincinnati: South-Western, 1986.

Rogers, C. R. A Theory of Therapy, Personality and Interpersonal Relationships as Developed in the Client Centered Framework. In S. Koch(Ed.), *Psychology: A Study of A Science: Formulations of the Person and the Social Context(vol.3)*. New York: Mcgraw Hill.

Stewart, J., K. E. Zediker & Saskia Witteborn. C. E. Together: *Communication Interpersonally*. Oxford University Press; 6th edition, 2004.

Tannen, D. *Conversational Style: Analyzing Talk Among Friends.* Norwood. NJ, Ablex, 1984.

Tannen, D. ed. *Spoken and written language: Exploring orality and literacy.* Norwood, NJ, Ablex, 1982.

Tannen, D. *Talking Voices: Repetition, Dialogue, and Imagery in Conversational Discourse.* Cambridge: Cambridge University Press, 1989.

Trenholm, Sarah. *Thinking Trough Communication: An Introduction to the Study of Human Communication*, 4th ed. Boston: Allyn and Bacon, 2005.

Whiteside, Robert. *Face Language* 11. Frederick Fell Publishing, 1988.

Whiteside, Robert. *Face Language.* New York: Pocket Books, 1974.